HRD

给世界500强做人力资源管理的

咨询笔记

李 博／著

清华大学出版社

北京

图书在版编目(CIP)数据

HRD：给世界 500 强做人力资源管理的咨询笔记 / 李博著 . —北京：清华大学出版社，2021.1（2021.8 重印）

ISBN 978-7-302-56455-3

Ⅰ.① H…　Ⅱ.①李…　Ⅲ.①企业管理－人力资源管理　Ⅳ.① F272.92

中国版本图书馆 CIP 数据核字 (2020) 第 178392 号

责任编辑：张立红
封面设计：梁　洁
版式设计：方加青
责任校对：赵伟玉
责任印制：沈　露

出版发行：清华大学出版社
　　　　网　　　址：http://www.tup.com.cn，http://www.wqbook.com
　　　　地　　　址：北京清华大学学研大厦 A 座　　　　邮　　编：100084
　　　　社 总 机：010-62770175　　　　　　　　　　邮　　购：010-62786544
　　　　投稿与读者服务：010-62776969，c-service@tup.tsinghua.edu.cn
　　　　质 量 反 馈：010-62772015，zhiliang@tup.tsinghua.edu.cn
印 装 者：三河市龙大印装有限公司
经　　销：全国新华书店
开　　本：170mm×240mm　　　**印　张：**16.25　　　**字　数：**272 千字
版　　次：2021 年 2 月第 1 版　　　**印　次：**2021 年 8 月第 3 次印刷
定　　价：68.80 元

产品编号：086938-01

目 录

○●第 5 章　人力资源的规划与管理　227

开篇：震惊！居然还有人相信密薪制！

"李顾问，您放心，我们公司薪酬管理制度很严格，没有人了解他人情况，也严禁讨论，一经发现立刻开除。所以您做薪酬体系的时候，在差异化上可以放开手脚去做。"

这是我在参加某个项目时客户人力资源总监说的一段话。听完之后，我产生了极大的好奇。因为仅就我和我身边咨询顾问的经验来说，密薪制在国内基本形同虚设，公司宣传是宣传，但是真要相信这个有效，就像把头埋在土里的鸵鸟——自欺欺人。

我来说说为什么密薪制在国内推不下去吧。

其一是文化原因。

密薪制最早是欧美市场的产物，在欧美推行得非常好，虽然最近几年年轻人思想转变很多导致有些松动，但总体来说效果还是不错的。主要原因是，在西方社会，个人收入是非常深层次的隐私。我经常和国外的咨询团队合作，茶余饭后会和比较熟络的外国顾问聊天。有一次我问他："个人收入在你们的文化里，算是什么层次的隐私？"外国顾问说："只有能让我裸体面对的人，才能知道我的收入。"话糙理不糙。所以说，收入在他们的日常中本来就是保密的，和你是否限制关系并不大。

在国内，收入从来不算是隐私，不信的话你过年回家一趟，计算一下被问及收入的次数。在国内，收入水平甚至是一种炫耀成功的资本，同学聚会也经常就这个话题乐此不疲地进行讨论。公司内部也是一样，大家对于收入本来就有窥探的欲望，通过各种渠道也要了解一下同事们的薪资收入。其实西方人也有这种欲望，但因为道德约束所以没人去触碰。

其二是国内薪酬体系不成熟。

目前国内 80% 以上的公司薪酬体系是乱的，甚至组织构架也是乱的，岗位职责不清晰、因人设岗、乱调薪等情况都很常见。不得不承认，我们的人力资源体系较发达国家还差很多，原因是我们起步比较晚，后续追赶上是肯定没问题，我仅仅说的是当前的情况。

公司薪酬体系混乱会使员工对自己的薪酬是否"吃亏"心存怀疑，比较的对象就是和自己同岗位或者同部门的同事。薪酬体系混乱造成的另一个影响就是部门领导定薪调薪的时候自作主张，并且毫无逻辑，我们管这叫作拍脑袋，也就是一拍脑袋就定了。这样的拍脑袋定薪有非常大的危害，会造成新老员工薪酬严重倒挂、同岗位薪酬差距过大，甚至让员工觉得"会哭的孩子有奶吃"，从而导致大家争相去"哭"，团队内部问题就会由此产生。

其三是行业发展速度快。

发达国家的行业发展速度已经很慢了，大部分行业呈现寡头态势，综合欧盟和北美各个行业近 5 年的公司排名，除了互联网行业，其他行业的变化都不大。当大公司盈利稳定，并且几乎没有太大变革压力的时候，薪酬水平就非常稳定了。每年的涨薪幅度不大，行业内人才流动也不会导致恶性竞争。

但国内不一样，我们处于经济高速增长阶段，即使近两年稍有放缓，但是从绝对值上来说，依旧是高增长。除了垄断行业外，各个行业的内部竞争非常激烈，行业排名也在不断地变化。各家公司为了不落后，人才竞争同样激烈。为了留住员工，每一年的涨薪幅度都不一样；为了吸引人才，高薪挖角也是常见手段。这样一顿猛如虎的操作就导致公司内部各个职能的薪酬差异变大。比如互联网大举进入金融行业的 2016 年，风控人才瞬间成为香饽饽，各种高薪争抢使得风控职能的薪酬水平从原来在公司内部中下等的位置一举上升到前列。人才的高薪挖角也会导致公司内部新老员工薪酬倒挂严重。两者的影响一叠加，公司内部薪酬水平的混乱程度可想而知，员工很想知道自己岗位的"最新行情价"，毕竟了解市场行情才能为自己争取到更好的待遇，当部门进来一个新员工，老员工便会在很短时间内用各种手段套出其薪酬情况。

诚然，密薪制能让公司在给员工付薪的时候放开手脚，但推行不了。我们也不能总是幻想着它是存在的，这就太意识流了。那我们该如何应对呢？

第一，薪酬体系透明。

既然保密不了，那干脆我就公开。当它不带有隐秘色彩，八卦般的窥探也会随之远去。与其让员工产生各种猜疑，不如将薪酬制度细则摆在明面上，让每一个人的薪酬都有据可依，也让员工知道别人的薪酬为什么和自己有差别。但这样的操作对公司的人力资源部门就提出了非常高的要求，一套合理严谨的组织构架和薪酬体系是必不可少的，也是公司未来走向更好的发展阶段必需的。如果你作为 HR 能够做到，那自然会得到公司的重视和相应的回报；如果你做不到，必然会有做到的人进来。具体薪酬体系如何搭建，后文会有讲解。

第二，岗位津贴灵活。

员工的个人差异在一套严谨的薪酬体系里很难全面顾及，通过岗位津贴进行调节，自然也有一套规则，我们一般把它叫作能力素质模型。能力素质模型其实就是公司的人才画像，公司觉得什么样的人是自己想要的就怎么搭建，然后评估每一个员工和这个模型的契合度，看其是不是一个值得重视和培养的对象。能力素质模型分两部分，一部分在薪酬体系里，另一部分在岗位津贴里，两者互补。关于这些，本书后续有详细讲解。

第三，思路清晰，契合实际的绩效体系。

我们经常讲多劳多得，但固定薪酬本质上没有调节的余地，需要绩效补充。一套好的绩效体系能够让员工明确自己的工作内容和重点，也能让公司客观地区分员工间的差异。一家公司由一群来自五湖四海、性格迥异的员工组成，如何让他们在短时间内将力量聚合，并竭尽全力？这就是绩效要完成的事情。就好像随便找来一群人，组队参与拔河比赛，要考虑如何站位（通过绩效区分职能部门重要性）、如何用力（绩效考核内容）、发力节奏（绩效考核周期）、胜利后的论功行赏（绩效考核评价）。我们通过绩效控制员工的努力方向，手段就是薪酬。公司领导总在说要奖励优秀的员工，但何为优秀，优秀和优秀之间有几个分级，优秀的员工怎么奖励，这些领导不会帮你做出来。如果你做出一套让他满意的绩效体系，我想你一定会受到公司的重视，毕竟绩效体系搭建者一旦离职，后续在运行和优化上的问题会非常多。

不得不说，绩效体系是所有人力资源体系里最难做的，没有之一，指标灵活且繁多，所以本书会有专门的一章详细聊聊绩效的事。

第四，组织构架完善。

组织构架，也有人喜欢叫组织架构。组织构架应该是最基础的，但为什么排在第四？因为调整它太难了，牵一发而动全身，所以很多公司不到万不得已不可能动组织构架。最合适的时机应该是公司初建或者有大变革的时候。

大多数公司内部出现问题是因为员工的晋升通道阻塞。熟知历史的朋友应该了解，中国古代王朝之所以相对稳定，就是因为各个阶层之间不是固化的，有通道可以转换，这个通道就是科举制度，所以有"朝为田舍郎，暮登天子堂"之说。正因为有了这样的制度，平民百姓一心想考科举，造反的可能性大幅度下降。公司内部亦是如此，如果有了非常完善的晋升制度，员工天天琢磨鸡毛蒜皮小事的可能也会大幅下降。随着 90 后甚至 95 后员工逐渐成为主流，年轻人的组织构架怎么搭建？本书会有详细分析。

第五，福利制度人性化。

来工作，赚钱自然是最重要的，但人是一种有情感的动物，如果公司能够和员工建立起情感联系——当然了，我说的是好的情感，那对于员工的敬业度、满意度和工作效率的提升大有好处。

如何建立情感关系呢？就和恋爱一样，日常中一点点的小关心、小爱护积攒起来的好感就是员工关怀，也叫员工体验。

福利相对薪酬来说，成本低了很多，如果做得好，效果更好，属于花小钱办大事的典型。你可以翻一翻朋友圈，很少有晒薪酬、绩效的吧，大部分人晒生日会、团建、小礼物，这就是福利的传播价值。当你为招一个程序员焦头烂额的时候，最好的办法就是给公司的研发部门办个团建，让他们发朋友圈，因为程序员的朋友圈里大部分是程序员啊（这不是绕口令）！这是最好的雇主品牌宣传。现在很多行业的龙头企业有员工体验专员，专门负责公司各项福利。按照以往的经验，很多制度是先从行业龙头做起，然后逐渐普及的。福利制度的搭建在未来是非常重要的。

现在不是有很多 HR 经常焦虑自己未来会不会被机器和系统替代吗？请放心，福利这个事，机器在你我有生之年真做不了，因为这需要太多主观和情感分析。所以好好学学福利体系，未来不会丢饭碗（怎么好像是在制造焦虑？）。对于福利制度搭建，本书会为你详细全面地阐述。

第六，注重公司文化。

公司文化算是人力资源体系里的高阶模块，属于顶层建筑，对于公司非常重要。我们现在所说的公司文化不是只在公司形象墙上出现，每年年会齐声高喊的那种，而是融入整个人力资源体系，包含组织构架、薪酬、绩效、福利模块的文化基调，大家耳熟能详的阿里巴巴武侠风就是这样的体现。举个例子，假设你的公司文化讲究创新, 你的薪酬体系在面对创新人才的时候要提高评分, 绩效体系要针对创新给予更高的奖金, 组织构架要给有创新的人才更多晋升的机会等, 这才是将文化融入人力资源体系, 这样的文化才能真正深入员工的内心, 每天的大字提醒和口号是没有用的。顶级公司的公司文化都做得非常好。

人力资源的未来不再是招聘离职、发薪算薪了, 这些基础工作早晚会被机器替代, 而是要倾向于对公司人力资源体系的把控。随着国内的发展越来越好, 公司正规性会越来越加强。

由于我们过去发展速度过快, 业绩和利润增长迅猛, 加之劳动力价格较低, 因此公司一直没有重视人力资源, 一直将它当一个辅助部门。这就是为什么在传统观念里, 人力资源就是简单的苦力活, 说到底还是成本不足。随着人力资源成本在公司总成本里的占比越来越大, 公司对于人力资源方面的重视程度必然会提高。我们可以看到现在很多大型企业对于人力资源的要求已经非常高了, HR 们的储备库也要及时充备。面对未来的机遇, 每一次职能转型都是绝好的机会。

回到开头的那个案例, 为了探究密薪制是否成功, 我开始了员工访谈。在访谈的最后, 我问一个员工是否了解同部门同事的薪酬情况, 他用力摇头说不知道。我以要对公司内部情况足够了解才能做出最符合实际的薪酬体系为由开导他。他看着我, 想了 10 秒钟, 然后用 15 分钟, 详细、全面、毫无疏漏地为我阐述了他每一个同事的薪酬情况。告别他之后, 我回到人力资源办公室, 再次见到那位人力资源总监, 他的眼神略有变化。

别抱有幻想了, 完善制度才是最重要的。

第 1 章

组织构架的那些事

1.1 年轻人适合什么样的职级体系?

"李顾问,我们公司以年轻人为主,我现在需要搭建职级体系,应该搭建什么样的啊?有没有好的参考案例?"

这问题几乎是每一个组织构架搭建项目客户的需求,所以我就来聊聊我所设计的组织构架里年轻人反馈好的职级体系都有什么特征。

1.1.1 清晰的职级划分和职业晋升路径

扁平化时代已经过去了,当前的扁平化只能让职级内部岗位冗余,这样不利于拉开人才差别,久而久之,就会让本来努力的人看到自己和不努力的人永远平级,从而丧失斗志。

现在的年轻人喜欢在职位晋升中获取成就感,类似网络游戏中不断升级的感觉。在以往的员工访谈中,年轻人经常将自己是否优秀的参考点定在和自己同一年进入公司的小伙伴身上,并且热衷于互相比较,希望自己的优秀可以被别人看见。不像老一辈,虽然心里在对比,但是表面上不外露,低调为王。所以,老一辈人的低调造就了扁平化,而年轻人的高调又将其抛弃。

1.1.2 显性化的职级标志

除了用明确的职级将人才进行区分,年轻人希望展示自己优秀的心理需求该怎么满足呢?

我在某个互联网公司的组织构架搭建项目上,为他们设计了按职级区分的员工卡样式,每个职级的颜色都不一样,当你晋升,员工卡的颜色就会变化,用仪式感满足大家的成就感。另外我把职级数量翻倍,这样晋升的时间周期更短，获取满足感的次数增加了。

1.1.3　根据职级提供不同的福利权限

大家看现在的各种视频或者购物 App 会员，不同等级的权益是不一样的，这样让你不断地想提升自己的等级。职级也是一样的，如果你每次给年轻人提升职级仅仅是换个颜色，几次之后，年轻人对提升职级的新鲜感和向往度就会下降。

为了解决这个问题，我们需要给不同的晋升提供不同的福利来彰显升级的价值。举个例子，给予职级更高的岗位更低的食堂折扣以及更加自由的打卡时间。这些非常实用的福利一方面让获得的人真正体会到优待，另一方面让没有获得的人向往并为之努力。

你应该会有疑问：这样的操作会不会引起员工的不满？我告诉你，不会。首先，我们针对上述案例中这家公司后续跟踪调查了两年，满意度很好。其次，按照以往的经验，让员工不满的是职级固化，无论如何努力都无法打破并获得晋升，同时，职级之间的特权压制也会引起不满。当晋升通道畅通并向所有人开放的时候，员工只会想努力晋升，而不是待在原地表达不满。最后，在晋升通道畅通的情况下，不去努力而是待在原地抱怨的员工，赶紧清除出去。大部分负能量的源头都是这些人，他们有点像上学时在课堂上故意捣乱的学生，自己不好好学，还不让别人好好学。

1.1.4　更高效的汇报机制

我否定扁平化在当前的适用性，但并不是全面否定扁平化，要取其精华去其糟粕，比如，扁平化非常高效的汇报管理方式就值得沿用。虽然现在职级更多了，但不要改变汇报关系。举个例子，扁平化的总监级下面是经理级，所有的经理都在一个级别，这样不好，那我们就增加职级。经理层细分为 5 个职级，将经理区别开来，但是进行管理和汇报的时候，可不是第 5 级经理管第 4 级经理，第 4 级经理汇报给第 5 级经理，而是 5 个级别的经理都直接汇报给总监级。也就是说，我们细化了职级，但没有细化汇报关系。

1.1.5　更灵活的团队组合

年轻一代（80 后、90 后）有个特性：如果团队和他的三观不一致，无论怎么磨合都很难融入，但是如果三观一致，融入速度就很快，恨不得一顿午饭就如亲兄弟。这个特性和老一辈（60 后、70 后）就不一样，老一辈讲究的是以集体利益为重，会主动慢慢向团队靠拢，虽然总体平均下来融入的时间可能比年轻人长一些，但是融入的成功率高很多。

为什么会造成这样的现象呢？我的团队和一个心理医学团队做了调研，通过员工访谈的方式探究主要根源并分析结果。我们对 15 家公司进行访谈，历时两年完成了这个调研，得出以下结论。

1. 教育环境不同

你想一想老一辈人的学生时代接受的教育是什么？"牺牲小我，成就大家""集体利益高于一切"，学生时代的教育环境对人的影响是潜移默化的，这早早就决定了老一辈人在职场上不太突出自己的个性、尽量向团队靠拢的行为方式。好处显而易见，就是他们融入团队的成功率高；坏处在于，哪怕他们觉得和团队配合不顺利，也不会提。但配合不好，一定会影响工作效率和团队和谐度。作为人力资源，你很难发现这些问题。他们与团队产生矛盾，基本就属于实在是忍无可忍，处于很难挽回的局面了，就好像某些癌症一样，一发现就是晚期，很难救回来，这就令人很头疼。

年轻一代正好相反，他们在学生时代国家已经开始倡导素质教育，个性开放，勇于表达自己的观点。这反映在职场上就有了刚刚说的，要么快速融入，要么死活融入不了，呈现两极分化的状态。好处在于你很容易发现他和团队是否能配合好，坏处就是融入不了的时候问题多多，需要各种协调。

2. 家庭结构不同

老一辈人的家庭大多是非独生子女结构，有兄弟姐妹；即使没有，同龄表亲也会有。所以他们从小就生活在集体里，熟悉团队配合，在家里也有自己的清晰定位。到了职场上，进入团队后，适应能力更好。

年轻一代基本为独生子女，加之社会经济发展，大部分是以小家庭形式生活，而不是一大家子在一起，所以他们从小就没有和同龄人生活的经验。学校是一个培养集体意识的非常重要的媒介，但在学校的学习却是相对独立的，学生之间配合的机会并不多，当他们走入社会，团队意识是严重不足的。

面对以上两个原因，人力资源部门需要更好地匹配每一个团队的成员，找到最优的组合，才能让工作效率达到最佳。另外，要建立更加灵活的团队组合方式，让员工和团队可以互选，这也有助于营造一个很好的工作氛围。

1.1.6 灵活的降级机制

国家的经济发展越来越好，年轻一代的生活压力会越来越小，这一点在当前可能还不太明显，但日常工作中我们发现已经有一部分 90 后开始把工作当作乐趣：他们不仅仅是为了钱去工作，工作之余喜爱旅行，享受生活，未来这个比例会越来越大。慢慢地，工作在员工眼里只是生活的一小部分。这样的趋势会使得部分员工对工作不会一直充满上进心，到了某一个位置，觉得钱够用了，就不会再一味地往上冲，因为更高的职位虽然意味着更高的收入，但也需要付出更多的时间、汗水并承担更多的压力，成本和收益之间总需要找到一个平衡点。

老一辈的人因为上有老下有小，不工作就有饿肚子的风险，所以他们不考虑成本，只想要更高的收益。但年轻一代，由于优越的家庭环境让他们有了经济保障，就有了权衡的资本。经常有人说年轻人动不动就裸辞，说到底还不是因为不用担心饿肚子才有恃无恐？我记得网上有个段子，讲的是你千万不能随便骂一个年轻员工，因为他有可能当场辞职，但是那些 40 岁左右且上有老下有小的员工，随便骂，因为他们绝不会轻易辞职。这虽然是个段子，但很真实。如果年轻人有了这样的思维方式，你的职级体系就不能只有上升。

一种情况，当员工升到一个自己觉得应付不来的职位时，他可能会选择回到自己原来的职位，这种现象在欧美国家是普遍存在的。

另一种情况，当员工升到某一个职位的时候，发现以自己的能力无论如何也很难再往上升的时候（彼得定律），这时候大部分人会失去继续奋斗的动力而安于现状。想一想这其实是很残酷的，因为我们几乎每一个人在一生中都会有这么一个时刻——意识到自己力不从心。当公司的大量岗位出现此种情况时，就会有两个问题。

1. 岗位职责输出不全

在岗员工无法胜任或者动力不足，工作效率下降，最直接的问题就是在这个岗位发挥不出应有的价值。

2. 职位发展路径阻塞

当你的上级不再晋升的时候，下级也很难晋升了，因为他一直在那里，这对下级员工来说，简直是灾难。下级员工的选择只有两个：要么忍着，安于现状；要么辞职。无论哪一种，对公司来说都没好处。

这样的情况久了，就会组织结构老化。解决这个问题最好的方式就是建立降级模式，这样的话，哪怕员工知道自己无法晋升，但是面临做不好就会降级的危险，无论为了收入还是脸面，都要全力以赴做好。

小贴士

总的来说，职级体系的流行趋势其实和每一代人的性格特点、教育背景、文化程度、财富状况都有着非常紧密的联系，这就使得我们不能墨守成规，一味觉得用得久的体系就是好的，而是要根据我们面对的员工群体去设计。如果现在大家走进以年轻人为主的知名互联网公司内部看看，更能理解我说的这些。

名词解释

彼得定律：又称彼得原理（The Peter Principle），是彼得根据千百个有关组织中不能胜任的失败实例的分析而归纳出来的。其具体内容是："在一个等级制度中，每个职工趋向于上升到他所不能胜任的地位。"彼得指出，每一个职工由于在原有职位上工作成绩表现好（胜任），就将被提升到更高一级的职位；其后，如果继续胜任则将进一步被提升，直至达到他所不能胜任的职位。由此导出的彼得推论是，"每一个职位最终都将被一个不能胜任其工作的职工占据。层级组织的工作任务多半是由尚未达到不胜任阶层的员工完成的"。每一个职工最终都将达到彼得高地，在该处他的提升商数（Promotion Quotient，PQ）为零。至于如何加速提升到这个高地，有两种方法：其一是上面的"拉动"，即依靠裙带关系和熟人等从上面拉；其二是自我的"推动"，即自我训练和进步等，而前者是被普遍采用的。

彼得认为，彼得原理的推出，使他"无意间"创设了一门新的科学——层级组织学（Hierarchiology）。该科学是解开所有阶层制度之谜的钥匙，也是了解整个文明结构的关键所在。凡是置身于商业、工业、政治、行政、军事、宗教、教育各界的每个人都和层级组织息息相关，亦都受彼得原理的影响。当然，原理的假设条件是时间足够长，五层级组织里有足够的阶层。彼得原理被认为是同帕金森定律有联系的。

1.2 公司岗位价值是怎么评定的?

某次咨询项目启动会结束，客户 HRD 拿着一堆岗位价值评估工具来找我。

"李顾问，你看咱们这次岗位评级用哪个工具合适啊？我把市面上的岗位价值评估工具都收集了。"

"这些都不需要。"

"那怎么做？"

首先我要说明，人力资源咨询公司的岗位价值评估工具与真正的组织搭建设计是没有关系的。这些工具主要用在市场薪酬调研中，解决的是不同公司岗位价值定位偏差所导致的数据匹配问题。比如，A 公司销售部门的客户经理需要有很多年的经验，但是同行业 B 公司为了出去见客户有面子，将应届毕业生称作客户经理。在做市场薪酬对比的时候，这两个同样叫作客户经理的岗位薪酬数据就没有可比性。那如果想对比，就得做一件事情：统一标准，统一度量衡。

怎么统一？

A 公司："都用我的标准。" B 公司："凭什么？"

A 公司："那怎么办？" B 公司："用我的标准。" A 公司："凭什么？"

咨询公司："停！我单独建一个标准，都按这个评。"

然后，每个咨询公司就都有了自己的标准，为什么每个咨询公司都不一样？别问，问了得到的回答就是商业需要。

了解了岗位价值评估工具的来源，你有没有发现什么问题？对，就是咨询公司建立了一套通用版本，不是为了 A 公司，也不是为了 B 公司。

"那会不会不准啊？"

对于 A、B 两家公司来说，肯定不准啊；但是对于市场薪酬来说，只是暂时把大家拉平对比一下，又不是真正在公司内部用，就好像选美比赛，有的人化浓妆，有的人素颜，那肯定不公平，主办方就会要求大家统一化妆标准，便于横向对比。至于这个妆容适不适合你，或者你平时是不是这么化，都没关系，因为你来这儿比赛，就得遵守规则。岗位价值评估，就是把虚高的岗位名称拉下来，把过于保守的拉上来。所以我们经常说，岗位价值评估就是"照妖镜"。

说到这里你就应该知道为什么不能用通用的岗位价值评估工具了吧，因为这个不是给你的公司设计的。

"那怎么办？"

为公司做组织构架和职级标准相对复杂一点，大概顺序是由上至下，从组织到部门再到岗位，我们一步一步来沙盘推演。

第一步：确定各个职能部门的价值排序

不同公司对职能部门的价值排序是不一样的。比如两家同等规模的医药公司，一家是销售导向，为了短期利润而战，有了这个目标，销售部门就有很大的话语权，研发部门、市场部门都要配合销售部门的工作，那这家公司的销售部门的价值肯定排在非常靠前的位置，同时公司也需要最好的销售人才。另一家公司是研发导向，为长期利益而战，所以需要非常强的研发部门和专业人才，在这期间也不需要特别强大的销售和市场团队，那研发部门的价值就排在了销售部门和市场部门的前面。不难发现，各个职能部门的排序与公司的战略导向和当前发展阶段强相关。你要做的事情就是和公司高层确认未来 5～8 年（组织构架的评价寿命）的发展方向，然后根据公司的战略，将这期间各个职能部门对战略的贡献度从大到小排序。

第二步：划定组织层级

常规层级由上至下是：高管层→总监层→经理层→主管层→专员层→助理层。

根据公司发展需要进行选择：多了，可以删掉其中不需要的层级；少了，可以加副层级，比如副总监层，依据是公司现有的岗位以及后面可能会设置的岗位。不过千万别眼大肚子小，不能怕以后不够用而全留下，冗余的层级会导致后续人力资源管理成本大幅增加，应尽量简洁，够用的同时稍有余量即可。

第三步：设置公司职级

在层级划定之后，就要给每一个层级填充需要的职级，为的是区分同层级岗位的横向价值，比如研发总监和行政总监，同样是总监层，但对公司来说岗位价值是不一样的，那就必须在层级内部加以区分，这就是职级。

然后对每一个层级进行职级划分，见表 1-1。要记住的是，每个层级之间要有交叉重叠区域，职能越复杂，重叠度就越大，因为对公司内部来说不是所有的总监一定比所有的经理都更有价值。

表 1-1　职位层级与职位等级对应表

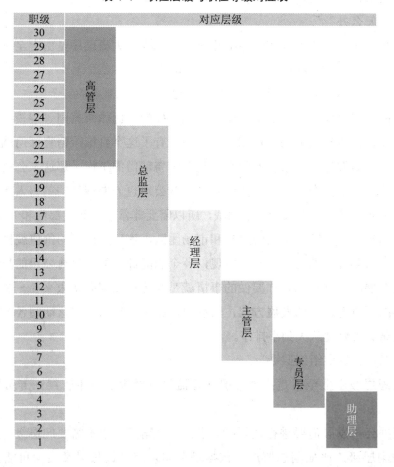

怎么决定每个层级有多少个职级？任何教材和权威杂志都给不出标准，但根据我的经验，一上来先多放，直接放 30 个级别，之后多了再删，不够用再加。任何事情都不可能一步到位，要一步一步来。

第四步：建立分级标准

这一步是很多人卡住做不下去的关键。很多人觉得这个标准很难，其实标准不是很复杂。你去看咨询公司的岗位价值评估介绍，无论他们的指标描述多花哨（毕竟中国文字博大精深），但是本质上包含五个方面：资源调配权限、管理范围、岗位工作难度、任职要求、其他能力（沟通、学习、领导等）。

因此，你要做的就是从这五个方面出发对每一个层级内部所包含的岗位进行评级，不建议用因素评估法。你要做的事情太多，既然是给自己公司设计，就用因素评估法的反向操作——排名法，见表1-2。

表 1-2　同层级排名得分样表

排名	总监层（岗位工作难度）	得分	排名	总监层（管理权限）	得分
1	研发总监	10	1	研发总监	10
2	产品总监	9	2	产品总监、销售总监	9
3	销售总监	8	3	市场总监	8
4	市场总监、法务总监	7	4	财务总监	7
5	财务总监、人力资源总监	6	5	法务总监、人力资源总监	6
6	行政总监	5	6	行政总监	5

针对选中的指标对同层级岗位进行排名，可以并列，然后根据排名高低得出分数。

接着，如果有需求，可以给每一个指标定权重，见表1-3。

表 1-3　岗位价值评估因素及权重表

指标名称	指标权重
资源调动权限	20%
管理权限	20%
利润贡献程度	40%
岗位工作难度	10%
人才稀缺度	10%

将同层级所有岗位按照一定的评定标准进行计算，见表1-4。

根据得分聚散程度，将接近的岗位合并到一个职级。例如表1-4，总监层需要 5 个职级。以此类推，将所有层级计算完毕，叠在一起，就可以组成完整的职级。

表 1-4　同层级岗位价值评估得分及职级划分样表

岗位名称	资源调动权限（20%）	管理权限（20%）	利润贡献程度（40%）	岗位工作难度（10%）	人才稀缺度（10%）	总得分	职级等级
研发总监	10	10	10	10	10	10.0	5
产品总监	9	9	9	10	9	9.1	4
销售总监	8	9	10	9	7	9.0	
市场总监	7	8	8	8	7	7.7	3
财务总监	6	7	7	7	6	6.7	2
法务总监	7	6	6	6	6	6.2	
人力资源总监	6	6	6	6	5	5.9	1
行政总监	5	5	6	5	5	5.4	

第五步：按照专业方向分出序列

不同专业导向的人才，评价标准肯定是不一样的，所以你会看到现在很多公司有自己的管理序列、专业序列。这不是必需的，如果公司未来 5 ～ 8 年计划不超过 20 名员工，就别弄那么复杂。因地制宜、因时而动就可以。

第六步：计算重叠部分

将上一层级 A 岗位的最后一名和下一层级 B 岗位的第一名进行横向对比，会有以下三种情况：

- A 岗位得分接近 B 岗位，将这两个岗位进行职级重叠。
- A 岗位得分低于 B 岗位，将 B 岗位和上一层级倒数第二名的 C 岗位进行对比，如果分数接近，就将 B 岗位和 C 岗位重叠，以此类推，直到找到重叠点。
- A 岗位高于 B 岗位，两个层级不重叠。

最后我们就得到最终的公司职级结果，见表 1-5。

表 1-5 调整后的职位层级与职位等级样表

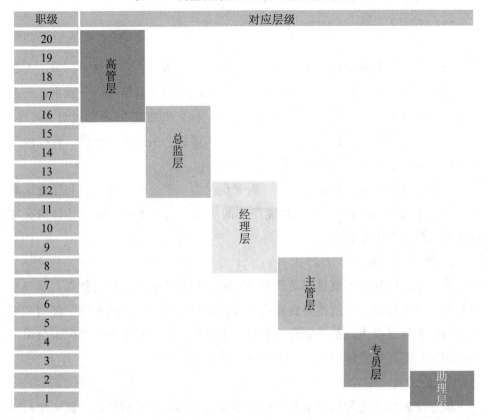

职级	对应层级
20	高管层
19	
18	
17	
16	总监层
15	
14	
13	
12	经理层
11	
10	
9	
8	主管层
7	
6	
5	
4	专员层
3	
2	助理层
1	

到此，大功告成，之后只需要和公司高层商议，微调就可以了。

你有没有发现，把这个标准反推为文字描述之后，就是因素评估法？这就是我为什么之前说排名法是反向的因素评估法。

现在你就可以尝试做一套专属于自己公司的岗位价值评估体系了。

 ## 1.3 职能序列怎么才能分得有艺术？

现在很多公司在组织构架职级里分出各种序列，比如管理序列、研发序列、产品序列。尤其是一些非常知名的互联网公司这么做了之后，很多人来问我到底需不需要区分；如果要区分，怎么做。

1.3.1　区分职能序列的必要条件

1. 员工规模大

这是第一重要的指标。还是那句话，人少好办事，人多讲规矩。员工人数一旦多了，在职位晋升和分职级的时候，就没法根据个体情况一一甄别。一方面是精力不足以支撑；另一方面是"林子大了，什么鸟都有"（不是说员工是鸟，意思就是可变量多了，我们很难主观臆断），可能会引起内部矛盾。减少内部矛盾的最好办法就是用客观指标评价，一视同仁。

那多大的员工规模算是大呢？一般来说，当一个公司的总监层和经理层的人数超过 50 人，就达到了区分职能序列的规模。这是个经验值，具体情况各行业不一样，希望你了解。

2. 职能间工作职责差异大

区分职能序列的主要目的是让不同职能识别人才的标准相对独立，那就要看看公司各个职能之间的差异到底大不大。比如医药公司，药品研发部门和销售部门的差异就很大，最好分开。但像公关公司、会计师事务所、咨询公司，各个职能之间其实差异不太大，就没必要非得分开。

3. 公司战略稳定

职能序列的搭建和落地是需要花费不少精力的，并且后续调整起来相对较难，所以如果公司情况不稳定，甚至未来往什么方向走都没弄清楚，就千万别随便做序列。只有一种情况可以，就是公司初建，一上来就做，因为这时候没难度，后续就算推翻重来，沉没成本也很低。

4. 岗位职级覆盖较全

序列划分要把职级拉开距离，公司内部的岗位最好充满整个职级，也就是说各个层级的岗位都有，比如助理、专员、主管、经理、总监、高管。这些缺三个以内即可，缺三个以上就不好了。如果你现在明白了，可能会有一个疑问，职级覆盖和员工规模不是一回事吗？其实不然，很多员工规模已经上千的公司，内部职级乱得一塌糊涂。我在 2017 年做过一个项目，公司员工总数 1500 多人，老板之下的职级只有专员、经理、副总。这种情况就得先做组织构架，再做职能序列了。

5. 公司高层想分职能序列

别笑啊，这真的很重要。区分职能序列是个大工程，需要几乎所有职能部门的人配合。没有高层支持，谁没事会配合你呢？又不是什么涨薪、调绩效这些和员工个人利益息息相关的项目。所以，仅靠人力资源部门是压不住的。

1.3.2　划分职能序列的好处

1. 人才识别更精准

这个毋庸置疑，各个职能单独建立序列，序列里的职级标准自然也是独立的，那我们对于管理人才、研发人才、产品人才都能有更准确的阶梯划分。

2. 节省人力资源成本

成本是高层最关心的。划分不同职能序列，可以做到让不同职能晋升的标准和节奏不一样，降低被动晋升，节省人力资源成本。举个例子，财务部门内部分成专员、经理、总监，正常晋升就可以，但是这套职级放到研发部门，如果工程师只区分专员、经理、总监，就会造成职级不够用，大量工程师挤压在专员级，总不能让有能力的和没能力的工程师都放在一个职级里吧，后面实在没办法了，于是被动地把一些工程师提到了经理级，但其实他们并没有达到公司对于经理级的要求，这就是被动晋升。晋升了，就得给到经理的薪酬水平，就造成了成本的增加。合理的做法应该是单独给研发部门设计一套职级体系，分成初级工程师、中级工程师、高级工程师、总监，就是把原来的专员和经理级拉开距离，分成三个职级，这样就很合理了。

3. 人才发展路径多元化

不知道你有没有遇到过这样的场景：有的员工工作特别优秀，公司给予升职加薪并进入管理层，但升职之后，其工作效果远不如之前，管理的团队非常混乱。员工自己也因为做管理分散了精力，导致本职工作业绩下降，最后不得不转岗或者离职。对公司来说浪费时间与资源，对员工来说自信心受到打击。

出现这种情况的原因就是人才识别的问题。不同类型的人才，我们对他们的职业规划应该是不一样的。单一的职级体系，专业层和管理层是混在一起的，而且这种情况不可避免会发生，但如果专业序列和管理序列分开，问题就迎刃而解了。专业序列团队的管理问题，可以从管理序列中找一个有管理能力的员工与一个专业序列中的专业技术员工共同管理。这是当前大型公司最常见的联合管理模式，既因术业有专攻，又避免外行领导内行。

4. 降低公司管理难度

不同的职能方向，管理的模式和方法都是不一样的。根据专业方向和工作内容制订专属的管理方案，能够让公司的运转效率更高。这对大型公司来说，简直太重要了。

1.3.3 划分职能序列的操作步骤

1. 找出需要划分的职能类型

职能序列不是越多越好，而是够用就行。将自己公司的职能按照重要性排序之后，找出重要性相当、涉及员工数量相当，但工作内容和人才类型风格迥异的，作为序列种类，见表 1-6。

表 1-6　职能序列与职级关系样表

职级	职能序列		
20	管理序列		
19			
18			
17			
16		研发序列	
15			
14			
13			
12			产品序列
11			
10			
9			
8			
7			
6			
5			
4			
3			
2			
1			

2. 重新梳理职级

将各个序列所涉及的职级范围进行标定。在范围内，根据序列需要重新进行职级梳理。

3. 重新梳理职级名称

各个序列的职级名称可以重新设定，比如管理序列常用 M1、M2……表示，产品序列常用 P1、P2……表示，研发序列常用 T1、T2……表示。这没有一定之规，看自己的喜好，但是一定要标清楚。

4. 撰写序列的任职资格表

这个环节是重中之重，建立序列就是为了让不同类型的人才有自己的识别晋升标准。这一步需要相应职能部门的鼎力相助，撰写出来的标准就是这个序列的任职资格表。例如产品序列任职资格表，见表 1-7。

表 1-7 产品序列的任职资格表

级别	资历	历史绩效评价	岗位胜任力	专业度	岗位角色
P1	无	不做具体定义	—	—	完成90%以上具体工作
P2	1 年及以上产品相关领域设计工作经验	上年度考核结果良好	—	—	
P3	2 年及以上产品相关领域设计工作经验 至少参与 2 个及以上产品设计，并至少在 1 个产品（界面）设计中担当主力	上年度考核结果优秀	—	—	
P4	3 年及以上产品规划相关领域设计工作经验 至少参与 2 个及以上产品设计，并至少在 1 个产品（界面）设计中担当主力	上年度考核结果优秀	—	—	
P5	4 年及以上产品相关领域设计相关工作经验 至少在 2 个产品（界面）设计中担当主力 或至少担任 1 个产品（界面）设计负责人	连续 2～3 年考核结果优秀	—	—	至少完成50% 管理工作
P6	5 年及以上产品相关领域设计相关工作经验 至少主导及负责多个产品（界面）设计，且有成功案例	连续 2～3 年考核结果优秀	—	—	

续表

级别	资历	历史绩效评价	岗位胜任力	专业度	岗位角色
P7	5 年及以上产品相关领域设计相关工作经验 项目经验不低于 P6 要求	连续 2 ~ 3 年考核结果优秀	—	—	至少完成 80% 管理工作
P8	8 年及以上产品相关领域设计相关工作经验 项目经验不低于 P6 要求	连续 2 ~ 3 年考核结果优秀	—	—	

对于任职资格，有几点需要注意：

* 尽量简洁，用词汇组合说清楚。

* 维度不要太多，不超过 5 个。

* 尽量多用客观指标，主观指标占比低于 20%。

* 别整虚词，从实际出发。

5. 将现有岗位分级

建立了新的职级体系，就要把现有的岗位根据新的任职资格进行分级，一边梳理一边测试任职资格里的条目有什么需要调整和修改的。几轮优化之后，职能序列就搭建完成了。

职能序列操作步骤里最难的就是第四步的撰写序列的任职资格表，这个步骤的工作量占整个流程的 80% 以上，同时因为需要各个部门配合，在推进上压力也不小。毕竟所有部门都希望为自己争取最大的利益，各自的想法都不尽相同，所以需要公司高层的支持。

小贴士

职能序列的流行，说明国内市场对于人力资源的认知进一步深入。开始关注员工自身的技能和优势，这是个非常好的趋势。很多年前，公司只是把员工当作劳工，分配工作的时候也秉持着"不要你觉得，我要我觉得"的思想，导致很多员工没有做自己最擅长的事情，耽误自己的职业发展，也影响公司内部的运转效率。我们经常说"树挪死，人挪活"，人为什么挪了地方会更好，原因就是地方不同，需要做的事情不同，从劣势技能转到优势技能，发挥自然更好。所以我们在建立职能序列的时候，要对公司的形式和员工情况有非常深入的了解，知道公司想要什么，员工有什么，再去做匹配，切不可急于一时。

1.4 跨部门合作怎么才能顺畅？

跨部门合作是很多公司经常遇到的让人很头疼的一件事。一项工作交给两个部门做，往往还不如一个部门做效率高。原因主要有以下几点。

- 团队之间不熟悉。团队成员之间的熟悉程度直接决定了合作时的工作效率，不熟悉是真的不行，就好像两个陌生的篮球运动员很难配合打出好球一样。
- 工作习惯不同。不同的职能部门，工作习惯往往不一样。有的部门习惯先从比较难的事务下手，有的则恰恰相反。合作的时候，难免要改变自己的习惯，造成不太适应。
- 目的不同。"天下攘攘，皆为利往。"每个部门都想把自己的利益最大化，但不同部门考核方向不一样。假如一个部门考核项目的风险度，一个部门考核项目的收益，合作起来自然容易貌合神离。
- 领导不一致。两个部门合作到底听谁的，这是一个世纪性难题，解决不好就容易扯皮。

如果我们想让公司内部的跨部门合作顺畅，以上这些问题就得想办法解决。找出问题，我们就精准打击，各个击破。

1.4.1 团队之间不熟悉——多组织跨部门团建

不熟悉，就多制造在一起的机会。大部分公司都会有团建活动，借机多组织跨部门或者多部门一起参与的项目。单次参与的部门不要太多，最好有针对性地组织两到三个部门，这样效果是最好的。部门太多，交集容易分散。

你做人力资源规划时发现，有两个部门第二年会有较多次数的合作，但两个部门之间以往交集又不多，那就尽快安排两者在合作之前进行团建，互相熟悉。

1.4.2 工作习惯不同——主辅结合

工作习惯不同就需要有人居中协调。首先在合作之前尽量了解双方的工作方式，然后确定此次合作谁是主导方、谁是辅助方，以主导方的习惯为主，尽量协调贴近辅助方。工作习惯在短时间很难改变和调整，所以既然总有一方需要稍微别扭一下，那就选对项目影响较小的那一方。当然为了照顾情绪，还是要适当调节，否则辅助很不习惯，主导也做不好。

1.4.3　目的性不同——主辅结合

没有永远的朋友，只有永恒的利益。在项目合作之前，人力资源部门一定要审核一下两个部门的绩效考核指标，看看有没有方向性的差别。如果有尽量调整，或者做出临时性的项目绩效考核办法，但千万别影响部门的职能原则。

举个例子，资产管理部门和风控部门合作，资产管理部门相对激进，因为他们要促成项目；风控部门相对保守，要控制风险。你把这两个部门放一起，那肯定是互相撕咬。如果临时有个资产运营的项目，合作的主要目的是促成项目，一定是以资产管理部门为主，风控部门为辅，可以暂时调低风控的决策权重，但不能降低风控的评级标准。因为风控的主要职能是控制风险，所以削弱话语权行，削弱职能不行。

再举个相反的例子，有个面对高风险投资环境的资产运营的项目，需要资产管理部门和风控部门合作，这一次为了公司利益，风控部门应该是主导，资产管理部门为辅，那资产管理部门的决策权被降低，但是不能降低项目投资回报率的标准，因为保证合理投资收益是资产管理部门的职能，不能削弱。

通过这样两个例子，我们就明白了可以调整的是什么、不可以调整的是什么。总结一下，强弱势可以调整，原则不容违反。

1.4.4　领导不一致——更高层坐镇

综合 1.4.2 和 1.4.3 两部分的内容，你是不是觉得领导权交给主导方领导就行了？其实这是最大的坑。为什么会出现两个部门之间领导权力的矛盾？最主要的原因是级别相当。跨部门合作的时候，找一个凌驾于两个部门领导级别以上的人牵头就行了。而且这事不难，因为跨部门合作一般都是更高层级提出的，部门之间主动寻求合作的很少。即使部门之间主动想合作，也都是先向更高层级汇报，审批才行。所以拉个副总过来坐镇，场面比较稳。

如果实在没有高层来坐镇，必须其中一方作为主要领导，那该怎么平衡呢？记住一个原则：享受更大的权力，承担更大的责任。双方针对领导权的矛盾一般是因为对方权力过大。但如果权力更大，也要承担更大的项目责任吗？那双方在争这个权力的时候就要琢磨琢磨，如果还在争，就说明责任不够大，不足以平衡权力，那么，加大承担责任的力度就行了。

1.4.5　绩效激励要跟上

跨部门合作之后，该奖励的奖励，该表扬的表扬，奖罚分明很重要，别合作完了之后黑不提白不提，影响下回合作的热情。

1.4.6　结束后的互相评价

收集跨部门评价的好机会，趁着余温赶紧做一次调研。除了收集评价，也是对这次合作的问题进行总结，为下一次做准备。

 小贴士

跨部门合作就和两个人相处一样，想和谐就得相互熟悉、相互迁就。我们作为人力资源，就像是说媒的，开始拉近双方，中途调节矛盾，结束之后送上祝福，总结经验，开始下一对。

最不容易的是人力资源，忙前忙后，辛苦撮合，到了论功行赏的时候，往往没人想起人力资源，但这就是我们的职责，做到问心无愧就行了。

1.5　写个岗位说明书有什么难的！

岗位说明书这几年逐渐被大家重视起来，我记得最早去客户那里，公司"压箱底"的人力资源资料就是岗位说明书，十几年不更新的那种。但其实岗位说明书的作用非常大。

1.5.1　岗位说明书的作用

岗位说明书是给在岗员工看的，它能够让新员工快速准确地了解自己要做什么。相比人力资源和部门的口头交代，书面表达的优势更大。另外，岗位说明书能够给招聘工作提供依据和筛选条件，可以减少人力资源部门在招聘过程中重复沟通。

1.5.2　岗位说明书的主要内容

1. 岗位基本描述

- 岗位名称：标准岗位名称，最好公司内部能够统一命名。
- 岗位编号：按照事业部、职能部门、岗位的顺序进行编号，有利于后续管理。
- 所在部门。
- 岗位职级：非常重要，它直接决定了该岗位的薪酬在薪酬体系中的位置。
- 岗位人数：能让员工快速了解自己的团队。另外，公司在做人员规模预算的时候，这也是非常重要的统计依据。

2. 岗位汇报关系

- 部门组织构架：展示部门组织构架图，能够让员工清楚自己部门的组成。
- 汇报上级：这很重要，我入职新公司第一件事就是想看看我的领导。
- 直属下级：快速了解自己要管理的团队规模。

3. 岗位任职资格要求

- 专业要求：比如需要什么证书，需要过多少级，需要掌握什么技能。
- 管理要求：需要有多大规模团队的管理经验。
- 个人素质要求：比如沟通能力、学习能力、资源协调能力。
- 工作经验要求。
- 培训方向：公司如果针对这个岗位有着自己的培养方向和培训方向，要在此提示，让员工有准备。
- 职业晋升路径：让员工了解自己未来的发展方向，这比入职时候领导画大饼要直接明了。

4. 岗位工作职责

● 负责的工作内容：这部分是整个岗位职责说明书的核心。我们要让新员工快速、准确、清晰地了解自己要做什么、对什么负责，在最短时间内了解岗位，进入工作状态。如果公司人员规模比较小，可以不用写那么清楚，毕竟团队领导的指挥足够覆盖到每一个人，而且小公司经常出现岗位兼任的情况。但如果公司规模大，一定要写清楚，否则会拖慢员工进入角色的时间。

● 需要达到的标准：员工除了要了解自己做什么之外，做到什么程度也是很关键的。这部分就要和岗位的绩效目标对接，这样最准确。

5. 其他

● 工作时间。

● 工作地点。

● 环境情况。

● 有无危险性。

样例见表1-8。

表 1-8 岗位说明书样表

×××公司岗位说明书			
岗位名称		岗位编号	
所在部门		岗位人数	
汇报上级		岗位等级	
直属下级		岗位职级	
部门组织构架			
岗位任职资格			
专业要求			
管理要求			
素质要求			

续表

×××公司岗位说明书	
工作经验	
培训方向	
职位晋升路径	
岗位工作职责	
工作内容	
工作标准	
其他说明	
工作时间	
工作地点	
工作环境	

小贴士

岗位说明书有点像学生时代的录取通知书，是新员工踏入公司后接触到的第一份工作文件。除了之前说到的让员工快速进入状态外，给员工留一个好的第一印象是更重要的。

第 2 章

关于薪酬的那些事

2.1 原来薪酬是由这些部分组成的

人力资源的第一课往往都是薪酬构成，我们也不例外。但是慢慢地，我对于薪酬里每一个模块的作用有了自己的理解，所以每次做项目之前，我都会和客户的人力资源好好聊聊这个事。

薪酬分成四个模块：固定薪酬、变动薪酬（浮动薪酬）、补贴、福利。四个模块分工明确，互相之间也不乏关联。

2.1.1 固定薪酬

顾名思义，固定薪酬是不会随意变动的，大部分由基本月薪乘以月薪数量组成。很多公司有 13 薪、15 薪甚至更多，那这个算不算固定薪酬呢？比如你们公司是 15 薪，到了年底无须任何考核都可以拿到全部 15 薪，那就算是固定薪酬。但如果 15 薪中 12 薪无须考核，另外 3 薪需要根据某些考核才能拿到，那这 3 薪就不是固定薪酬，而是变动薪酬，这个 15 薪，俗称"伪 15 薪"。

固定薪酬的确定主要因素是员工所属岗位，根据岗位的职级和分工，对应薪酬体系里的薪级。次要因素是员工的个人能力，我们经常看到同一岗位的员工薪酬不一样就是受个人能力的影响。

大家熟知的薪酬体系设计，所涉及的体系就是针对固定薪酬的，不包含变动薪酬、补贴和福利。原因就是固定薪酬的稳定性好、差异性小，做宽带薪酬时带宽可以控制在合理范围，岗位也相对集中。如果带着变动薪酬做薪酬体系，离散程度太大。

固定薪酬的作用是保留和吸引员工，在招聘的时候，应聘者最关心的是这一部分，它也是员工考虑是否继续留任的重要因素之一。

2.1.2 变动薪酬（浮动薪酬）

变动薪酬由一些会随着不同情况而变化的薪酬项目组成，包含绩效奖金、加班费、年终奖、即时激励等。

这部分要比固定薪酬复杂很多，绩效体系的搭建是人力资源咨询中最复杂、最难的一项，没有之一。因为其中有太多的可变因素，并且这些因素都与公司息息相关，从前期调研到搭建修改再到最后落地，最快也需要将近 3 个月。

变动薪酬的作用在于激励员工。我们经常将员工形容为木偶，公司是操纵者，变动薪酬就是木偶与操纵者之间的提线，通过绩效考核的方向和指标引导员工向公司希望的方向发展。

举个例子，同样的一条生产线，同样的员工，同样的产品，第一天考核标准是生产的产品数量，第二天考核标准是生产良品率，结果会完全不一样。

优秀的变动薪酬政策能够让员工和公司同步前进。

2.1.3 补贴

补贴是固定薪酬的补充，在做薪酬体系的时候有些岗位的个性因素很难被考虑进去，因为普遍性不足。比如我们不能因为公司有 10% 的人会在夏季高温环境工作而将高温这个指标加入固定薪酬体系里，也不能因为有 20% 的人经常出差，就把出差频率作为薪酬体系里的指标，否则会影响薪酬体系的普遍适应性。但是这些又是少数岗位真实存在的情况，不能视而不见。

怎么办呢？建立补贴项目，专门做这件事，所以就有了高温补贴、差旅补贴、话费补贴等。

虽然补贴不是固定薪酬，但是在计算薪酬固浮比的时候，补贴要放进固定部分，因为补贴是根据岗位制定的，没有特殊情况也是不会调整的。

2.1.4 福利

福利是公司对员工关怀的体现，更多的是在现金薪酬之外的情感部分。这有点像在过生日的时候亲友除了给你买礼物，还要和你说几句祝福的话，虽然不是真金白银，但有时会让人倍感温暖。

福利的主要作用就是保留并提高员工的企业忠诚度。福利虽然在薪酬四大模块中，但它是唯一一个不以现金形式存在的薪酬项目，是非现金形式的。因此，福利是不计算进薪酬固浮比的。

小贴士

固定薪酬和补贴属于薪酬的固定部分，变动薪酬属于薪酬的浮动部分，福利因其非现金属性而独立设定。

2.2 你知道你的薪酬是怎么定的吗?

"李顾问，薪酬水平由哪些因素决定啊？新员工入职，我怎么给他定薪？员工问起我的时候，我好有个科学依据，现在员工经常问得我们人力资源一愣一愣的。"

每次面对这个问题的时候，我都觉得做人力资源的朋友们真是不容易，因为国内的人力资源体系不健全，哪怕是同行业间，每家公司的薪酬制度都是各玩各的。正规化来说，行业协会应该制定相应的薪酬规则，不让本行业公司之间针对人才而恶性竞争，起到类似从前物价局的作用。但由于当前行业协会没有统一的标准，薪酬规则乱得一塌糊涂。我们定薪几乎只能根据公司预算和市场价格算个大概。

但其实也不都是这样的，员工的薪酬是由四个方面决定的。

2.2.1 岗位价值

员工所在岗位的岗位价值绝对是决定薪酬水平的重中之重。这也是为什么员工升职会加薪——岗位价值发生了变化。

岗位价值取决于该岗位对于公司的重要性。同一岗位在不同行业或不同公司做内部岗位价值评估，结果不一样。

举个例子，比如市场类岗位，在 2C 类互联网公司极其重要，毕竟曝光质量直接影响获客率和获客成本，所以岗位价值很高；但是对于军工类公司，貌似价值就没那么大了，而是比较低。

2.2.2　个人能力素质

哪怕任职同一岗位，每个人的能力素质也是不一样的。

最明显的就是每一年的公司应届毕业生所组成的管培生队伍，大家做的事都一样，其中有那么一两个怎么用怎么顺手，聪明伶俐，也有几个干啥啥不行、吃啥啥没够的。

对于同一岗位存在的这种情况，我们必须以薪酬水平将这两类员工区分开。一方面是通过给优秀员工加薪留住他们；另一方面，如果这两类人在同一岗位拿着同样的薪酬，优秀的人才会逐渐发现并伤心离开，哪怕不离开也可能因为寒心而丧失斗志，工作效率下降。因此差异化付薪势在必行，这也能节省成本（相比普惠制涨薪），同时带动内部员工优胜劣汰，健康地进行新陈代谢。

评价能力素质的指标很多，比如学历背景、从业经历等。

2.2.3　个人绩效表现

绩效表现除了和绩效奖金挂钩，影响薪酬水平，也直接影响固定薪酬。

绩效表现不好，能力再强也是白费；但如果个人能力不是很好，通过自己努力，兢兢业业，工作绩效表现很好，公司一样是可以给高薪的，因为他为公司创造了价值。

公司能够从员工历史绩效变化图中分析出未来谁的发展潜力大、谁已经到了瓶颈期。对处于瓶颈期的员工，要适当地和他一起分析原因，并给予帮助，比如提供培训或者调岗。让员工一直处于良好的发展态势，是公司非常重要的工作。

经常有朋友问我怎么对员工进行遴选和分类。其实历史绩效就是最好的指标，因为它极其客观、直观。绩效是一个综合指标，从各方面综合考核一个员工，非常全面。

2.2.4　市场人才供给情况

供需决定价格，这是高中就学过的经济学原理，对于人才市场来说，自然适用。这一点做招聘的朋友应该深有体会，我记得互联网金融崛起那一年，整个金融行业风控类岗位的薪酬一年之内涨了将近 3 倍，原因是当时互联网金融公司挖人是不计成本的，瞬间造成了市场风控类人才稀缺，导致很多传统金融公司根本招不到人。为了防止自己的风控人才被挖走，很多公司给予风控部门特殊调薪和各种长期激励优待。这种情况虽不会经常发生，但也揭示了市场无情冷酷的一面。你一点办法没有，只能被动接受。

小贴士

一名员工的薪酬由岗位价值＋个人能力素质＋个人绩效表现＋市场人才供给情况决定，所以人力资源在定薪的时候要全面考虑这些指标。

这四个指标对应了不同的薪酬项目：

（1）岗位价值（基本月薪）；

（2）个人能力素质（岗位津贴）；

（3）个人绩效表现（基本月薪＋绩效奖金＋年终奖）；

（4）市场人才供给情况（基本月薪＋岗位津贴）。

如果定薪的时候没有全面考虑，有可能造成公司人才画像缺失，留下的都是某些方面比较优秀的，这和我们上学时的偏科有点像，我们要尽量避免这种情况发生。它会导致很多优秀的员工因为评价疏漏而没有得到对应的薪酬，造成离职或者被竞争对手挖走。当公司发生严重的离职情况，要赶紧分析一下是不是因为没有全面整体地做好员工定薪——大概是这个问题。

薪酬是公司和员工之间的最强纽带，所以对于定薪的依据一定要重视起来，防止因为胡乱定薪导致公司人力资源成本飙升。很多公司因为薪酬公平性缺失，内部出现不稳定，一定要谨慎，谨慎，再谨慎。

2.3　薪酬体系设计真的很简单！

因为我的职业背景，无论是市场活动，还是朋友聚会，但凡别人有人力资源方面的困惑，我就可能被问及一个问题：你们咨询公司是怎么做薪酬体系的啊？

首先我想说，薪酬体系搭建是人力资源领域咨询项目里最简单的一个，没有之一，真的。原因有以下几点：

- 薪酬体系设计有一套固定模式和流程。
- 没有什么灵活操作空间，这点对比绩效体系就很明显了。
- 薪酬体系作为人力资源底层框架，基本只和组织构架相关，受到的牵绊没那么多。
- 指标少，步骤少。

基于以上四点，几乎所有我们做过项目的客户，对方的人力资源负责人，在没有刻意学习的情况下，在项目完成之后自己都学会了，可见其学习成本较低。

铺垫了这么多，就是想告诉你，别把这个事想得那么高深，现在咱们就来看看薪酬体系是怎么搭建的。薪酬体系分为很多种，咱们以现在国内最被广泛应用的宽带薪酬作为主线进行讲解。

2.3.1　搭建准备

在准备的时候，要明确一个概念：薪酬体系的正常寿命是 3 ～ 5 年。也就是说，你现在搭建的这个体系要契合公司之后的几年发展，这也是为什么说人力资源规划要和公司战略契合，而不是自己给自己找存在感，公司要做任何事情的前提都是你得有干这个事情的人，那人力资源构架就得留出这个位置。以下所要准备的东西，都默认是未来公司 3 ～ 5 年的时间段，包括组织构架、职能部门划分、职级体系。

2.3.2　搭建步骤

1. 确定宽带薪酬政策线

政策线就是宽带薪酬随着职级的提升，薪酬上涨幅度的连接线，它将不同职级的宽带薪酬柱体连接在一起，见图 2-1。

这根线的纵向位置直接决定了公司整体薪酬水平，坡度决定了公司内部随着职级提升薪酬上涨的幅度。所以这条线的纵向位置应该取决于公司的预算。这条线没有固定公式可以套用，因为现实永远是那么残酷，理论是抵挡不住预算限制的。

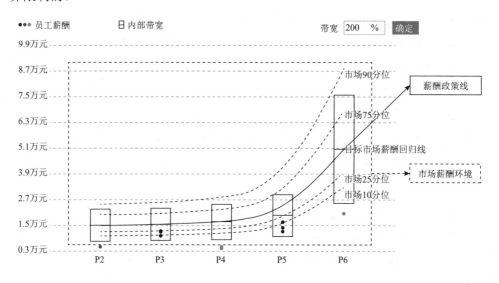

图 2-1　薪酬政策线示意图

除了预算，还有一个决策因素，就是公司薪酬的外部竞争力，也就是公司某个岗位的薪酬在同行业里有没有竞争力，见图 2-2。薪酬外部竞争力大的话，招聘和保留员工都比较容易。所以薪酬的外部竞争力和预算是博弈关系，找到适合公司的平衡点，尤为重要。

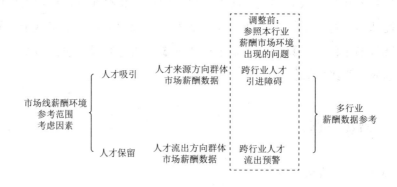

图 2-2　公司外部竞争力对比群体示意图

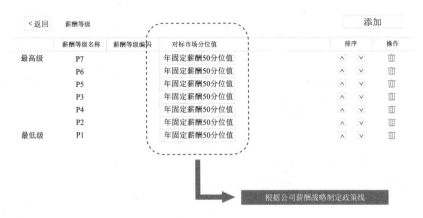

图 2-3　根据公司薪酬战略制定政策线示意图

　　外部竞争力根据市场数据，以职级为单位制定就行。至于市场数据怎么来，可以自己做调研，了解同行业的薪酬情况，也可以直接找咨询公司。建议花点钱找咨询公司，毕竟薪酬体系这么大的事，政策线又直接决定薪酬体系的基调，花点钱稳一点，再说，也花不了多少钱。

　　如果不花钱，还可以结合现有员工的薪酬等级和公司薪酬战略制定政策线，见图 2-3。

2. 定带宽

　　政策线画好了，下一步就是以这条线为职级薪酬中间值，把宽带薪酬最重要的带宽定下来，见图 2-4。

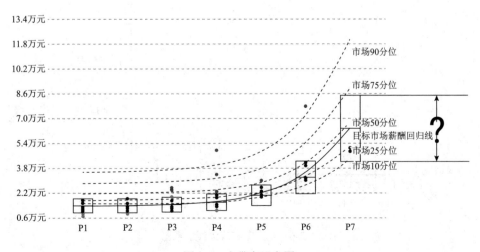

图 2-4　定带宽示意图

关于带宽幅度，也就是柱体的高度到底应该定多少，其实行业里没有任何规定和数字依据，因为每家公司内部情况，比如员工规模、岗位类型都不一样，无法给出通用公式，所以这就成了人力资源决策的难点，但无论如何你都得给领导一个依据。这里我告诉大家一个方法：把公司里现有所有员工的薪酬散点图画出来，背景就是政策线所在的坐标系，见图 2-5。然后根据散点图，定带宽和政策线（不花钱的方法），见图 2-6。

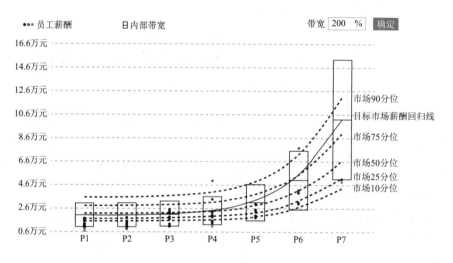

图 2-5　政策线坐标系示意图

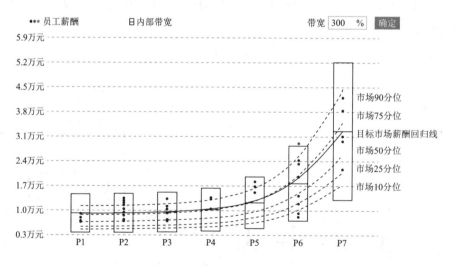

图 2-6　定带宽和政策线示意图

判断依据就是你所在公司的发展阶段。

初创型公司：因为未来公司要高速发展（还记得薪酬体系的寿命吗？ 3 ～ 5 年），所以随着公司发展，我们需要更多更优秀的人才，那么同岗位的薪酬水平肯定比现在要高，因此就需要把现有员工（散点）放在政策线偏下的部分，给上方留出未来增长的空间，见图 2-7。

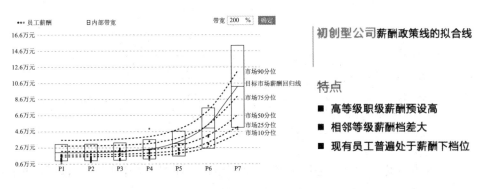

图 2-7　初创型公司薪酬政策线的拟合线示意图

成熟型公司：因为未来 3 ～ 5 年（薪酬体系寿命）内，没有大的发展要求，更多的是想维持公司利润，平稳运行，所以不太需要更高端的人才，现有薪酬水平就足够了，那么现有员工薪酬（散点）就应该在政策线两边呈正态分布，见图 2-8。

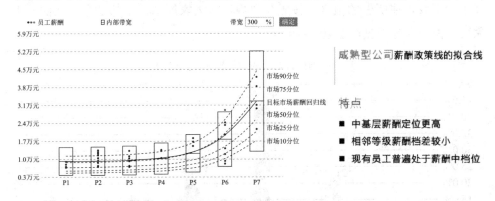

图 2-8　成熟型公司薪酬政策线的拟合线示意图

带宽需要保证包住现有员工散点，并在上下两端留出大概 20% 的缓冲区间（谁也难保以后没有特殊情况出现）。

3. 切档位

带宽画完，就需要把带宽切成多个档位，见图 2-9。

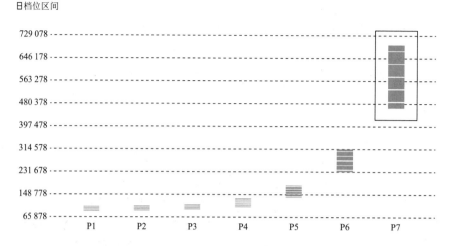

图 2-9　薪酬档位示意图

　　在此要和你说一个注意点：档位是一个值，不是一个区间。所以图片里的每一条白线是一个档位，而不是白线之间的蓝色区间。因为你做薪酬体系是希望能够有依据地定薪，结果定完是一个区间，还不知道具体定多少吗？这一点是每次我都要和客户解释的。

　　至于切成多少个档位，就要根据公司的岗位数量确定了，够用就好。我统计了一下我以往所做的项目，按照公司规模给大家展示一下都是怎么切的，大家可以做个参考，见图 2-10 ～图 2-12。

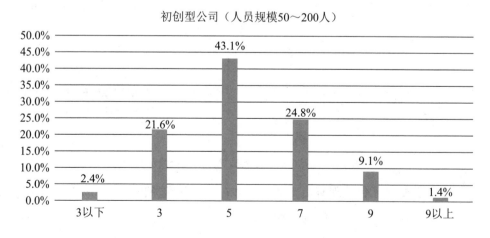

图 2-10　初创型公司档位数量市场数据

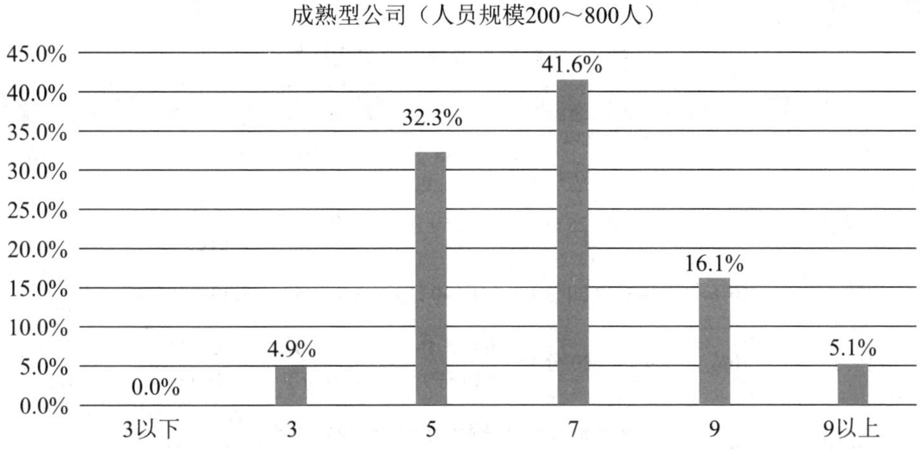

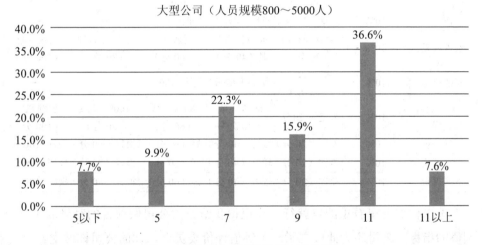

成熟型公司（人员规模200～800人）

图 2-11　成熟型公司档位数量市场数据

大型公司（人员规模800～5000人）

图 2-12　大型公司档位数量市场数据

4. 员工入档

　　档位切完，下一步就是薪酬体系搭建里的体力活了，把现有员工放进档位里去。

　　举个例子，某员工应该进哪个职级（哪个柱体里）由他所在的岗位决定，之后的岗位价值评估，我会单独讲一下。那进入职级之后，定在哪一个档位由什么决定呢？

　　这里就要用能力素质模型评价员工的个人素养，区分同岗位里不同员工的差异，识别出同岗位里哪些是对公司重要的人才。每个公司看重点不一样，模型不一样。为此，我整理了一个做项目时常用的指标，见表 2-1。

表 2-1　能力素质模型评价指标表

指标名称	权重	选项				
学历	10%	初中及以下（17 分）	高中（33 分）	专科（50 分）	本科（67 分）	硕士（80 分）
工作经验	10%	1~3 年（25 分）	3~8 年（50 分）	8~15 年（75 分）	15 年以上（100 分）	—
司龄	10%	1~3 年（20 分）	3~5 年（40 分）	5~8 年（75 分）	8~10 年（80 分）	10 年以上（100 分）
胜任力	10%	实习（20 分）	基础工作（40 分）	基本完成（60 分）	超过预期（80 分）	工作卓越（100 分）
工作履历	10%	应届加入（25 分）	低品牌价值公司加入（50 分）	同级别公司加入（75 分）	高品牌价值公司加入（100 分）	—
工作领域	10%	单一职能（33 分）	跨职能（67 分）	多职能（100 分）	—	—
工作地域	10%	本地（33 分）	两地（67 分）	多地（100 分）	—	—
管理权限	10%	无管理权限（20 分）	简单日常管理（40 分）	复杂管理（60 分）	多职能管理（80 分）	高级管理（100 分）
职能范围	10%	单一公司（33 分）	多公司（67 分）	集团（100 分）	—	—
上年度绩效表现	10%	未完成（20 分）	60% 完成（40 分）	80% 完成（60 分）	100% 完成（80 分）	超额完成（100 分）
领导评价	10%	差评（20 分）	较好（40 分）	好（60 分）	很好（80 分）	极好（100 分）
平级评价	10%	差评（20 分）	较好（40 分）	好（60 分）	很好（80 分）	极好（100 分）
下属评价	10%	差评（20 分）	较好（40 分）	好（60 分）	很好（80 分）	极好（100 分）

选出你们公司看重的点就行。我记得我给公关公司做项目的时候放了一个颜值的指标，公司还为此成立了一个颜值评价委员会。你的公司你做主。

我总结了一个大致的规则：

● 客观指标占比高（减少人为干扰）。

● 可变指标占比高（能够起到动态调薪的作用）。

● 权重分散（不要偏科）。

● 规定评定周期（别石沉大海）。

建立完成之后就要根据这个规则把现有员工放到薪酬体系里去，但是会遇到一个问题：员工现在的薪酬和薪酬档位值有差距。如果现有薪酬值低于薪酬档位值，调上去就行了。最麻烦的是，现有薪酬值高于档位值，通俗一点说，就是按照新标准，这个员工的薪酬给高了，见图 2-13。

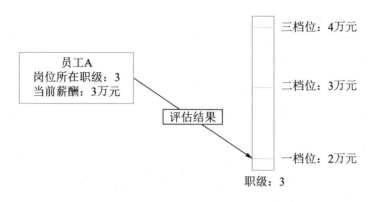

图 2-13　薪酬值高于档位值示意图

面对这个问题，一般有以下 5 种解决方案。

（1）不降薪，以能力素质模型结果入档

员工 A 进入 3 职级一档位，保持薪酬 3 万元不变，但是未来条件足够升入二档位的时候，调档位薪酬就不变了，等到什么时候足够升入三档位，再进行调薪。

这种模式有一个好处，就是可以通过私下沟通让员工意识到自身的不足，并且不降薪这个行为算是公司卖了个人情。所以，这是使用频率最高的模式。

（2）不降薪，以现有薪酬为基准入档

员工 A 虽然评估结果是进入一档位，但是公司不想浪费时间沟通，直接根据现有薪酬 3 万元进入二档位，后续也要等到条件满足三档位要求的时候才能调薪。

这个模式最省事，但是会造成档位标准被打乱，令同一档位的人能力素质不一致，有可能引发内部公平性问题。

（3）降薪，以能力素质模型结果入档

员工 A 进入 3 职级一档位，薪酬由原来的 3 万元降为一档位标准的 2 万元。这个模式太狠了，一般没人选。

（4）不入档

公司内部难免出现非个人能力因素的高薪，比如特殊贡献者、领导亲戚等。强行入档容易打乱薪酬体系（超出带宽范围）或者能力素质模型标准。那干脆就不算了，作为特例存在。但是切记，成本测算的时候别忘了算上他们。

（5）成本测算

一切抛离成本的薪酬体系都是空谈。为了不被领导驳回，看一下你现在这个方案最终的薪酬总成本就行了。

至此，薪酬体系雏形就做完了。当然了，在落地过程中会有很多需要优化调整的地方，我会在之后的章节里逐步告诉你。

 ## 2.4　你是什么素质啊？论员工的能力素质模型

"李顾问，我看薪酬体系设计里有两个评估流程：一个是岗位价值评估，一个是能力素质评估。这两个到底有什么区别？在搭建的时候怎么应用？"

"它们评估的是不同方面，岗位价值模型是评估一个岗位在公司内部的价值，能力素质模型是评估某一个员工符不符合公司人才价值观。"

这两个评估模型在真正应用的时候还是容易乱。了解这两个评估流程的内核，知其然也要知其所以然，才是关键。岗位价值评估前文已经讲过，我们主要来讲解能力素质模型。

能力素质模型，顾名思义是为了评估能力素质而搭建的指标模型，一提到能力素质，评估对象就不可能是岗位了，而是人。也就是说，我们要做人才评测。不过这个人才评测和我们常用的 360 评测还是有区别的：360 评测是全面评价一个员工的整体素质，而能力素质模型就是评价一个员工符不符合公司对人才的要求，说白了就是看他是不是咱自己人，所以能力素质模型更像是公司的人才画像。加之它是与岗位价值评估模型配合使用的，两者之间就不能有重合。

再来看一下岗位价值评估的五个层面：

* 资源调配权限。
* 管理范围。
* 岗位工作难度。
* 任职要求。
* 其他能力（沟通、学习、领导能力等）。

能力素质模型的评价指标多元化，比较常用的评价指标见表 2-2。

表 2-2　能力素质模型常用的评价指标表

指标名称	权重	选项			
学历	10%	初中及以下（17 分）	高中（33 分）	专科（50 分）	本科（67 分）
工作经验	10%	1~3 年（25 分）	3~8 年（50 分）	8~15 年（75 分）	15 年以上（100 分）
司龄	10%	1~3 年（20 分）	3~5 年（40 分）	5~8 年（75 分）	8~10 年（80 分）
胜任力	10%	实习（20 分）	基础工作（40 分）	基本完成（60 分）	超过预期（80 分）
工作履历	10%	应届加入（25 分）	低品牌价值公司加入（50 分）	同级别公司加入（75 分）	高品牌价值公司加入（100 分）
工作领域	10%	单一职能（33 分）	跨职能（67 分）	多职能（100 分）	—
工作地域	10%	本地（33 分）	两地（67 分）	多地（100 分）	—
管理权限	10%	无管理权限（20 分）	简单日常管理（40 分）	复杂管理（60 分）	多职能管理（80 分）
职能范围	10%	单一公司（33 分）	多公司（67 分）	集团（100 分）	—
上年度绩效表现	10%	未完成（20 分）	60% 完成（40 分）	80% 完成（60 分）	100% 完成（80 分）
领导评价	10%	差评（20 分）	较好（40 分）	好（60 分）	很好（80 分）
平级评价	10%	差评（20 分）	较好（40 分）	好（60 分）	很好（80 分）
下属评价	10%	差评（20 分）	较好（40 分）	好（60 分）	很好（80 分）

两者的指标一对比，就很明显能够看出差别，印证了我说的能力素质模型关注的是人才本身。

2.4.1　为什么现在的公司越来越多地开始使用能力素质模型呢？

原因很简单，这一代年轻人的个性突出，工作内容也逐渐多元化，那么我们对于人才的要求就不仅仅是像老一代国企那样听话就行，而是要发挥员工自身的天赋并尽量与岗位职责相匹配，达到事半功倍的效果。

比如你让一个有着社交恐惧症、沟通能力比较差但数学能力很好的员工去做销售，那场面估计和北京二环的晚高峰一样让人堵心，但如果把这个人放在研究岗位，他就能如鱼得水。所谓树挪死，人挪活，就是这个道理。你想想，如果公司所有的岗位都能有与之非常契合的员工胜任，那工作效率的提升是不是会非常喜人？

而且，同岗同薪的时代已经过去了，这种形式造成公司内部死气沉沉、毫无斗志。同一个岗位中，一定有人能做得好，有人做不好；有人很努力，有人消极怠工；有人一心升迁，有人知足常乐。我们不去评价是非对错，我们要做的是给真正努力的人更好的回报，让所有人知道，努力就会得到更多。但是后来我们发现，不是所有人努力就能有好的效果，有些人非常玩命，天天最后一个离开，但是成绩还不如某个云淡风轻的员工，原因就是不适岗，自身的能力素质不能和岗位相匹配。有的时候光努力是不够的，这时候我们就要及时发现并调岗，否则员工就会产生怀才不遇或者觉得不公平的负能量，这种情况特别普遍。员工不会去想自己不适合这个岗，或者说他即使知道，也不会这么去说，只会和别人表达："你看我天天那么玩命，谁谁谁就知道偷懒，但居然赚得比我多，升迁比我快。"你别指望听到这番话的吃瓜群众能明辨是非，那是不可能的，长此以往，公司内部就会出现不和谐现象，甚至内部矛盾。

因此，能力素质模型就是一个让你发现岗位里最适合此岗位职责的那个人，并且可以反向为一个员工挑选最适合岗位的模型系统。其指标，就要根据公司对于人才的定位进行划分。

2.4.2 能力素质模型的评分系统

1. 指标权重

根据指标的受重视程度进行分类，这相对简单，见表 2-3。

表 2-3 指标权重表

指标名称	权重	选项			
学历	10%	初中及以下（17 分）	高中（33 分）	专科（50 分）	本科（67 分）
工作经验	10%	1~3 年（25 分）	3~8 年（50 分）	8~15 年（75 分）	15 年以上（100 分）
司龄	10%	1~3 年（20 分）	3~5 年（40 分）	5~8 年（60 分）	8~10 年（80 分）
胜任力	10%	实习（20 分）	基础工作（40分）	基本完成（60分）	超过预期（80分）
工作履历	10%	应届加入（25分）	低品牌价值公司加入（50分）	同级别公司加入（75 分）	高品牌价值公司加入（100分）
工作领域	10%	单一职能（33分）	跨职能（67 分）	多职能（100分）	—
工作地域	10%	本地（33 分）	两地（67 分）	多地（100分）	—
管理权限	10%	无管理权限（20 分）	简单日常管理（40 分）	复杂管理（60分）	多职能管理（80 分）
职能范围	10%	单一公司（33分）	多公司（67 分）	集团（100分）	—
上年度绩效表现	10%	未完成（20 分）	60% 完成（40分）	80% 完成（60分）	100% 完成（80 分）

指标名称	权重	选项			
领导评价	10%	差评（20 分）	较好（40 分）	好（60 分）	很好（80 分）
平级评价	10%	差评（20 分）	较好（40 分）	好（60 分）	很好（80 分）
下属评价	10%	差评（20 分）	较好（40 分）	好（60 分）	很好（80 分）

2. 指标内部的横向评分

同一指标下，不一定所有的选项得分之间是等差数列。见表 2-4，如果公司只要本科以上，并且非常重视博士，那前三个指标——初中及以下、高中、专科就可以删掉，换成本科、硕士、博士，然后将博士的得分拉高，见表 2-5。

表 2-4 指标内部的横向评分表

指标名称	权重	选项			
学历	10%	初中及以下（17 分）	高中（33 分）	专科（50 分）	本科（67 分）
工作经验	10%	1～3 年（25 分）	3～8 年（50 分）	8～15 年（75 分）	15 年以上（100 分）
司龄	10%	1～3 年（20 分）	3～5 年（40 分）	5～8 年（60 分）	8～10 年（80 分）
胜任力	10%	实习（20 分）	基础工作（40 分）	基本完成（60 分）	超过预期（80 分）
工作履历	10%	应届加入（25 分）	低品牌价值公司加入（50 分）	同级别公司加入（75 分）	高品牌价值公司加入（100 分）
工作领域	10%	单一职能（33 分）	跨职能（67 分）	多职能（100 分）	—
工作地域	10%	本地（33 分）	两地（67 分）	多地（100 分）	—
管理权限	10%	无管理权限（20 分）	简单日常管理（40 分）	复杂管理（60 分）	多职能管理（80 分）
职能范围	10%	单一公司（33 分）	多公司（67 分）	集团（100 分）	—
上年度绩效表现	10%	未完成（20 分）	60% 完成（40 分）	80% 完成（60 分）	100% 完成（80 分）
领导评价	10%	差评（20 分）	较好（40 分）	好（60 分）	很好（80 分）
平级评价	10%	差评（20 分）	较好（40 分）	好（60 分）	很好（80 分）
下属评价	10%	差评（20 分）	较好（40 分）	好（60 分）	很好（80 分）

表 2-5 指标内部的横向评分调整表

指标名称	权重	选项		
学历	10%	本科（40 分）	硕士（60 分）	博士（100 分）

如此操作，同一岗位博士学历的员工的综合得分就会明显更高，便于我们区分人才价值，其他指标亦然。

搭建出一套好的能力素质模型其实技术难度不大，难点在于如何确定用哪些指标，指标内部的分值如何设置。每一家公司内部的情况都存在巨大差异，公司文化也风格迥异，要靠 HR 对公司的了解，与领导商议并设置。

2.4.3 能力素质模型的评分体系

选择好指标，定好指标的对应分数，公司的能力素质模型就建立起来了，见表 2-6。

表 2-6 公司的能力素质模型表

领导评价	分数	学历	分数	工作领域	分数	同事评价	分数
9.5 分以上	100	硕士以上	100	单一领域	50	9.5 分以上	100
9 ～ 9.5 分	90	硕士	90	多领域临时	80	9 ～ 9.5 分	90
8.5 ～ 9 分	80	本科	60	多领域固定	100	8.5 ～ 9 分	80
8 ～ 8.5 分	70	专科及以下	30	—	—	8 ～ 8.5 分	70
7 ～ 8 分	60	—	—	—	—	7 ～ 8 分	60
6 ～ 7 分	50	—	—	—	—	6 ～ 7 分	50
6 分以下	30	—	—	—	—	6 分以下	30

指标所对应的权重见表 2-7。

表 2-7 指标所对应的权重表

评判指标	权重
领导评价	50%
学历	15%
工作领域	20%
同事评价	15%

有了这些指标之后，我们就可以对每一个员工进行能力素质模型评价，如果是主观评价，建议制作评价表，方便员工打分，见表 2-8。

表 2-8 员工能力素质模型主观打分表

员工编号					
员工姓名					
评价指标	指标解释	指标权重	打分（1~10 分）	理由陈述	总分
工作态度	该员工在日常工作中表现出的主观能动性				
团队融合度	该员工在团队中的和谐程度和认可度				
个人潜力	该员工可能会发挥出来的能力和力量				
学习能力	该员工在工作中学习和接受新事物的能力				
其他					
评价人:					

如果有些指标名称晦涩难懂，可以添加指标解释，见表 2-9。

表 2-9　工作领域、分数与指标解释表

工作领域	分数
单一领域	50
多领域临时	80
多领域固定	100

指标解释：

　　该员工在一个自然年内，60% 以上的工作时间涉及多领域工作的，为多领域固定；10% ～ 60% 的工作时间涉及多领域工作的，为多领域临时；10% 以下的工作时间涉及多领域工作的，为单一领域。

2.4.4　能力素质模型打分表

　　所有的指标内容和评分系统都准备好之后，我们要建立一个能力素质模型打分表，见表 2-10，方便大家操作以及分数统计。

表 2-10　能力素质模型打分表

员工编号	姓名	部门编号	部门名称	职位名称	职级	领导评价	学历	工作领域	同事评价

　　打分表可以用 Excel 制作，做出下拉菜单式选择框，方便员工操作。然后按照部门开展打分，最后统一收集结果并审核就可以了。

> **小贴士**
>
> 　　能力素质模型让公司的定薪更加人性化，是完善薪酬体系非常重要的一块内容。能力素质模型也被重点用于宽带薪酬体系中对于薪酬档位的定位。
>
> 　　能力素质模型是每年都要进行全员分值更新的，因为有一些指标，比如司龄，是每一年都会有变化的。
>
> 　　能力素质模型的指标最好公开，让大家知道公司是如何评判一个员工是否有价值的，让大家知道我在哪方面努力更被认可。别让员工玩命提升了自己的学历之后才得知学历因素不在公司评判人才价值的范围之内，这就是浪费感情和耽误时间了。而且，有理有据的人才价值识别能够更好地平息误会，如"怀才不遇"的员工，他就能知道自己为什么努力了还是不如别人，应该去找适合自己的岗位，发光发热，而不是满身负能量、抱怨无数。

2.5　教你做一个让领导鼓掌的公司薪酬分析

某天早上，我突然接到一个老客户的电话。

"李顾问啊，元旦后我给公司一年的人力资源工作做总结，同时给出新一年的预算，这个怎么弄才能让领导满意，又有说服力？"

当天我们见面，我给她做了一个整体的分析。

2.5.1　内部薪酬整体情况分析

首先要做的，就是整体分析公司的概况，分为以下三个步骤。

1. 分析公司各职能部门的薪酬成本占比

不同公司、不同公司的发展阶段，对不同职能部门的重视程度不一样。重视程度直接反映在薪酬分配上，确定公司现在的薪酬分配是不是符合公司现有定位，该重点保留的人才到底有没有做到薪酬倾斜。这很重要，也是一切的基础。各部门薪酬总额分布见图 2-14。

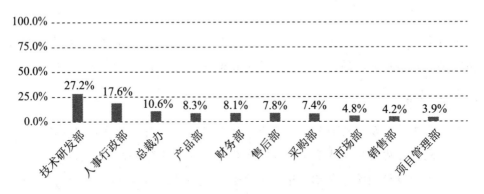

图 2-14　各部门薪酬总额分布示意图

2. 分析公司各职级的薪酬成本占比

不同公司在不同发展阶段的薪酬倾向不一样。

初创型公司：薪酬成本有限，向中高层及核心员工倾斜。

成熟型公司：追求平稳，薪酬预算逐渐向中基层倾斜。

大型公司：薪酬分配有自己的一套理论，不定性。

各职级薪酬的总额分布示例见图 2-15。

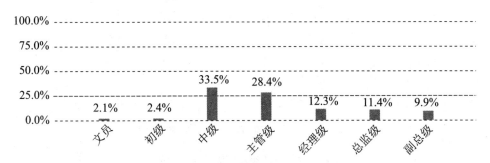

图 2-15　各职级薪酬总额分布示意图

根据公司处于哪个发展阶段，按照我们自己的职级体系，分析现有的公司分配到底合不合理，这很重要。

注：一定要按照自己的职级体系分析，别用咨询公司的那套岗位系统。

3. 查看固浮比情况

按部门看固浮比，见图 2-16（图片数据是演示，没有真实意义），看一下它是不是符合公司现有的经营风格和预期。因为很多时候虽然我们已经大致规定了固浮比，但是在日常管理中，经常会在这里加一个补贴，那里来个新激励，过段时间固浮比就乱了，因此时常检查一下很重要。

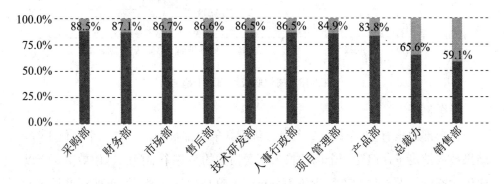

图 2-16　各部门薪酬固浮比示意图

同理，按照职级检查一下固浮比更有必要，见图 2-17。

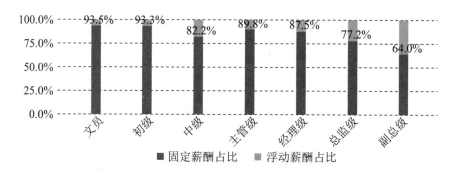

图 2-17　各职级薪酬固浮比示意图

2.5.2　公司薪酬市场竞争力分析（外部偏离度）

以前大家做市场竞争力分析的时候都是看岗位，因为统计薪酬数据的时候是以岗位为基础的，见图 2-18，但是只看岗位还是比较片面的。

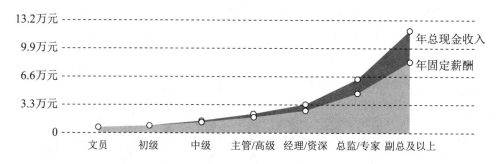

图 2-18　岗位职级薪酬水平趋势

举个例子：

一个部门里有 10 个岗，9 个岗的薪酬竞争力都很好，只有一个岗位不行，结果被人挖走了，但这一个岗位换人，受损失的是整个部门的运作效率。所以，建议大家最好做整体的市场竞争力分析，大致是如下顺序（按重要程度排序）。

1. 各部门市场竞争力分析

以部门为单位，进行竞争力分析，一般用的口径是税前收入（这个数字对于员工来说最敏感），看看哪些部门竞争力不强。见图 2-19，在对比市场 50 分位的条件下，各部门平均薪酬低于市场薪酬 8.1%。

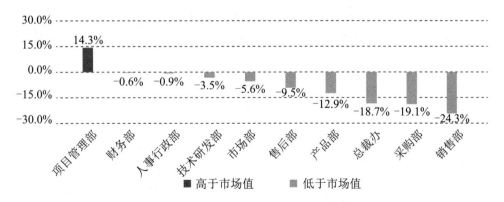

图 2-19 各部门薪酬市场竞争力示意图

如果部门竞争力和我们预期不一致，啥也别说了，赶紧针对性调薪吧！

2. 各职级市场竞争力分析

根据公司现有的发展阶段和策略，看一下各职级的市场竞争力是不是符合我们的预期。如果不符合，调整的方式就要有所区别：部门调整比较简单，直接操作；但是职级调整一定要注意调整后的薪酬与其所在部门上下级的关系，别倒挂了。见图 2-20，在对比市场 40 分位的条件下，各职级平均薪酬高于市场薪酬 2.6%。

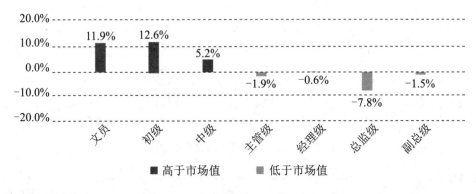

图 2-20 各职级薪酬市场竞争力示意图

对于职级薪酬分析，一定要按照公司自己的职级，别用咨询公司的岗位系统职级，因为具体情况不一样！

3. 岗位薪酬与市场薪酬的对比

每个岗位固定部分和浮动部分的薪酬相对市场数据的差异，要进行分析。哪些岗位的竞争力弱，就针对性地调薪。例如，表 2-11 是在对比市场 50 分位的条件下，各岗位的年固定薪酬与市场薪酬的对比。

表 2-11 各岗位薪酬市场竞争力示意图

岗位	职级	市场基准职位	公司均值	市场值	差异
财务分析员	中级	财务分析员	140.703	115.749	21.6%
会计	中级	会计	102.526	110.843	-7.5%
内部审计员	中级	审计员	113.835	110.850	2.7%
物流管理员	中级	物流管理专员	86.041	100.452	-14.3%
采购专员	中级	采购专员	79.200	102.455	-22.7%
仓储专员	中级	仓储专员	54.767	81.309	32.6%
运输专员	中级	运输专员	59.970	71.125	26.1%
进出口专员	中级	进出口专员	106.468	106.280	0.2%

还有一点很重要，对比岗位薪酬的时候，千万只对比固定部分和变动部分，别去对比细项！比如通信补贴、加班费等数据没有用。每家公司政策不一样，工作环境不一样，所以对于这种市场数据，每家公司都不一样，咨询公司统计后要再核算一下，数据就失去了参考的价值。

4. 员工整体的竞争力分布

根据员工薪酬所处的市场位置，以员工为单位统计公司的整体情况，直观展现当前公司员工薪酬的市场竞争力现状，见图 2-21、图 2-22 和表 2-12。

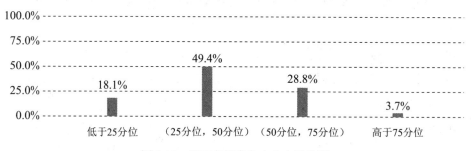

图 2-21 员工市场竞争力分布示意图

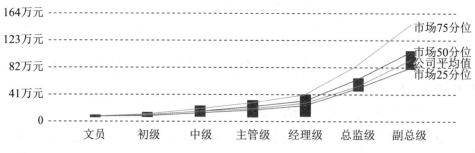

图 2-22 职级年度薪酬与市场薪酬的对比示意图

表 2-12 已匹配职级的公司值与已匹配职级的市场均值

已匹配职级的公司值					已匹配职级的市场均值		
职级	职位数	员工数	最小值	平均值	最大值	25 分位	50 分位	75 分位
副总级	2	5	787 997	927 811	1 072 840	804 905	1 048 979	1 474 351
总监级	10	10	450 749	533 984	658 175	502 635	644 576	855 710
经理级	21	21	150 354	272 585	409 774	240 367	304 397	402 824
主管级	35	70	89 351	189 056	320 157	166 451	210 853	274 810
中级	37	111	63 026	140 913	229 545	115 387	145 945	187 456
初级	12	12	55 856	91 974	132 744	71 897	88 098	109 085
文员	7	14	49 187	70 128	88 035	55 526	68 178	84 880

2.5.3 公司薪酬内部公平性分析（内偏离度）

除了竞争力分析之外，公司内部薪酬结构的稳定程度也很重要。毕竟与跟外面比相比，员工在内部比得更多。

分析内部公平性，要把公司的员工薪酬作为散点打在图上，见图 2-23，看一下同职级的员工有没有薪酬过高或者过低的；如果有，找到是谁，分析过高或过低的原因。如果原因合理（比如是个专家），那就可以接受；如果不合理，赶紧针对性地进行调整。

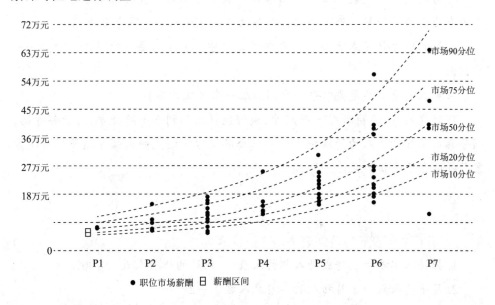

图 2-23 公司薪酬内部公平性分析示意图

某一个员工薪酬相对整个职级过低，会影响其个人感受，容易造成离职。

某一个员工薪酬相对整个职级过高，会影响整个职级的感受，千万别耽误。

密薪制在国内短期内不太可能实现，大家别幻想，所以做好内部公平性，对于公司内部的长治久安很重要。

之前我就亲眼见过一个案例：某家公司的核心专家要离职，HR 分析不出原因，因为专家有学者的傲骨，任凭怎么沟通也不说。最后 HR 没辙了，来找我帮忙。整体分析之后，我发现专家的薪酬在市场上处于 80 分位，挺高的，一切都没问题。

后来我们做了序列分析，发现在专家序列里有一个人的薪酬比专家高，而这个人五年前进公司的时候是专家手把手教的，专业能力与专家比还是差点，但是因为和公司高层的关系好，薪酬飞涨，HR 因为刚刚到公司一年，不知道渊源，后来和专家聊，还是把专家留下了——涨薪呗。

可见，薪酬高不高很重要，比谁高更重要。这个谁，大部分员工内心的标的都在内部。

🍃 小贴士

公司薪酬分析是我们每年的必修课，做得好不好，直接影响领导对于人力资源专业能力的判断。除了华丽，更多的还是发现问题，防患于未然。

总结的顺序就是本章节的标题内容的顺序。发现的每一项问题，都要一一列出来。

注意，更重要的是要给每一个问题配一个解决方案！

别光提问题，弄得领导一头问号，最好能提出两到三个解决方案，让领导选，领导喜欢选择题。人力资源提出两到三个解决方案还能避免领导随便提解决方案而弄得自己手忙脚乱。

常用公式

一、招聘分析常用计算公式

1. 招聘入职率＝应聘成功入职的人数 ÷ 应聘的所有人数 ×100%

2. 月平均人数＝（月初人数＋月底人数）÷2

3. 月员工离职率＝整月员工离职总人数 ÷ 月平均人数 ×100%

4. 月员工新进率＝整月员工新进总人数 ÷ 月平均人数 ×100%

5. 月员工留存率＝月底留存的员工人数 ÷ 月初员工人数 ×100%

6. 月员工损失率＝整月员工离职总人数 ÷ 月初员工人数 ×100%

7. 月员工进出比率＝整月入职员工总人数 ÷ 整月离职员工总人数 ×100%

二、考勤常用的统计分析公式

1. 个人出勤率＝出勤天数 ÷ 规定的月工作日 ×100%

2. 加班强度比率＝当月加班时数 ÷ 当月总工作时数 ×100%

3. 人员出勤率＝当天出勤员工人数 ÷ 当天企业总人数 ×100%

4. 人员缺勤率＝当天缺勤员工人数 ÷ 当天企业总人数 ×100%

三、常用工资计算、人力成本分析公式

1. 月薪工资＝月工资额 ÷21.75 天 × 当月考勤天数

2. 月计件工资＝计件单价 × 当月所做件数

3. 平时加班费＝月工资额 ÷21.75 天 ÷8 小时 ×1.5 倍 × 平时加班时数

4. 假日加班费＝月工资额 ÷21.75 天 ÷8 小时 ×2 倍 × 假日加班时数

5. 法定假日加班费＝月工资额 ÷21.75 天 ÷8 小时 ×3 倍 × 法定假日加班时数

6. 直接生产人员工资比率＝直接生产人员工资总额 ÷ 企业工资总额 ×100%

7. 非生产人员工资比率＝非生产人员工资总额 ÷ 企业工资总额 ×100%

8. 人力资源费用率＝一定时期内人工成本总额 ÷ 同期销售收入总额 ×100%

9. 人力成本占企业总成本的比重＝一定时期内人工成本总额 ÷ 同期成本费用总额 ×100%

10. 人均人工成本＝一定时期内人工成本总额 ÷ 同期同口径职工人数

11. 人工成本利润率＝一定时期内企业利润总额 ÷ 同期企业人工成本总额 ×100%

四、基础公式汇总

1. 新进员工比率＝已转正员工数 ÷ 在职总人数 ×100%

2. 补充员工比率＝为离职缺口补充的人数 ÷ 在职总人数 ×100%

3. 离职率（主动离职率/淘汰率）＝离职人数 / 在职总人数 ×100%

4. 离职率＝离职人数 /[（期初人数＋期末人数）÷2]×100%

5. 离职率＝离职人数 /（期初人数＋录用人数）×100%

6. 异动率＝异动人数／在职总人数 ×100%

7. 人事费用率＝（人均人工成本 × 总人数）÷ 同期销售收入总数 ×100%

8. 招聘达成率＝（报到人数＋待报到人数）÷（计划增补人数＋临时增补人数）×100%

9. 人员编制管控率＝每月编制人数 ÷ 在职人数 ×100%

10. 人员流动率＝（员工进入率＋离职率）÷2×100%

11. 员工进入率＝报到人数 ÷ 期初人数 ×100%

12. 员工当月应得每天工资＝月固定工资 ÷21.75 天

13. 当月应得工资＝每天工资 × 当月有效工作天 × 当月实际工作天数调整比例

14. 当月应工作天数＝当月自然日天数—当月休息日天数

15. 当月有效工作日＝当月应工作天数—全无薪假期

16. 当月实际工作天数调整比列＝21.75 天 ÷ 当月应工作天数

17. 生产型企业劳动生产率＝销售收入 ÷ 总人数 ×100%

五、成本效用评估

1. 总成本效用＝录用人数 ÷ 招聘总成本

2. 招募成本效用＝应聘人数 ÷ 招募期间的费用

3. 选拔成本效用＝被选中人数 ÷ 选拔期间的费用

4. 人员录用效用＝正式录用人数 ÷ 录用期间的费用

5. 招聘收益成本比＝所有新员工为组织创造的价值 ÷ 招聘总成本 ×100%

六、员工数量评估

1. 录用比＝录用人数 ÷ 应聘人数 ×100%

2. 招聘完成比＝录用人数 ÷ 计划招聘人数 ×100%

3. 应聘比＝应聘人数 ÷ 计划招聘人数 ×100%

4. 工资计算＝月工资 ÷21.75× 实际工作天数（不计算周六日）

5. 加班率＝总加班时间 ÷ 总出勤时间 ×100%

6. 直接间接人员比例＝直接人员 ÷ 间接人员 ×100%

七、制度工作时间的计算

1. 年工作日＝365 天 — 104 天（休息日）— 11 天（法定节假日）＝250 天

2. 季工作日＝250 天 ÷4 季＝62.5 天 / 季

3. 月工作日＝ 250 天 ÷12 月＝ 20.83 天 / 月

4. 工作小时数＝月、季、年的工作日 × 每日的 8 小时

5. 日工资＝月工资收入 ÷ 月计薪天数

6. 小时工资＝月工资收入 ÷（月计薪天数 ×8 小时）

7. 月计薪天数＝（365 天— 104 天）÷12 月＝ 21.75 天

2.6 论双胞胎——福利和补贴的区别

福利和补贴的区别是每次做薪酬规划的时候必被问到的问题。

先说概念：

补贴：不指定使用范畴，现金形式。

福利：指定使用范畴，非现金形式。

举个例子：

话费补贴：每个月 200 元，随薪酬发放。

话费福利：每个月 200 元充值卡，从行政部领取。

概念就是这么简单，但是真正在应用的时候，福利和补贴发挥的作用和使用方式完全不一样。

补贴，字面意思就是补充性津贴，所以说设置哪些补贴，要看公司需要给员工补充什么。

2.6.1 补贴的分类

1. 因工作内容差异引起的补贴

最典型的就是高温补贴，因为岗位工作在户外高温条件下进行，为了平衡和坐在办公室工作的差距所付出的补贴。

再一个就是差旅补贴，是因为工作内容涉及大量的非本地工作，为了平衡和本地工作之间的精力与体力输出差距所付出的补贴。

这一类补贴会因为职能的不同、岗位的不同和工作职责的不同而不一样。

另一种是兼任，岗位职责不清晰在国内太普遍了，比如同样都是人力资源

专员，其中一名员工还兼任一些行政工作，定薪的时候肯定要给兼任的员工多一些，否则内部薪酬公平性会出问题。但公司没有人事行政这个岗位，在薪酬体系里找不到，这一部分薪酬没法加到基本月薪里，这时候就要靠补贴里的岗位津贴拉平了。现在大部分公司直接把它加在基本月薪里，就属于非正规操作。这在薪酬体系乱的时候影响不严重，但一旦未来梳理薪酬体系，员工薪酬散点图会乱得让你头疼。

所以，梳理薪酬体系不是一上来就直接拉开整个宽带薪酬体系，而是先从细节入手，把不规范的细节梳理清楚之后，后面做起来会顺畅很多。

2. 因员工能力素质不同引起的补贴

能力素质有的能用客观指标表示，比如学历、工作履历、历史绩效，我们把这些称为员工硬实力。但是也有一些很难准确衡量的，比如理解能力、团队融合度。

我在挑选自己团队成员的时候经常看一个人是否"通透"，具体来说就是一说就通、一点就透。这就属于很难衡量的指标，称为员工软实力。

每个公司都有那种硬实力特别强，但就是融不进团队，理解不了领导意图的员工。工作过程中老是你说前门楼子，他聊胯骨轴子。在工作中最怕这种"跨服聊天"，和你不在一个频道上，硬实力再强没有用。

对于硬实力，薪酬体系里有能力素质模型，能为能力强的人提供更高档位的薪酬。

但是软实力就麻烦了，没法客观衡量，所以我们只能通过主观评价的方式，让领导、团队自己去评价每一个人，综合各方意见给出答案，然后给予软实力很强的人更高的岗位津贴。对，你没听错，这也放在岗位津贴里，和之前的兼任在一起，原因是单独建立软实力补贴会引起某些员工的不适和不满，毕竟公司评价员工的角度不是和所有员工都一致，为了避免内部矛盾，这种补贴要尽量做到隐秘、保密。

2.6.2 福利的分类

1. 实物福利

我想很多 80 后、90 后小时候帮父母从单位搬过柴米油盐吧。在物资相对匮乏的时候，实物福利就是最实惠的，并且公司统一采购能够拉低成本。后来实物福利演化成礼品卡、礼盒等形式。再往后实物福利仿佛成了国企专属，因为操作耗时耗力。私企一般只在特殊节日发实物福利，比如中秋节的月饼。当前因为国家政策，实物福利越来越少了。

2. 工作辅助性福利

班车、食堂、茶水间这些属于工作辅助性福利，会让员工有更好的工作环境和工作状态。虽然这些项目的最后费用归类不一定和人力资源成本有关系，但确实是花在了员工身上。

3. 制度性福利

自由工作制、特别年假、女性特别时期假期等属于制度性福利，和钱没有直接关系，但是能够给员工更好的企业归属感。这在国内还未普及。此外，这项福利需要人力资源有强大的话语权。

4. 员工保障类福利

商业健康险、高端医疗险、工间按摩、健身卡等这一类保障员工一直处于健康身心状态的福利，现在是最火的。毕竟如果公司里全是一群亚健康的人，工作效率能高到哪去？有些公司还给高管的家属提供健康类保险和其他福利，这样提高员工家属对于公司的认可度和家庭和谐度，侧面帮助员工有更好的工作心情。

5. 生活权益类福利

视频网站的年度会员、外卖网站年度会员这些年轻人常用的 App 权益类福利是当前很多公司开始迎合年轻人去做的，而且成本极低，某一项一年一个账号也就 100 多元，还能让年轻员工感受到公司的关怀，简直太划算。

🦅 **小贴士**

补贴和福利最大的区别在于：补贴是补充性实质薪酬，而福利是增加体验性的非实质薪酬。可以说，两者做的完全不是一件事情。薪酬里有四个模块：固定薪酬、浮动薪酬、补贴、福利。每一个模块发挥的作用都不一样，否则也不会单独存在。认清它们的作用并充分利用，才能让公司的薪酬体系有效实用。

2.7　市场薪酬调研怎么做？

"李顾问，领导让我们比较一下公司薪酬与市场的差距，我查了一下，这叫作市场薪酬调研，但是我现在没有头绪，该如何下手？从哪个角度切入呢？"这是我做项目的时候经常被问到的问题。

市场薪酬调研，是人力资源工作常用的一种方法。领导提出这个要求，我们应该去了解领导做调研的目的，因为不同目的所需要的市场数据和做出来的分析是不一样的。但很多 HR 会有这样的疑问：我该怎么了解领导的目的？怎么问才会得到有效的回复呢？

2.7.1　市场薪酬调研都有哪些目的？

1. 为了招聘——人才吸引

当公司面对招聘困局的时候，就会遭遇"是我不好吗？是我的公司不好吗？是我们给得太少吗？"的灵魂拷问三连，分析来分析去，招聘不利说到底还是薪酬的事。

但多给多少，就成了问题。毕竟申请预算，领导总会问你的依据，领导也许能理解为什么加预算，但加的数量级必须讲出理由。这时你就需要市场薪酬调研的帮助了。

既然是为了招聘，你就要按照以下维度统计公司的人才来源：地域、行业、前公司的大概情况。

根据这些指标找到对应的市场薪酬数据，这样的对比能让我们知道自己公司的薪酬和目标人才群体薪酬的差异，验证是不是因为薪酬水平导致招聘不利。

2. 防止流失——人才保留

在我们渴望并努力吸引竞争对手人才的时候，竞争对手同样也觊觎我们的员工。尤其是前几年互联网公司大举进入传统行业之时，资本的力量使他们可以开出几倍的薪酬来挖角。当自己的员工被不断抢走的时候，领导肯定是一肚子火，最后归咎于人力资源管理不力，但及时做出补救措施来防止人才继续流失更重要。相对于人才吸引，人才保留的调研维度就极其简单：了解人才去向公司的薪酬水平，这样保留员工就能有的放矢。

3. 年度调薪

年底做汇报的时候，调薪预算方案都是人力资源最头疼的内容：涨得多，领导不乐意；涨得少，员工不高兴。如何找到一个平衡点，让我们绞尽脑汁。给出一个数字之后，领导必然会问依据，这时候如果我们说是自己拟合算的，往往有点站不住脚。涨得少还好，领导不计较就过去了，假设某一年涨得多，很有可能过不了，那我们要做的就是找个依据。调研同行业的薪酬情况就是非常好的手段。统计维度包括地域、行业、公司规模、公司性质。

4. 做公司薪酬体系——未来规划

做薪酬体系的时候，有一个步骤就是要画出宽带薪酬的政策线，这条线参考的就是市场数据。同样是为了定薪，这个数据和上面调薪时的数据是不一样的，因为薪酬体系的寿命是 5 年左右，也就是说，薪酬体系有未来的规划性质，那你就不能以公司现状进行数据调研，而是以未来 5 年公司要发展的态势作为基准。所以，统计的维度包括地域、行业（如果未来是集团公司，要综合考虑）、公司规模、公司性质。

5. 找理由降薪

很多公司经营不善，想要降薪，但是直接降难以服众，所以会找一些市场数据作为佐证，告诉员工市场不景气，跳槽也没有什么好的薪酬待遇，不如大家一起渡过难关，虽然效果不一定好，但总比直接降薪强多了。

当然，希望这个场景你一辈子也遇不到。

基本上做市场薪酬调研的目的就是以上这几个，确定好调研的目的，我们就要去找数据了。

2.7.2　数据获取途径（依据数据靠谱程度排序）

1. 专业的薪酬调研公司

目前国内有非常多人力资源领域的咨询公司，除了做薪酬体系设计、组织构架搭建、绩效体系设计之外，市场薪酬调研也是常规业务。如果在 2010 年前后，我会毫不犹豫给你推荐外资咨询公司，因为他们的流程相对更加正规，经验更丰富，并且客户多，数据量大。随着互联网逐渐介入人力资源咨询领域，国内咨询公司的薪酬调研业务做得越来越好，内容更加本土化，重点是价格比外资低很多。

2. 内部调研

公司内部新进的员工，如果有来自我们统计维度内的，可以做个内部访谈，但别一上来就问前公司薪酬的事情，很敏感。我们可以用入职后回访的形式，了解一下他入职之后是否适应，然后再问之前在前公司他接触比较紧密的岗位的薪酬情况，这样信息才准确。最好和他本身的岗位关系不大，防止员工有防备心，比如，可以问人力资源前公司行政的岗位薪酬、运营前公司开发岗位的薪酬情况，这样能得到相对准确的答案。

3. 招聘网站的简历数据

这是我们人力资源接触最多的数据，在我们每天往返于各个招聘网站完成招聘任务的同时，我建议你能记录竞争对手大致的招聘薪酬情况，虽然这个数据可能是个范围，或者有些甚至没有，但积少成多，经过半年到一年的收集，用 Excel 做出岗位薪酬散点图，市场趋势一目了然。所以，千万别觉得招聘数据虚就不去收集；一旦数据量够了，虚也是实。

4. 离职背景调查

现在的职业背景调查公司服务非常全面，可以要求他们对自己公司离职的员工进行访谈，除了了解离职的真实原因之外，尽量了解对方新公司的薪酬情况，成功率虽然不算高，但是不试一试怎么知道呢？

2.7.3　注意事项

除了和专业机构做薪酬调研外，其他几项都是我们自己统计数据，所以需要注意以下几点。

1. 统一数据口径

假设别人问我一个月赚多少钱，我能给出非常多的答案。我们来模拟一下场景（场景中的数字为假设）。

同事：你一个月赚多少钱？

我：3 万元。

我说的是我的固定薪酬。说最低的值会减少很多误会。

父母：现在一个月赚多少钱？

我：平均一个月 6 万元，一年加上年终奖 80 万元。

父母问的话，一定答复的是年度现金收入总额，也就是固定薪酬＋补贴＋绩效＋特殊奖金，为的是让家里人知道自己过得不错，不需要担心。

女朋友：你一个月赚多少钱？

我：税后 4 万元。

女朋友问时，一定得答复税后薪酬，否则工资卡上交的时候对不上账就麻烦了。

以上三个场景，我回答的薪酬都是真的，但数字差距很大，原因就是统计口径不一样，分别为税前月度固定薪酬、税前年度现金收入总额、税后月度薪酬。我们在做市场薪酬数据统计的时候也会遇到这个问题。数据来源场景不统一，那口径的统一就非常重要。拿到数据之后要对明显偏离度比较大的数据进行剔除，比如同一个岗位其他的数据都是大概 2 万元，唯独一个数据显示为 6 万元，如果无法核实其真实性和口径，就剔除，以免影响数据分析。

2. 数据的时效性

薪酬数据和酒不一样，不是越陈年越香，只有 12 个月以内的数据才算是有效数据。我知道有些人看一些欧美的相关图书会说应该是 24 个月。欧美的市场稳定性好，发展远远比中国目前的速度慢，他们 80% 以上的岗位每一年的调薪幅度基本是固定的，而且很小。但目前国内经济高速发展，几乎每一年的薪酬上涨幅度都不一样，且大部分岗位的幅度很大，所以薪酬数据的有效期会更短。

在此我想多说一句，欧美方面的图书并不是永远都是对的，诚然他们发展比我们早，很多行业有先发优势，有话语权，但与当前国内的发展节奏是不匹配的，我们有自己的文化基础，所以面对欧美理论，要因地制宜地思考。

3. 数据的合理应用

数据是论据，是为了支持我们的论点而存在的，如果数据显示的结果和论点相悖，就不要用了，建议重新统计。比如我们本来想涨薪，结果数据显示我们的薪酬水平已经是行业 90 分位了，那赶紧把数据收起来。我记得之前有一家公司，就是大张旗鼓做调研，想涨薪，结果数据一到，领导看到自己公司的薪酬居然这么高，那还涨什么？最后白忙活了。

所以在你打算要用数据来佐证你的论点时，一定要先大致了解一下数据可能出现的情况以及对你是不是有利，再去获取数据，别让数据成了你的绊脚石。

2.7.4 薪酬数据调研的常用概念

1. 分位值

分位值是薪酬统计里最常用的概念，为什么常用？这就和这个指标的特征有关了。分位值是位置性指标，比如 50 分位值（中位值）就是一个数列中最中间的那个数字，同理 25 分位就是前 1/4 那个位置上的数字。分位值的数值大小不受整体数列和周围数值的影响，该是多少就是多少。这就直接避免了我们常说的"被平均"的现象。

举个例子，99 个年薪 40 万元的程序员和 1 个年薪 1 亿元的某总裁放在一个数列里，整体年薪的 10 分位、25 分位、50 分位、75 分位、90 分位的值都是 40 万元，只有 100 分位是 1 亿元。但如果我们计算平均年薪呢？它是 139.6 万元。99 个人都被那 1 个人给强制平均了，平均值的结论脱离了真实情况。

借此我们延伸一下，已知岗位薪酬的平均值和 50 分位值（中位值），如何去判断市场数据样本的分布情况？

- 平均值远大于 50 分位值，数列中少量样本薪酬值很高。
- 平均值远小于 50 分位值，数列中少量样本薪酬值很低。
- 平均值与 50 分位值相差不大，数列样本薪酬值分布比较平均。

通过对数据样本的分析，结合薪酬调研的名录，我们就能推断出当前市场的竞争态势。

2. 年度固定现金收入

年度固定现金收入是基本月薪 × 月薪数量＋各项补贴。

3. 年度现金总收入

年度现金总收入包含年度固定现金收入和变动现金收入（绩效奖金、加班费、年终奖等非固定收入）。

4. 薪酬细项

薪酬细项指的是细节薪酬项目，比如补贴里包含的话费补贴、高温补贴等。但其实在薪酬调研中，这些数据是不值得参考的，因为这些细节数据受个体公司情况影响非常大，容易导致数据统计出现畸形，所以在做薪酬调研的时候，看年度固定现金收入和年度现金总收入就够了。

 小贴士

　　市场薪酬调研是我们探知市场薪酬情况的途径。根据市场数据为自己公司的决策提供依据，让每一个人力资源的薪酬决策有理有据。

2.8　薪酬的外部竞争力和内部公平性

我在上一节讲了市场薪酬调研怎么做，当我们按照需求拿到了相应的数据后，就会知道公司薪酬分析怎么做。我提到了两个概念，分别是外部竞争力（薪酬外偏离度）和内部公平性（薪酬内偏离度），这两个指标为什么用？怎么用？在什么情况下要用？这几个问题在以往的项目过程中被客户问及的概率极大，正在看这本书的你可能也有同样的疑问，接下来我们详细聊一聊。

我们都很清楚人力资源的职责：人才的吸引和保留。不光我们清楚，公司高层同样清楚，所以当他们在审视人力资源部门的时候，会从这两个角度出发。既然这样我们就将人才吸引和人才保留分开来分析。

2.8.1　外部竞争力（薪酬外偏离度）

说到人才吸引，最先要说的就是薪酬水平。我们先不聊雇主品牌价值等，那些是有用，但是论吸引力，薪酬绝对是大头。而薪酬的吸引力指标就是外部竞争力（薪酬外偏离度）。

1. 外偏离度单位点

外部竞争力以岗位为单位计算，将岗位的公司薪酬值与岗位市场薪酬数据做比较。

2. 外偏离度基准值

计算偏离度，一定有一个基准。市场数据一般以分位值形式进行统计。常用的有 10 分位、25 分位、50 分位（中位值）、75 分位和 90 分位，分别代表市场低水平、较低水平、中等水平、较高水平和高水平。当然不仅限于这几个分位值，而是要根据需求随意选择。我们首先要选择自己和哪个分位值对标，越高的薪酬水平吸引人才的效果越好，这是毋庸置疑的。

3. 外偏离度的计算

单位点岗位：招聘经理。

单位点薪酬值：年度现金收入总额 40 万元。

外偏离度基准：市场 50 分位（中位值）。

外偏离度基准值：30 万元。

招聘经理岗位外偏离度＝（单位点薪酬值－外偏离度基准值）÷外偏离度基准值 ×100％＝（400 000-300 000）÷300 000×100％＝33.33％

4. 外偏离度的正常范围

计算出外偏离度数据之后，一个新的疑问就来了：大于或小于多少属于不正常范围？有的说正负 30%，有的说正负 50%。其实都不对，外部偏离度和正常不正常无关。外偏离度越大越好，因为当你定了薪酬体系之后，说明公司的薪酬预算是认可这个薪酬水平的，那当然我们比竞争对手群体（外偏离度基准值）高得越多越好。竞争力满满，谁还能不高兴呢？

5. 外偏离度的影响

外偏离度最直接的影响就是招聘。薪酬有竞争力真的在招聘市场上为所欲为，"钞能力"无敌；反之招聘乏力，抢不到优秀人才，很难受。

外偏离度的另外一个影响是人才保留。如果在竞争群体里，薪酬不占优势，很容易埋下人才流失隐患。自己的员工知道外面赚得更多，也容易心猿意马，影响工作效率。

6. 外偏离度的定位

统计一下公司近 3 年来人才的主要来源以及人才流出去向，以此为依据做定位。定位很重要，拿着 5000 元逛菜市场可以为所欲为，但去奢侈品商店就捉襟见肘了。

2.8.2 内部公平性（薪酬内偏离度）

一般来说，公司发生内部薪酬问题，与外偏离度没什么关系，内偏离度出问题才是罪魁祸首。这个指标和竞争力无关，但和公平性密不可分。

1. 内偏离度单位点

内偏离度以岗位为单位计算。

2. 内偏离度基准值

内偏离度基准值是公司薪酬体系内岗位所在职级对应的政策线上的政策点值。如果公司内部薪酬体系不是非常清晰，可以用同一职级内岗位薪酬的中位值计算。

3. 内偏离度计算

单位点岗位：招聘经理（P3 职级）。

单位点薪酬值：年度现金收入总额 40 万元。

内偏离度基准：P3 职级薪酬中位值。

内偏离度基准值：30 万元。

招聘经理岗位外偏离度＝（单位点薪酬值－内偏离度基准值）÷ 内偏离度基准值 ×100% ＝（400 000 － 300 000）÷300 000×100% ＝ 33.33%

很明显，关于内外偏离度计算，只是基准值有差别，其他都完全一样。

4. 内偏离度的正常范围

如果公司有规范的薪酬体系，薪酬体系的带宽就是公司内部偏离度的极限。如果没有薪酬体系，一般来说，职能比较复杂的行业正常范围在正负 100%，因为要考虑职能之间的薪酬差距，仔细计算的话，最好分成前、中、后台单独比较，因为同属一个平台的职能之间，工作性质差距不大，薪酬差距也较小，正常范围一般在正负 50%。但这个数值不是固定的，千万别教条，还是要根据公司内部情况来定。

5. 内偏离度的影响

内部公平性是和自己同一职级的岗位做比较。举个例子，同一个公司，你是经理级，月薪 3 万元，我也是经理级，月薪 3000 元，我肯定气疯了；但如果你是总监级，月薪 3 万元，我会觉得与我无关，甚至想赶快升职。员工接触外部薪酬的机会不多，但内部同事可是天天抬头不见低头见。一个和你同级别、薪酬比你高很多的人每天出现在你面前，你很容易受影响。

当前的流行趋势是都在做外部竞争力分析，忽略了内部公平性的审视，这是非常不对的，大部分公司的问题是在内部发生并恶化，辛苦在外征战，结果家中后院起火，对于公司来说伤害很大，而且氛围调节起来需要很长时间。所以，在进行公司年度人力资源总结的时候，最好加上内部公平性分析。

很多 HR 朋友经常问我，想要优化公司薪酬体系，但领导不同意、不批准，怎么办？那就把内部公平性分析出来，让领导看看公司薪酬体系多么混乱，并把由此会出现的隐患指出来，效果比直接汇报、空口无凭要好很多。

 小贴士

薪酬外偏离度：

● 决定了公司外部招聘的竞争力。

● 数据是与人才流入和流出的群体进行比较。

薪酬内偏离度：

● 决定了公司内部薪酬的公平性。

● 数据是以职级为单位进行内部比较。

2.9 新老员工倒挂，该怎么做才能维持员工稳定？

99% 的客户都面临一个非常棘手的问题：新老员工薪酬倒挂，也就是同岗位新入职员工的薪酬高于现有老员工的薪酬。造成这个问题的最大原因就是市场薪酬涨幅过大，超过了公司内部每一年的调薪幅度，久而久之，发生这样的情况就成为必然。

这个问题很无奈，但不可避免。所以我们需要做的就是面对，并且尽量找到解决的方案。

我们先分析一下这个问题的根源，除了刚刚说过的市场薪酬涨幅过大，另一个原因是公司不乐意在新员工薪酬高的情况下把老员工的薪酬拉平。如果想要解决问题，着手点肯定不是控制市场薪酬，因为我们没这个实力。那解决方案只能是改变公司高层的想法，让他们乐意付出这个成本。

2.9.1　不拉平新老员工薪酬的原因

在多个咨询项目的高管访谈阶段，我都尝试收集他们不乐意拉平新老员工薪酬的原因，除了成本，还有以下几个原因。

1. 不给老员工涨薪，他们不也没走吗？

这个现象可以说很真实，我们经常发现员工不停地抱怨薪酬低，但是都没离职。毕竟跳槽成本太高，之前积攒的人际关系、工作熟悉度、公司地位、生活习惯都可能会随着跳槽而烟消云散。另外，我记得我刚刚入行的时候，导师跟我说："当你问一个员工，自己的薪酬合理吗？如果他回答'合理'，说明你薪酬给多了。"当然了，这是个笑谈，不过很真实，人的野心是无限的。高管肯定觉得："我给你涨了薪，过一年你还会抱怨。那只要你不走，我就没必要给你涨薪。"

2. 老员工容易"倚老卖老"

注意"倚老卖老"是加了双引号的。高管反馈在日常管理中老员工没有新员工听话，这我觉得很好理解。毕竟新员工刚刚进入公司，做事情肯定谨慎一些，同时为了证明自己，必然格外卖力。另外，新员工因为对公司的流程不太熟悉，同样一件工作耗费的时间和精力必然多于老员工。那在领导看来，新员工更卖力一些，老员工似乎毫不费力。

3. 公司需要新陈代谢

一个公司需要适度的"一代新人送旧人"。主动的新陈代谢需要公司付出比较高的赔偿成本，但是依靠薪酬将人"挤走"就成了"经济实惠"的操作方法。在老员工考虑是否要走并开始找工作的犹豫期，新人正好完成工作交接，不得不说，虽然这种做法不光鲜，但这就是最符合成本控制的方式。

2.9.2　薪酬反思

综合以上主要原因，高管甚至还觉得自己不去调整老员工薪酬是一种高明的操作，所以我们作为 HR 必须扭转他们的想法。怎么做呢？自然是各个击破。

1. 不给老员工涨薪，谁走了，谁没走？

老员工也分三六九等，虽然整体离职率不高，但是我们要分析一下，哪些人走了，哪些人留下了。

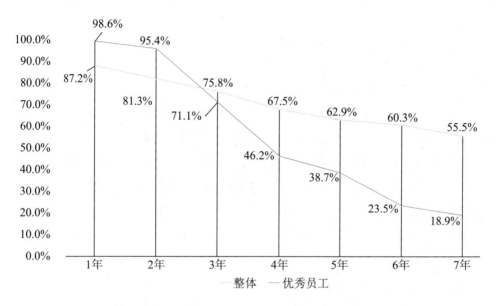

图 2-24　员工留存率示意图

图 2-24 是我做项目的真实数据——员工留存率（不涉及泄露客户隐私部分），反映的是不同司龄的员工留存情况。一般情况下，领导看的是浅蓝色线，也就是公司整体的员工留存率，数据还不错，7 年司龄的员工留存率超过五成。做招聘的 HR 应该知道这是个绝对优秀的水准（此数据来自互联网公司）。这时候你需要做的就是统计这条蓝色线——优秀员工留存率。这个数字，你去收集每个部门每年绩效表现靠前的几名就可以了。

两条线一对比，结论很明显：优秀的都走了。优秀人才的流失对任何一个公司的高管来说都是不能接受的，不但不好，如果这些人去了竞争对手那里，更加糟糕。

一般的高管看到这两条线立即面色暗沉并坐姿不自然了，我们顺势再去找一下过去几年高管因为哪些人的离职曾经极力挽留并遗憾不已，把这些人的名单和照片一个一个地放出来。你再回头看看高管的状态，基本上已经浑身僵硬了。记住，只有这个状态，他们才能接受意见和建议。

2. 员工没走，但是状态一定好吗？

有的高管认为员工的状态只有留任和离职两种。但其实不然，人虽然留下了，但是情绪的好坏直接影响员工的工作效率，所谓当心失去了向往，脚步自然慢了下来。薪酬较低所带来的不甘，加之看到跳槽能够得到的薪酬提升，我想，人即使不走，也会"心不在焉"。如果这个群体规模扩大，整个公司的运作效率都会受影响，会出现很多"混日子"的员工。

3. 负能量所造成的破坏

现在整个社会都在宣传正能量，因为负能力的破坏力之大让人畏惧。跟我一起想象一个场景，四个老员工坐在烧烤摊，其中一个喝了一口啤酒，对另外三个人说："咱们辛辛苦苦付出，陪着公司打拼，看着它逐渐成长，好不容易做大了，结果现在你看看，新人活干得不如咱们，薪酬却比咱们高那么多，难受啊。"你想想，另外三个人就算之前从来没对薪酬有任何不满，这时候会是什么想法和心情？不满由心头涌出，之后的日子越想越气，他们再去影响其他人，形成恶性循环。

4. 老员工对公司的态度和对新员工的影响是潜移默化的

新员工刚进来的时候，领导肯定不能天天在身边，都是在部门内部工作，如果老员工抱怨比较多，新员工天天听，自然会受影响。

我记得我毕业进的第一个咨询公司，刚入职，对公司的印象都来源于身边的同事，结果我每天听到的都是吐槽这个公司高层多么变态，多么不懂业务。因为我当时接触不到高层，所以我对公司的印象很差，心里想着有机会就赶紧跳槽。

直到我有机会进入高层工作，我才发现之前听到的都是毫无根据的谣言。如果没有那个机遇进入高层，我可能不会在那里工作很久，而是有机会就跳槽。其实大部分人的经历都是后者那样。

综上所述，老员工的态度不仅影响他们自己，新员工也不能幸免。因此造成人才流失的局面就很难处理了。

2.9.3　维持员工稳定的举措

通过以上这些分析，我想高管应该能意识到问题了，那么我们想要改进这种情况，应该做哪些事情？

1. 完善劳动合同，加入优胜劣汰条款

大部分公司里，优胜劣汰没有被贯彻，没有适当鞭策是不可能激发员工动

力的，别和人性较劲。而优胜劣汰没有被贯彻的一个关键原因就是劳动合同里没有这方面的条款，导致开除员工的行为成本过高。所以完善劳动合同内容是开展优胜劣汰、新陈代谢的首要法律保障。

2. 完善绩效考核体系，缓慢开展新陈代谢

进行新陈代谢首先得有个依据，要有比较客观的标准。绩效制度是最好的基础，就像学校的期中、期末考试，总得给学生每个阶段的学习做个评级。分出来之后，淘汰目标就会出现。

怎么处理，刚开始不建议太直接，防止出现员工内部人心惶惶的场面，切记从无到有的过程要缓慢推进，先以警告为主，激励员工别懈怠。当然了，如果公司不在乎这些，快刀斩乱麻也是没问题的。

3. 完善绩效分配制度和年终奖分配制度

如果仅是排名，不和薪酬挂钩，一两次后员工就会觉得没啥意思。不过一旦和收入挂钩，排名意味着真金白银，那效果瞬间就起来了，毕竟大家工作不就是为了薪酬嘛。差别化的付薪也有利于激励员工能者多劳，多劳多得，这样公司运转起来自然就顺畅多了。

4. 将司龄加入年终奖因素里，平衡新老员工薪酬

通过优胜劣汰还能留下的老员工，对公司来说是一笔财富，那么我们必须想尽办法留住他们。绩效是评价一个员工某一个周期的工作成果并给予奖励，而年终奖就是纯奖励性质了，也是区分新老员工最好的机会。见图 2-25。

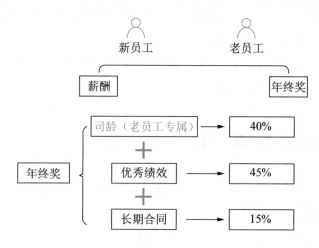

图 2-25 新老员工年终奖示意图

从图 2-25 中可以看出，这家公司的年终奖分配有三个因素：

● 司龄占 40%。用以奖励员工对公司的忠诚。

● 优秀绩效占 45%。为了提醒每一名员工新老之分并不是最关键的，成绩是首要因素。

● 长期合同占 15%。乐意和公司签订长期劳动合同的员工，说明他对公司的发展是比较认可的。如果大部分员工都能签订长期劳动合同，对公司自身来说是有好处的，有利于提高组织结构稳定性。当然，劳动合同是加入了优胜劣汰制度的新版合同。

这样的年终奖制度会达到三个效果：

● 新员工虽然年终奖少，但是司龄这个因素有理有据，反而会让他们觉得成为这家公司的老员工很幸福，提升忠诚度。

● 老员工会知道爱拼才会赢，毕竟绩效占大头。

● 年终奖是一次性发放的较大额度奖金，有助于冲淡老员工对薪酬的不满，并且在春节离职潮之前发放，这样的心理满足会适当降低离职率。

2.9.4 组织制度优化

除了薪酬上采取的措施，在组织发展上也要配合，因为薪酬要付出真金白银的成本，组织制度不需要。我举几个例子并阐述一下优缺点。

1. 新老员工，一带一，绩效挂钩（师徒制）

新员工入职之后直接按照以前的"师徒制"，在部门内部安排一个师傅，帮助新员工尽快熟悉工作。新员工的表现直接能够影响师傅的绩效结果。这样的操作有以下几个好处。

（1）培训效率极高（顺便帮助老员工完成基础工作，提高效率）

大部分公司的新员工培训机制是统一集中式，这种模式的好处是省事、好安排，但是缺点也很明显，培训和实操分离，缺乏个人针对性等。

师徒制，除了让新员工能够在日常工作中有一个随时可以解答疑问的老师外，还能把老员工从初级工作中解放出来，这时候再配合集中式培训，两者结合就非常有效了。

（2）快速帮助新员工融入

新员工刚刚进入公司自然要和同事们熟悉。部门内部还好，跨部门因为接触少，熟悉起来就略显困难。这时候新员工如果把自我介绍换成"我是某某的徒弟"，师傅的人际圈就会帮助他拉近他与同事之间的关系。即使师傅人缘差，影响也不大。

（3）加深老员工的企业责任感

我们不得不承认，当你作为师傅的时候，心中的责任感是油然而生的，当公司将培养新员工的任务交给你的时候，你是很有归属感的。

2. 完善老员工培训机制

（1）让老员工时刻了解市场最新职能要求动向

在以往的项目中，我了解到有一部分老员工由于常年在公司内部工作，没有充分接触外部市场竞争，导致专业技能较为落后，因此公司需要招聘新员工进来以补充力量。但公司的好意，老员工经常意识不到，因为他们自己根本不知道自己的专业技能落后了。这时候安排培训，对最新的专业知识进行展示和教学，帮助老员工意识到差距，并通过培训而得以提升，一举两得。

（2）培训考核使得老员工有危机意识

不知道这么说是否恰当：我发现大部分内部存在各种"嚼舌头"、充满负能量的公司大多是太闲导致的。要让员工紧张起来，除了工作外，用培训考核来定期收紧员工的神经。知名的大公司，90% 都极其重视自己的培训体系，一方面是给员工的专业技能"保鲜"，另一方面是为了绷紧员工的神经，让大家没时间八卦。

（3）培训老员工比招聘新员工成本更低

如果通过培训，老员工可以提升水平，再加上对公司业务和流程非常了解，公司对于新人的需求度就没那么大了。公司的招聘量会下降很多，内部资源也能被充分利用。

3. 老员工调薪，涨一部分，降一部分

分批给老员工调薪，不能因为成本，放弃了优秀的老员工。分批调整除了留住人才外，还有以下几个好处。

（1）奖罚分明，同时杀一儆百

整体拉平，成本太高，但是不能一棒子全打死，老员工里分出三六九等，优秀的一定要优先调整，别伤了对公司有价值的人的心，造成人才流失。

（2）降你本来就想剔除的员工（死马当活马医）

在不违反《劳动法》的前提下，优先降低你要清理的老员工薪酬（通过绩效和转岗），目的是通过此举，激发他们的自尊。对有的员工用激将法还是管用的，如果后续发现他们"焕发第二春"，及时将薪酬调回，并在原来基础上再涨一点，保留住这类员工。

（3）涨薪会让一部分老员工患得患失，激发新员工积极性

由于涨薪不是普惠行为，优秀的老员工在涨薪之后，知道公司认可了他们的价值，因此工作表现和主观能动性会有所提升。加之不希望失去这份提升的薪酬，工作状态会保持得不错。

借着这一点还要提醒你：涨薪尽量不要做普惠行为，平均主义的涨薪在员工心理激起的波澜极其有限。

小贴士

新老员工薪酬问题会在未来很长一段时间困扰我们，不要听之任之、不理不睬，找到适合你们公司的解决方案，它所带来的员工稳定性的提升对公司来说是实打实的真金白银。另外我提供的是思路，尽量不要生搬硬套，不同公司的实际情况差距很大，融会贯通才是王道。

2.10　为什么你调个薪，员工都没什么反应？

某天我接到客户的电话："李博啊，你能来一下吗？我们领导想找你聊聊。"我以为项目出什么问题了，立刻驱车来到客户楼下。

上楼的过程中，HR 大概跟我说了一下此行的缘由：去年因为员工对薪酬不满，公司做了成立以来最大的一次调薪，本以为花了这么大成本，员工能满意，结果昨天最新统计出的员工满意度显示薪酬满意度还是很差，领导说必须得找出问题，所以把我叫了过来。

不是项目问题，我稍微放松了片刻，但随即发现这件事情更难。调薪的事必须对内部情况非常清楚才行，然而我对这家公司去年的情况并不了解。面对客户的需求，我必须想办法解决。

我整理了一下以往出现这种情况的诱因。

2.10.1　普惠制涨薪

平均主义的涨薪是效果最差的，虽说薪酬涨了谁都会有满足感，但是这个满足感很快因为参照物整体的抬高而被冲淡。举个例子，你在城市环路上以限速 80km/h 开车，觉得很憋屈，来到了高速公路，你开到 120km/h，也没觉得多快，没有风驰电掣的感觉，因为你身边的车都快了。我们不得不承认，人会受环境的影响，并且大部分人生活在对比之中，需要靠对比找到自己活着的存在感。我至今深深记得刚从事咨询的那几年，我的心理学老师说过任何公司政策都不能和人性对抗，因为政策可以变，人性是不变的。以往的员工访谈记录也告诉我一个事实：薪酬高低总是要有个参照物的，对员工来说，他们的薪酬参照物往往来自公司内部。当周围的同事涨薪幅度都差不多时，满足感容易被掩盖。

而外部市场薪酬水平对大部分人来说只是一个数字。一方面，很难了解到真实准确的外部薪酬水平；另一方面，不跳槽，外部的和你没关系，那是虚无缥缈的东西。所以普惠制涨薪反而是成本最高的，但是很多公司会这么做，并且觉得这是优待员工。

这个问题的解决方案很简单，就是做差异化涨薪，把涨薪分成几个档位，以员工的历史表现、发展潜力和特殊贡献等几个方面（根据公司需要确定）为依据，区分三六九等，让优秀的人得到更多的奖励，这样才是最健康的。调薪是一年一次的大事，需要做得谨慎一点。

2.10.2　薪酬显性化不足

不知道你有没有过这种体验：发了工资之后，工资条里某一项，你不太明白是什么钱。通过员工访谈，我发现这种情况居然还非常普遍。

为此我组织我的团队，在公司内部做了一个实验：

某个月开始随机给公司 100 名员工多发 200 元薪酬，薪酬项目是特殊津贴（这个补贴项在公司从来没有出现过），连着发 3 个月，然后突然停止。

这期间，100 人中有 8 个人当月发现钱多了，找到人力资源部门问了一下，

HR 向他们解释之后，要求他们保密。之后陆续又有 10 个人发现钱多了，过去问，同样的操作，一共 18 人。

有 31 人从头到尾，没有任何反应。

最真实的是，第 4 个月有 51 个人来反映自己工资少了。对这些人，我们立刻做了独立访谈，问了以下几个问题：

- 少了多少数额？（10 个人答对，因为存在扣税，所以我们对答案不要求很精准）
- 少的是哪一部分？（2 个人答对）
- 我们告知了他们实验的事情，让他们再回答一个问题：这笔钱是从什么时候开始多出来的？（为了排除大家装糊涂的可能性，我们表示会给答对的人 1000 元奖金。15 人答对）

这个实验得出以下结论：

- 员工对降薪动作敏感程度超过涨薪（51 人中只有 15 人说对加薪时间）。
- 员工对薪酬项目关注度不高。
- 绩效比例高的员工，发现的比例极低。

这个实验给我的启示：涨薪的宣传很重要，要让员工知道涨了什么、为什么涨。你如果不说，大家就都不知道。这钱花得比窦娥还冤。

2.10.3　涨薪方式错误

1. 对不同职能部门的人，涨薪方式可以区分

- 前台部门（一线销售）：不能完全在固定薪酬上涨薪，适当调整绩效比例或加大超额激励力度，才是对双方最有利的，同时感知度比较强。
- 中后台部门：适宜加固定薪酬，但是基本月薪在大众认知里是那种可以涨不能降的项目。

但是一味涨基本月薪，雪球越滚越大，一旦公司业绩突然下滑，就会带来非常大的压力。这就是为什么很多公司高层在做涨薪动作的时候都非常谨慎，涨薪率一直上不去。

最好的解决方案就是设置新的补贴项目，我们常用的名称是公司业绩津贴，根据上一年度公司业绩确定当年各岗位的津贴数额，也就是给涨薪换个名称。

但是在这个名称下，数额无论升降都非常合理。在下降的时候，引起的负面情绪也会有，但是相比基本月薪下降会温和很多。

2. 对不同生活环境的员工也可以区分

现在大部分在一线城市打拼的员工要租房，付房租一般是按季度支付，如果一开始在他们支付房租的那个月能提前预支此后两个月的奖金，他们付房租的当月生活质量就不会受到影响，同时透着一股人情味。一开始预支可以按照上年度平均月度奖金数额的 60% 计算，之后多退少补，再之后自然地改为按季度发放。

根据员工的实际情况灵活找到能戳入员工心坎的涨薪点，也是优秀人力资源的必修课。

小贴士

在经济增长速度放缓、公司薪酬成本越来越高的年代，怎么把每一分钱花到位尤为关键。优秀合理的薪酬规划能把小额成本用出花样来，反之，公司将承担巨大的薪酬成本，而员工依旧对薪酬和公司不满意，公司人才流失严重。这是我们作为人力资源从业者都不愿看到的。

2.11 如何合理拖欠工资——什么是薪酬递延支付？

递延支付是近几年特别火的一个概念，虽然这个概念很早就有了，但以往真正应用得不多。原因其实比较简单，以往行业快速发展的时候，如果人才有离职风险，加薪就完事了，反正传统公司有利润增长支撑，创业公司有无尽的融资续命。现在就不行了，传统公司运营难度加大，行业发展到了瓶颈期；创业公司遇到了"资本寒冬"，所谓福无双至，祸不单行。随着人口红利消耗殆尽，市场需求增长停滞，劳动力价格也在不断上涨。这些情况一叠加，就使得公司在面对人才流失风险的时候，不能财大气粗，也不敢任性涨薪。

面对这种境遇，人才保留就成了大问题。尽量保证员工没有离职风险就是人力资源的新课题。招数其实很多，递延支付就是其中一个。

递延支付就是扣着薪酬延后发放，听着简单粗暴，但是想要做到没有法律风险，员工又没什么怨言，就是技术活了。

2.11.1　递延的是奖金

递延支付要有个标的物，也就是你要递延什么。

（1）固定薪酬肯定不行，会遭到仲裁。

（2）数额不能太小，年薪 100 万元，你递延 1000 元，人家可能都不正眼瞧你。

（3）最好是一笔年底的钱，因为年后是离职高发期，在高发期之前递延薪酬，保留效果最好。

这几条往这里一放，我们环顾四周，有一个"浓眉大眼"的奖金最合适——年终奖！

2.11.2　什么时候递延最合适？

当你开始实行递延支付的时候，最大的课题就是如何减少员工的怨言。我们换位思考一下，如果你的薪酬被突然递延，你肯定心里不爽，所以开始进行递延的时间点就非常重要。最好的时间点是一个公司业绩不错，年终奖较多，或者新员工比例较大，年终奖相较于往年较多的年份，将年终奖多出来的部分进行递延，之后逐步扩大递延比例。举个例子：

假设当年年终奖相较于往年平均水平（设为 x）为 120%。后三年年终奖为平均增幅 10%（剔除复利效应）。

当年发放金额为 x，递延部分为 $0.2x$。

第二年先发放前一年递延的 $0.2x$，第二年年终奖 $0.8x$，递延 $0.3x$（其中 $0.1x$ 为增长部分），第二年员工总年终奖部分为 x。

第三年先发放前一年递延的 $0.3x$，第三年年终奖 $0.7x$，递延 $0.4x$（其中 $0.1x$ 为增长部分），第三年员工总年终奖依旧为 x。

以此类推，第四年递延 $0.5x$。

这样下来，只需要几年时间，递延支付的绝对值就很高了，同时在递延周期内，员工的年终奖没有实质性下跌。这个例子不是非常严谨，主要是为了展示一下流程。

因为递延支付需要准备的时间较长，所以我们经常说递延支付是未雨绸缪，不是救火先锋。如果你们公司下决心力排众议，直接大比例递延，不去考虑员工的舆论，或者说员工舆论已经是次要因素了，那就一次性做起来。

2.11.3　哪些员工需要递延？

首先考虑的是高管和核心员工，因为这一类人才流失对公司的消耗太大，二次招聘的成本也高。同时这些高层岗位，固浮比中浮动奖金部分的占比较大，很容易找到可以进行递延的奖金项目。

另外，递延支付一般都是从高层开始，逐渐向基层推进，这样能够最大限度地降低基层员工的抱怨情绪。毕竟在一个公司内部，基层员工才是最大的群体，高层员工本来也应该承担更多的责任。

2.11.4　政策落地的技巧

上面这些概念说得头头是道，但是真到落地的时候，谁难谁知道。

1. 第一批群体的选择

首批高层肯定在考虑之内。在基层员工中实施，要选择一些平时绩效非常好的、有长期培养价值的员工，谈递延支付。第一批最难，所以要给予相应的奖励，比如同意之后的额外奖金。

在此还有一个关键，就是看一下员工对公司的态度，一般愿意递延并拿奖励的员工对公司的未来都是非常有信心的，也没有短期要跳槽的想法。

相对地，支支吾吾，即使给奖励也不愿意递延的员工，你就要在日常工作中稍微注意一下，看看其是否有离职的想法。

经常有 HR 和我讨论如何测试员工的忠诚度，或者有没有离职的想法，其实这些测试在很多时候能顺带着做。专门询问因为目的性太强，效果不好。

一般来说，推进一个有可能出现员工抱怨的项目都是先易后难，轮到最后最难的那一批员工的时候，他们发现大部分员工已经接受了，也就没有争辩的余地了。

2. 切分递延支付比例的极限

第一年的切分比例不要超过年终奖比例的 25%。这是我们经过无数次项目找到的平衡点。少了，时间周期拉得太长；多了，落地难度太大。

 小贴士

　　随着市场经济增长逐渐放缓，行业人才流动逐渐摆脱之前的浮躁气氛。大部分公司的人才战略会从短期转向长期，人才自身的规划也会从不断跳槽镀金到专职于一家公司，递延支付近几年在大型公司的广泛应用就是印证，未来大部分公司会有人才保留政策。希望你提前了解，做好准备。

2.12　论薪酬的双重性——薪酬性和非薪酬性

　　题目晕不晕？我先给你讲两个案例。

　　案例一：给钱请不来，不给钱却蜂拥而至的律师

　　在美国，一个贫困社区里有很多即将退休，但对法律一无所知的老人，他们没有钱雇用律师，所以社区就决定统一帮他们联系律师。不过由于没什么钱，社区出的律师费是当时市场价的1/3，结果没有任何一个律师愿意接受，有些甚至觉得自己的专业被侮辱了而愤怒。

　　后来此事被某大学经济学系教授看到，他决定帮助老人们。他给社区设计的求助页面里刊登了每一个需要接受法律援助的老人的照片和艰难情况，希望法律界人士伸出援手，并将这个页面直接放在社交网站上。

　　没想到，仅仅两天时间，就有70多名律师报名，不收任何费用，甚至有一名律师推掉了非常赚钱的案子特地赶来。这是我非常喜欢的一本经济学科普书中的案例。

　　案例二：有钱的解散，没钱的团结

　　汶川地震那一年，真的是一方有难八方支援。一名企业家组织自掏腰包组织救援队，因为时间紧急，所以在四处召集专业救援人员的时候，基本对方报了价格就成交，不还价，导致每个人的报酬都不一样，后期人手不够还各种加价，结果在去往救援地点的大巴车上矛盾爆发了，团队之间也不知道怎么就聊到了报酬这个事，大家互相一说，气氛很尴尬。

　　有些老资历的人气不过没经验的年轻人的报酬超过自己，年轻人觉得"这是我谈的价格，与你无关"，冲突导致整个救援队就地解散。后来怎么样，就没有记载了。

相比之下，另外一支获得表彰的救援队就截然不同了，在地震爆发之后，一个登山社团在网上发布召集令，号召团员一起去拯救生命。不到 4 小时，这个团队就组织了 50 人，从北京出发，没有任何报酬，甚至没有经费。这个团队后来在灾区帮助救人、后勤、搬运伤员，最后获得了当地政府颁发的奖章，50 人中没有一人中途退出。

看了这两个案例，不知道你有没有发现什么：有钱的时候死活做不好，不给钱反而团结协作。这就是我们在设计薪酬制度时候常说的：钱是非常重要的，但度要掌握好。

把视线收回到公司内部，我们会发现同一个部门中，有的团队每天斗志昂扬，欢声笑语；有的团队死气沉沉，互相交流嗯嗯啊啊。我们总将其归结为团队氛围、公司文化等，但是这种差别和薪酬也有着莫大关系。

2.12.1　薪酬的属性

薪酬分为"市场规范"和"社会规范"两个层面：

"市场规范"下，人衡量一切事物的准则就是钱。

"社会规范"下，衡量的标准是道德和良心。

注意，这是同一个人的两种状态。

举个例子，你妈妈给自己买东西的时候特别抠，因为在她眼里给自己买东西是"市场规范"，所以看重性价比。但是给你买东西的时候，把钱不当钱，几乎忽略价格，那是因为在妈妈眼里，给你买东西是"社会规范"行为。

放在薪酬里，如果你的绩效系统过于精细，任何事情都要考核，会让员工逐渐"斤斤计较"，而被迫拉入他的"市场规范"标准。

如果你的公司考核比较宽松，那么很容易形成大家庭似的公司文化，激发出的是员工的"社会规范"，这就是为什么有些员工在公司不太景气的情况下，自愿加班。当然了，万事都是双刃剑。

2.12.2 "市场规范"的绩效体系

"市场规范"绩效体系的优点是规范化管理,尤其是当公司人员规模非常大的时候就需要这样比较严格的体系。

举个例子,当公司只有 20 人,就不需要特别强的管理体系,因为领导的精力足够注意到每个人的状态,可以因人而异。但如果公司员工超过 500 人,依靠人来管理,无论如何都会有顾及不到的角落,这时候很多公司的操作是增加管理人数。其实这是不对的,因为这样既拉高了人力资源成本,又增加了管理层级,使得出问题的概率成倍提高。建立一套完善的绩效考核制度能帮你减少至少一半的管理人员,同时由于绩效考核的客观性比较强,可以减少人为干扰因素。但缺点很明显,前文也提过,很容易造成管理僵化,不够人性化,所以增加少量管理人员,再加上制度化的绩效考核体系,就成为现在大部分公司的首选。

2.12.3 "社会规范"的绩效体系

"社会规范"的绩效体系,看重员工的自觉性,需要人才的素质水平非常高,比如我们常见的谷歌、苹果用的就是这种模式,我们看到他们那么灵活的工作环境和工作制度就非常羡慕,但是千万不要盲目学习,这些公司的人才素质层次很高,敬业度和工作自觉性也非常高,有点像学校里的尖子生,不用监督,他们也会好好做,因此现在使用这种绩效方式的公司并不多。放到自觉性不高的公司,员工容易放飞自我,消极怠工,野蛮生长。

那就没有办法了吗?其实也是有的,我们做项目的时候,给很多公司的工作岗位做兴趣喜好划分,即根据员工的兴趣喜好,分配与他们兴趣喜好相近的岗位。

兴趣这个东西真的奇特。一个人做不喜欢的事情是度日如年,但是一旦让他去做喜欢的、感兴趣的事情,他真的能废寝忘食。我身边有个同事就是这样,每天我们下班都很晚了,她回到家必定自己好好做一顿饭,而且是那种特别精细的饭菜,无论平时多累,她周末都要花几个小时在烘焙和做饭上,而且乐此不疲。所以我们就在想,能不能把兴趣和工作相结合?

举个例子,我们在一家互联网公司的类似项目中,发现一个销售小伙子的工作成绩很差而且经常迟到早退，员工访谈的时候整个人疲惫不堪，对工作提不起兴趣，很颓废。本来想要开除他，后来人力资源了解到他平时有自己摄影和拍摄 Vlog（视频日志）的习惯，而且都是自己剪辑的，正好公司市场部最近需要一个剪辑师，就让他去试了试。没想到，小伙子马上就积极起来了，改掉了迟到早退的习惯，甚至有的时候自愿加班，住在公司。公司给他安排的周末视频培训，他每次都是准时到达，不觉得培训是个政治任务，反而感谢公司能够掏钱帮他精进自己的兴趣领域，后来他成为这家公司新媒体部门经理。这个例子相对极端，但是非常有代表性，小伙子转到自己喜欢的岗位之后，哪怕不加以制度枷锁，他也能自觉完成工作任务。这其实就是在你无法全面放开监管时可以选择的一条路。

小贴士

薪酬是手段，我们靠着它引导员工、监管员工。但是薪酬不仅仅是钱，还蕴含很多情感。能够与员工建立金钱以上关系的公司往往成功的可能性会更大。因为人是有情感的，如果你和他们的关系仅仅是冰冷的金钱关系，他们回报的也仅仅是冰冷的工作内容。

2.13 如何让薪酬有"温度"？

发薪，相信每个 HR 都不陌生。但同样是发薪，怎么能让这笔钱发挥更大的作用是很多公司需要研究的课题。

随着宏观经济增长放缓，各大行业的盈利能力和增长空间都受到了严重的冲击，过去持续高速成长所养成的每年调薪幅度却成了习惯，近几年人力资源成本成了各家公司管控的重点。

"地主"家没有了余粮，一分钱得分成八份来花。另外，年轻一代的员工除了薪酬之外同样看重公司的人文关怀。对于我们人力资源来说，投入少了，产出的要求却更高了，就非常头疼，必须把握每一个细节。

所谓薪酬的"温度"，就是人情味。如何能让薪酬有"温度"呢？我结合之前的项目经验，提炼出了以下几个比较容易下手的点。

2.13.1　时间点

从需求出发开始研究发薪，时间点是一个指标。

比如最近有一家公司将发薪日期从每个月 15 号提前到了 9 号，为什么呢？因为支付宝的花呗还款日是 10 号，提前发薪让年轻员工方便偿还花呗。提前发薪受到一片好评，年轻人觉得公司太贴心了。其实说到底还是那些钱，只是提前 5 天发放而已，但效果完全不一样。

通过这个案例我们可以发散一下思维，还有哪些时间点可以作为发薪日期呢？

很多节日包括长假都集中在月初。没到发薪的日子，很多"月光族"在长假期间只能拮据地玩耍。比如十一长假，我们能不能在 9 月底提前发放 9 月份的薪酬呢？其实很多公司已经这样做了，效果很好，员工积极点赞。

我们曾经就此做过一个调研实验。

实验对象：

A 公司：某互联网公司的研发部门，人员规模 150 人，平均年龄 29 岁。

B 公司：某物业公司，人员规模 150 人，平均年龄 38 岁。

初始薪酬满意度调研：

A 公司满意度：74%。

B 公司满意度：61%。

在仅仅将发薪时间调整到节假日之前发放两次（劳动节、国庆节）之后，后期薪酬满意度调研：

A 公司满意度：86%。

B 公司满意度：69%。

注：薪酬满意度调研中并没有提及发薪日期变更这个举措。

从这个调研可以看出，调整发薪日这个几乎不增加预算的方法确实可以提高员工对于薪酬的满意度。年轻人对此的反应会更大一些。

2.13.2　发薪对象

看到这个标题是不是有点蒙，发薪对象不就应该是对应的员工本人吗，还能有什么操作空间？这就是这个方法有意思的地方。

我之前做过一个案例，某家公司每年会有年底的 14 薪，也就是在 12 月份时会发放 3 个月的薪酬。我们将这 3 个月的薪酬分成两份：一份发给员工本人；另一份征求员工的意见，如果本人同意，我们会把这一份直接发放给员工的父母，并另附一份小奖金和感谢信，感谢他们培养的孩子这一年为公司所做的贡献，并送上新年的祝福。当年有 95% 以上的员工选择发放给父母，父母的反馈都非常好，觉得孩子长大了，而且在一家很有人情味的公司供职。第二年这 95% 的员工主动离职率低于 5%（之前 3 年没有此政策的年份平均主动离职率为 17%）。

这是一个非常好的案例，现在很多年轻人在外打工，每年陪伴父母的时间很少，而且我们又是一个相对羞于表达自己感情的，所以通过这样的方式，让员工尽了一份孝心。同时，很多年轻员工表示，可以把自己一年的努力呈现在家人面前，很有成就感。另外，公司得到了员工父母的认可之后，员工的忠诚度会提升很多，因为父母对公司的评价，对于员工的影响是潜移默化的。

2.13.3　发薪方式

之前有一个客户的人力资源总监向我诉苦，他们公司原来业绩好的时候，每年年底都会有个奖金包，奖励大家的贡献，已经持续 5 年了，但今年业绩下滑太严重，没有达到触发这个奖金包的业绩点，所以奖金包就没有了。员工知道之后就开始抱怨，投诉公司克扣工资，大年底闹到了管理层，让高层非常头疼。

这个案例是公司的错还是员工的错呢？公司没错，业绩没有达到考核点就是没有奖金。但问题就在于，公司对这笔奖金的发放形式过于固化，给了员工一种错觉，觉得这是固定奖金。员工其实也没错，毕竟员工不是人力资源专业人士，公司没有解释清楚什么情况下有奖金、什么情况下没有。

奖金的主要作用是激励，一旦被当作理所当然，就失去了它原本的价值。当你发现公司的某一项奖金出现了上述情况，就要及时调整发放方式和策略，为它的激励功能"保鲜"。

就拿上述那个案例来说，我们咨询团队给他们设计了一个方案。

如果明年公司业绩达到了考核点，连同今年的奖金一起发放，也就是两倍的奖金，并且公司还会增加 10% 作为补偿金。借此机会给员工做了一个宣讲，把业绩奖金发放的原则和条件宣贯了一下，这样临时解决了问题。

但问题并没有彻底解决，因为这笔奖金数额比较大，相当于公司员工平均年薪的 1/4。如果单一奖金体量很大，不如切开，让这笔钱多次发挥作用，建议一般切分到相当于员工月薪的 50% ～ 100% 就好了，这个区间对员工的激励效果最好，太少了没效果，太多了效果也不会成倍增长，这个额度叫作激励经济适用额度。

后来我们又设计了一个方案，第二年如果达到考核点，先补充发放第一年（也就是本年）的那一部分奖金，剩下属于第二年的奖金切分成 4 份，在第三年按季度发放。这样做有了递延支付的效果，对员工保留和稳定性有着非常好的强化作用，既解决了本年度业绩奖金的问题，又将业绩奖金的发放形式做了升级和优化，将一次激励变为 4 次，还增强了保留的效果。

小贴士

其实薪酬的发放可以在调整策略后呈现非常好的效果，我的这些案例并不一定能够在你们公司直接使用，但是希望给你提供一些思路，帮你找到适合自己公司薪酬"升温"的方法。

第 3 章

关于绩效的那些事

3.1　透视绩效的核心

说到人力资源体系里最难的一关，我想 90% 以上的 HR 会说是绩效体系，相比于薪酬体系搭建，绩效体系指标组合更多，定制化程度更高。类比一下，做绩效体系就像定制一套西装，需要对你的身材进行细致的测量；薪酬体系就像你去买卫衣，虽然也要根据身材买，但无非是身高、体重、肩宽、腰围这几个指标。

"李顾问，绩效搭建之前，我们首先需要准备什么？"

"需要了解你们公司的心。"

"啥？你玩玄学？"

"就好像你今天要去参加一个聚会，怎么打扮，首先要看聚会的主题。"

以上对话来自我刚刚做完的一个绩效项目，绩效体系和薪酬体系的定制化区别也从这里开始。既然要定制化，那肯定有一个核心点，围绕这个点进行定制。想要找你们公司的点，就要了解绩效到底是做什么的。

我们经常这么形容绩效：如果将员工比作一个个木偶，绩效就是那根提线，通过绩效让员工成为你想让他成为的样子。

大部分公司的员工来自五湖四海，在来到这个公司之前几乎互不相识。那么如何把他们聚在一起，让大家有一个共同目标，一起前进？当你定好目标之后，需要有个力量拉着，就像高铁的铁轨一样，防止大家发力方向不一致而导致跑偏。这个力量就是绩效。

我们通过绩效为每一个部门、每一名员工定好一个周期内的目标，给予他们前进的方向；通过周期内的考核评价，判断员工有没有偏离方向，或者有没有能力按时达到目标；如果有问题，及时调整。对于员工来说，工作主要是为了收入，所以用梦想控制他们肯定是胡扯，谁跟钱有仇？绩效对应的大比例薪酬就是他们言听计从的根本，现实永远是最实在的。

另外，虽然绩效等同于控制，但无论是对公司还是对员工，都并无害处。

绩效是一个双赢的过程。如果不能双赢，双方就可以重新选择，是转岗开除还是择新跳槽，及时止损，无须浪费时间。

通过绩效，公司还能无限地试探每一个员工的能力上限。

真金白银的诱惑，能够激发出员工的潜能。随着社会的进步，现在的年轻人由于有了较好的家庭环境做保障，对于金钱的敏感度相对于老一辈下降了一些，知道去判断收入多少和工作压力的平衡点。但即使是这样，在当前，钱还是控制员工行为的最好方式。

了解了绩效的本质，那你在做绩效体系之前要做的就是找到公司想要员工达成的目标，然后将目标分解成每个部门的每个员工需要做到的小目标，然后分配下去，在过程中进行监管和审查就行了。

对于目标，有几点你需要知道。

1. 重视人的因素

目标管理是一种参与性、民主性、自我控制性强的管理制度，也是一种把个人需求和组织目标结合起来的管理制度。

2. 建立目标锁链与目标体系

目标管理通过专门设计的过程，将公司的整体目标逐级分解，转换为各部门、各员工的分目标。在目标分解的过程中，权力和责任已经明确。这些目标方向一致、环环相扣，形成协调统一的目标。只有每个人完成了自己的分目标，最终才能完成公司的总目标。

3. 重视结果

目标管理以目标制定为起点，以目标完成情况的评估为终点。工作结果是评估目标完成情况的依据，也是评估工作的唯一依据。至于完成任务的具体过程和方式，上级并不过多地干预。因此，在目标管理制度下，监督的成分很少，而控制目标实现的能力却很强。

小贴士

绩效的本质和作用：

● 使员工更加清楚工作目标。

● 因为强调结果不是过程，有助于发挥员工的主观能动性。

● 管理者在自己的职位层次上工作，不必陷入低层次实操。

- 结果导向有助于公司把握节奏，而不会对过程中的错误做出反应。
- 通过目标管理可以建立上下级之间的信任。
- 目标管理指标明确，有助于后续的绩效结算。
- 通过目标的时间周期来控制短期利益与长期利益之间的平衡。

3.2　如何搭建 KPI 和 OKR 绩效体系？

绩效体系之难在于不确定性高，但在流程上还是有套路的。

3.2.1　KPI

无论绩效制度在国内发展得多么迅速，KPI 的市场占有率依旧占首位，甚至在之前的一些项目中，客户直接把绩效和 KPI 制度之间画了等号。所以，要想在国内的人力资源岗位混得好，KPI 的搭建和优化是一定要掌握的技能，就好像一个刚入行的修车小哥先学修什么车型呢？当然是市场销量最高的了。

KPI（Key Performance Indicator）直译就是关键绩效指标。既然是关键指标，那怎么找出指标，并筛选出哪些是关键的，就是最核心的。我们来看怎么提取关键指标。

第一步：确定公司战略

绩效体系和薪酬体系不一样，有效期就是一年，所以对于战略信息的要求就低了很多。只需要了解公司下一年度大概的规划就可以。

第二步：将大战略按职能部门切分

拿到了公司下一年度的规划，接着就是按照各个职能部门的分工分解这个规划，做成部门工作目标。比如说，公司下一年度业绩需要提高 50%，那销售部门的业绩自然也要提高，同时生产部门的目标要一并调整。

第三步：部门内部制定岗位目标

部门规划有了，想要完成规划，肯定是要将具体工作分配到岗位上去。如果部门机构负责，可以先切分到团队，然后再到岗位。这样的话，基本上每一个岗位都有了明年的工作目标。

第四步：将岗位目标切分为员工的工作目标

同一岗位上有能力不同的员工，工作要求肯定是不一样的，我们要把岗位目标按照能力强弱的权重分配下去，能者多劳，多劳多得。记住最后要核算一下分配完之后综合算起来岗位目标能不能完成。加上权重，有的时候容易乱。

要注意一点，工作目标和 KPI 是两回事，KPI 是目标的分解，让这个目标看起来更加立体。举个例子：一个销售的年度工作目标是 1000 万元，如果只用这个目标去考核过于片面，有的销售可能为了达到这个目标随便许诺客户，或者只关注大客户，不去拓展新的业务，这样虽然销售可能完成了自己的工作目标，但是对于公司的可持续发展是非常不利的。所以，为了防止这样的"偏科"现象，我们需要完善考核点。除了完善 KPI 外，还需要给目标加上考核期限、评价标准等。

第五步：提取考核指标

从概念上说，KPI 的考核点需要覆盖工作目标的 80%。听起来是不是非常量化，很科学？但其实这和中餐菜谱里让你放盐少许一样，实际用的时候一点意义都没有。你真正需要做的是，分析一下达成这个目标需要哪些关键成绩。一个岗位的考核指标有很多个，比如销售岗位可能需要考核业绩、客户满意度、续约率、回款周期等，这些指标的重要程度不一样，最后你还需要给每一个指标设立权重，这样核算起来就能够分出轻重缓急。

第六步：规定考核周期

任何成绩都要有时间限制，否则就没有意义，所以我们要把之前建立的考核标准加上时间标签，哪些是年度考核、哪些是季度考核、哪些是月度考核。这样到了规定时间点，我们就能知道该核算哪些指标了。

第七步：建立评价体系

关键指标提取出来了，但光有指标不行啊。考核，考核，除了考还要进行核算，核算的标准就是绩效评价体系，什么是优秀、什么是良好、什么是差评，都要建立起来。比如，一个销售岗位的业绩目标是 1000 万元，那评价体系中 100 分就是 1000 万元，那 80 分是多少，50 分是多少，都要定出来，因为分级情况直接决定了下一步——奖惩标准。

第八步：建立奖惩标准

评价体系建立完成之后，任何表现都会对应一个绩效得分。绩效的目的就是奖惩分明，我们就要把得分所对应的奖惩标准做出来。比如，100 分对应什么数额的奖金，80 分对应什么数额的奖金。奖惩机制不宜复杂，因为这是员工最关心的、看得最仔细的一个指标，太复杂了会让员工有一种"公司想变着法儿扣我钱"的感觉，简单直接明了的奖惩标准最为合适。

光说不练假把式，我用我们比较熟悉的人力资源招聘岗位举例，带你沙盘推演一个关键指标建立的过程，见图 3-1。

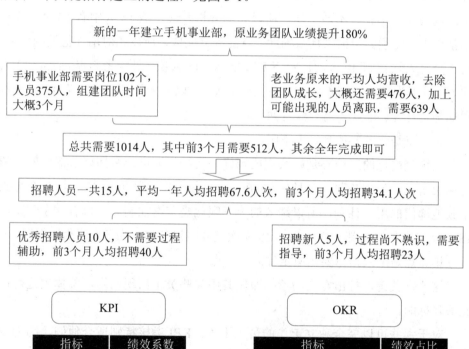

图 3-1　KPI 与 OKR 搭建步骤示意图

如图 3-1 所示，某公司新一年的公司战略有两个：一个是增加手机事业部，另一个是原业务团队业绩提升 180%。那我们就要把这个战略进行分解，分解出完成这个目标人力资源部门招聘领域需要做什么，结果是手机事业部需要新招聘 102 个岗位，共计 375 人。另外按照原有业务的人均营收，完成业绩提升 180% 需要 476 人，加上可能出现的人才流失，原业务团队需要招聘 639 人。总计需要招聘 1014 人，期限是一年，其中前 3 个月需要完成 512 人次招聘。

下一步就是在岗位内部制定员工目标了，招聘岗位一共 15 人，如果平均分配的话，一年人均招聘为 67.6 人次，前 3 个月 34.1 人次。但之前也说了，员工能力参差不齐，不能平均，所以我们分析发现，这 15 人中有 10 个人表现非常优秀，无须公司提供什么辅助，就能独立完成，所以相对增加他们的任务，前 3 个月人均招聘 40 人次，定下 KPI 指标：15 人次 / 月为考核基准点；13 人次 / 月以下为差评，绩点降为 0.9；18 人次 / 月以上为好评，绩点为 1.2。考核周期都是月度。在此，需要注意两点。

第一点是一定要控制好上下限。

大部分岗位的工作不是越快完成越好，要循序渐进，掌握好节奏。就拿招聘岗位来说，计划是前 3 个月招聘 40 人，你第一个月就招了 40 人，完全打破了其他部门的用人计划，所以绩效的上下限就是节奏控制器。再看这个例子，18 人次以上，绩效都一样，到了 18 人次就要减慢节奏，为下个月做准备。

第二点是绩效指标要比原定计划高一点。

这非常关键，拉出富余的量，即使其中某些员工出现问题，整体也是可以完成目标的。

对于那些可以完全独立工作的员工来说，KPI 考核特别适合他们，因为我们只考核结果，他们怎么做都可以，可以发挥自己的创造力，八仙过海各显神通。在这个过程中，我们还能观察有没有特别好的工作方法值得大范围推广。

如果招聘团队有 5 个新人，这 5 个人都不太熟悉流程，需要有人指导帮助，而且可能在过程中会出现各种问题，公司也要去考量他们适不适合留任，所以前 3 个月的任务目标是招聘 23 人次，权当练手。这种情况我们自认不能直接考核结果，否则很有可能翻车。为了不出问题，我们要对他们把好关，在招聘流程上，把招聘动作分解一下：每日简历浏览量、每日面试邀请发出量、面试邀请达成率、每周 offer 发出数量、每周 offer 入职率。

通过这样的考核标准去引导员工行为，我们就会看到每个指标之后，还有一个权重，通过权重比例，还能加深引导。当员工刚入职的时候，我们可以在前期动作上提高权重，引导他们多做初始动作。慢慢走上正轨之后，再把权重重点调到中期动作，再调到后期动作。此类考核标准里最重要的是行为引导，这就是这两年非常火爆的 OKR 考核。

3.2.2　OKR

OKR 作为一种新兴的考核制度，可谓风靡各大人力资源相关论坛，一时间被吹得神乎其神，感觉用了 OKR，公司员工就像打了鸡血一样玩命工作。其实没那么神，我们要正视这个问题。

OKR（Objectives and Key Results），意思就是过程行为考核，但其实过程行为考核也是关键指标考核的一种。但 KPI 的关键指标是结果，OKR 的关键指标是行为，这是最大的区别。

OKR 考核对于条件的限制要苛刻很多，它需要岗位工作流程的标准化程度很高。这两年 OKR 特别火爆，因为很多知名的互联网公司采用它，让大家觉得这是一个非常先进的标准，其实并不是，他们之所以这样选择是因为 OKR 适合他们。

互联网研发类岗位，工作流程非常清晰，而且岗位和岗位之间的工作是相互衔接的，有点像工厂流水线，其中一个环节出了问题，整个流程都会受到影响。他们如果采用 KPI 结果考核，过程中员工一旦暗箱操作，风险就太大了，发现问题之后补救的成本也会很高，所以他们用 OKR，时刻监督员工的一举一动，出现问题的概率会降低很多，容易发现风险，而且发现风险的时间点偏早期，解决起来难度小。这才是互联网公司选择 OKR 的根本原因。

我们要明确一个原则，先进公司的方法并不一定先进，也并不一定适合所有公司。有些公司连岗位说明书都没有，岗位职责非常混乱，甚至各种兼任、串岗，如果非要做 OKR，那完全就是无意义的。

如果公司符合做 OKR 的标准，那我们来看看 OKR 是怎么搭建的。

第一步：确定公司战略

这一点和 KPI 搭建一样，不再赘述。

第二步：将公司战略分解成工作模块

从这一步开始，OKR 和 KPI 就不太一样了，KPI 是按照职能部门切分工作目标，但 OKR 要把工作内容凌驾于部门之上，也就是说，这里可能会包含跨部门资源整合。工作模块就是公司第二年需要完成的一个个目标，比如一个展会、一个产品生产目标、一个收购案。

第三步：梳理出每个模块的工作流程

工作模块切分好之后，就要把这个模块里的工作流程细化。

举个例子，第二年公司要举办一个大型展会。

如果是 KPI，应该按如下步骤切分：需要哪些部门配合，每个部门的工作目标，相应岗位的工作目标。

如果是 OKR，应该按如下步骤切分：整个展会的工作流程，每个流程线细化到相应岗位，提取出每个岗位的工作流程。

这个工作流程被细化后，是一张以时间线为横轴、岗位和工作内容安排为内容的甘特图，见图 3-2。

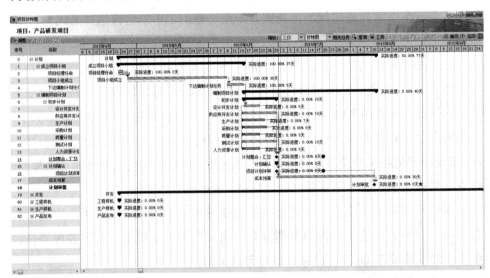

图 3-2　甘特图示例

有了这样一张图，什么时间点哪些岗位应该交付什么样的工作成果，以及大家的进度和衔接就非常清晰了。同时我们也能知道每个阶段每个岗位都在做什么。

第四步：确定岗位工作流程和内容

从甘特图中，我们就能以岗位为单位把每个岗位的工作内容、工作流程提取出来。相较于 KPI，OKR 好在它自带时间线，所以考核周期就不用我们自己定，直接引用过来就行了。

第五步：找出工作流程中的关键动作

虽然 OKR 是过程考核，但我们也不能全程监控员工的每一个动作，即便员工不反感，人力资源的精力也是有限的。所以对于过程来说，我们要提取出关键动作。我们再回到前文招聘岗位的例子，对于一个招聘工作流程，提取出的关键动作包括每日简历浏览量、每日面试邀请发出量、面试邀请达成率、每周 offer 发出数量、每周 offer 入职率。

我们只需要监控这些动作就行了，剩下的，诸如打了多少个电话、电话时长、是否加班等这些都是无关紧要的细枝末节。定好关键动作之后就是定权重。

第六步：建立评价体系和奖惩机制

KPI 考核的是结果是否完成，OKR 考核的是关键动作的完成率，是一个综合成绩。比如，KPI 有点像奥运会的 5000 米跑，不管你中间领先了几回，领跑了多长时间，就看最后的成绩；但 OKR 有点像铁人三项赛，你可能游泳成绩不太好，但长跑和自行车很厉害，也能帮你提高最终成绩。所以评价体系直接统计关键动作完成的情况，直接按权重计算就行了。至于奖惩机制，和 KPI 大同小异，不再赘述。

综合来看，OKR 是去部门化的，比 KPI 更符合现在跨部门合作比较频繁的潮流。但对于公司流程管控的要求真的很高。

3.2.3　采用 OKR 的条件

1. 完善的公司岗位职责体系

如果公司的岗位职责不清晰，在制作甘特图的时候不知道放哪些岗位、做什么事，后面的监管也会很麻烦。

2. 开放顺畅的部门间合作流程

如果你所在的公司，部门和部门之间相对闭塞，建议不要做 OKR。否则在工作流程中，参与合作的几个部门有可能沟通不畅，还有可能出现几个部门领导意见不同、互相扯皮的情况，最后就是员工不知道该听谁的，项目进度严重拖慢甚至搁浅。

3. 先进的公司人力资源管理系统

我们能够看到，OKR 考核的指标比 KPI 多很多。指标一多，评价的时候就需要相关数据作为佐证。这些数据如果单靠人工收集，那几乎是不可能的事。互联网工作之所以大量使用 OKR，就是因为它们都有非常先进完善的人力资源管理系统，员工的每一个动作，如上下班打卡、工作提交、工作评价、邮件沟通、完成周期，都能够被系统记录下来，人力资源进行评价的时候能够调取非常完善细致的数据。

4. 人员规模大

OKR 适合大型公司，因为通过 KPI 我们没法监控到每一个员工的工作，风险大。但如果我们就是一个 50 人的公司，就别用 OKR 了。

3.2.4 KPI 和 OKR 的优劣势分析

KPI 相对自由，能够激发员工的主观能动性。

OKR 相对规范，保证员工能按照公司规定的流程做事。

反过来，就是各自的缺点。KPI 就像学校老师留作业，一个月检查一次，那真的就考验自觉性了；OKR 是每天检查 30 分钟语文作业、30 分钟数学作业，你说有一天灵感乍现，想做 1 个小时语文作业，对不起，不行，按规矩办。

KPI 和 OKR 这两种绩效体系，其实没有谁先进、谁过时一说，只是适用的环境和条件不一样，千万别被某些言论欺骗，觉得用 KPI 就是落后。但是有一点需要我们思考：是不是一个公司用了 KPI 考核，所有的岗位都用 KPI？公司要换成 OKR 考核，所有的岗位都换成 OKR？其实这才是过时的观念，就好像上面我举的招聘岗位的例子，KPI 和 OKR 是可以融合的，不同的职能部门、不同的岗位、不同的员工，适用的考核方式是不一样的。大面积改革绩效体系是伤筋动骨的，但是我们可以去审视一下自己公司内部有哪些岗位不适合当前正在使用的绩效体系，及时优化才是最先进的做法。

3.2.5 绩效制度模板

激励机制建立完成之后，肯定要出一个制度说明，公示给员工，让大家知道新绩效体系的所有细节。另外，制度书面化之后，作为考核依据更有说服力。

以下制度模板可供参考。

第一章 总则

第一条 目的

公司绩效考核制度（以下称"制度"）的目的是以职能职务等级制度为基础，通过对员工的能力、成绩和干劲的正确评价，进而积极地利用调动、调配、晋升、特殊报酬以及教育培训等手段，提高每个员工的能力、素质和士气，纠正人事关系上的偏差。

第二条 适用范围

这一制度适用于通过职能职务等级制度确定下来的员工。

第三条 种类

业绩考评（以下称"考评"）按考评的目的进行分类实施，主要分为确认晋升资格、核查提薪资格、核查奖励资格与能力开发等。

第四条 考评内容的构成

考评由成绩考评、能力考评和态度考评三部分构成。

第五条 考评者

（1）考评者原则上是被考评者的顶头上司，考评者又分为"第一次考评者"和"第二次考评者"。

（2）考评者与被考评者的接触时间因工作调动、变迁而不满足考评所规定的期限时，按下列规定处理。

①如果是奖励资格认定，不满（　　　）个月时，按前任考评人员的意见行事。

②如果是提薪或晋升资格认定，不满（　　　　）个月时，按前任考评人员的意见行事。

第六条　被考评者

被考评者是指适用于职能职务等级制度的所有员工。但下列人员除外。

（1）如果是奖励资格认定方面的考评，考评期限不满（　　　　）个月者，以及退休人员，不在被考评者之列。

（2）如果是晋升、提薪方面的考评，考评期限不满（　　　　）个月者，以及退休人员，不在被考评者之列。

第七条　调整及审查委员会

考评结果原则上不予调整。只有被认为有必要保持整个企业平衡时，才设立审查委员会，对考评结果进行审查和调整。

在这种情况下，由人事经理对一般员工、中间管理层人员的考评工作做出最后裁决；由负责人事工作的经理结合高层管理者的考评做出最后裁决。

即使如此，奖励方面的考评工作，一般不予调整。

第八条　考评方式

考评依据绝对评价准则，进行分析测评。但是，在提薪考评方面，附加自我评价环节，以便自我认识、自我反省。

第九条　考评层次

考评依据"行为选择""要素选择"和"档次选择"三个层次进行。

第十条　面谈、对话

考评者在考评期间，必须就工作成果（完成程度）、工作能力（知识、技能和经验的掌握程度），以及工作的进取精神（干劲和态度）等方面内容与被考评者交换意见和沟通，以便彼此确认，相互认可。

第十一条　考评结果的反馈

被考评者的顶头上司有必要把考评结果直接通知给被考评者本人，并做出说明。

第十二条　考评表的分类

首先按一般职务分为 1~4 级、中层管理职务分为 5~7 级、高层管理职务和专门职务分为 8~10 级来划分等级层次，进而按等级层次进行考评奖励、提薪和晋升资格。

第十三条　考评期限

考评期限视具体情况而定。

第二章　成绩考评

第十四条　成绩考评

所谓成绩考评是对每个员工在担当本职工作、完成任务中所发挥出来的能力进行测评。

第十五条　成绩考评的要素

成绩考评要素由工作执行情况（正确性、完善程度、速度、工作改进和改善情况）以及指导工作情况等构成。

第三章　能力考评

第十六条　能力考评

能力考评，就是对具体职务所需要的基本能力以及经验性能力进行测评。

第十七条　能力考评要素

能力考评的构成要素是担当职务所需要的基本能力，即知识、技术和技能，以及在工作中表现出来的理解力、判断力、创造力、计划力、表现力、折中力、指导和监督力、管理和统帅力等经验性能力。

第四章　态度考评

第十八条　态度考评意义

态度考评担负着成绩考评与能力考评的桥梁作用，是对工作态度和热情以及姿态所做的测评。

第十九条　态度考评要素

态度考评要素是由工作积极性、责任感、热情以及与其他部门的协作态度、遵纪守法等构成的。

第五章　考评者训练

第二十条　训练考评者

为了让考评者能够公正合理地进行考评，提高考评者的监督管理能力，考评者必须接受企业内部训练。

第二十一条　训练后的素质

（1）考评者必须认识到考评工作是自己的重要职责，并努力在履行职责中提升自己的人格，提高自己的素质，致力于发挥每个人的能力。

（2）为了使考评工作公开而严格，考评者必须特别留心以下几点。

①不徇私情，力求评价严谨公道。

②不轻信，不偏听，注重对被考评者实际工作的观察和评判。

③对被考评者在考评期限之外所取得的结果、能力、干劲和态度不进行评价。

④以工作中的具体事实为依据，而不是根据其档案资料（学历、工龄、年龄、性别等）进行评价。

⑤对考评结果进行总体综合修正，以消除以偏概全倾向、逻辑推断倾向、宽容倾向、过分集中倾向、极端倾向以及人为假象，避免偏颇与失误。

⑥注意避免凭总体印象夸大或缩小被考评者的成果、态度以及工作中表现出来的能力。

第六章　考评结果的应用与存档

第二十二条　考评结果的应用

考评结果作为人事管理工作的可靠资料，是提薪、奖励、晋升、教育培训、调动和调配等人事待遇的依据。

第二十三条　考评结果存档

考评结果以文本形式存入档案，正本由人事管理部门的负责人保管，副本由各个部门的负责人保管。

第七章　其他

第二十四条　裁决权限

本规程的修改与废止由主管人事的经理最终裁决。

第二十五条　实施日期

本规程自××××年××月××日起实施。

3.2.6　绩效规划模板

绩效规划模板见表3-1。

表 3-1　绩效规划模板

文本名称	绩效考核实施 工作计划	受控状态	
		编号	

一、目标概述

本公司自××××年开始推行绩效考核工作至今，在改善员工绩效方面取得了一定的成绩，但在具体操作中有许多地方急需改进和完善。人力资源部将此项工作列为本年度的重要任务之一，其目的就是通过完善绩效评价体系，达到绩效考核应有的效果，实现绩效考核的根本目的。

人力资源部在上一年度推行绩效考核工作的基础上，进行公司本年度绩效评价体系的完善，并更好地为公司发展服务。

二、具体实施计划

1. ××××年1月31日前完成对绩效考核制度和配套考核方案的修订与撰写，提交公司总经理办公会议审议通过。

2. 自××××年2月1日开始，按修订完善后的绩效考核制度在公司全面推行绩效考核。

3. 具体设想

（1）建议对现行基本制度进行完善

结合上一年度绩效考核工作中存在的不足，对现行《绩效考核细则》《绩效考核实施办法》及相关使用表单进行修改。建议大幅度修改考核的形式、项目、办法、结果反馈与改进情况跟踪、结果运用等方面，保证绩效考核工作的良性运行。

（2）建议将目标管理与绩效考核分开并平行进行

目标管理的检查作为修正目标的经常性工作，其结果仅作为绩效考核的参考项目之一。

（3）建议推行全员绩效考核

上一年度仅对部门经理级以下员工进行了绩效考核，而忽视了对高层的绩效考核，从而使考核效果大打折扣。本年度人力资源部在完善绩效评价体系之后，将对全体员工进行绩效考核。

续表

相关说明					

4.本年度绩效考核工作的起止时间为××××年1月1日到××××年12月31日。人力资源部完成此项工作的标准就是保证绩效评价体系平稳、有效地运行。

三、注意事项

1.绩效考核工作牵涉各部门各员工的切身利益，因此人力资源部在保证绩效考核结果能科学合理利用的基础上，要做好各部门绩效考核的宣传与培训工作，从正面引导员工用积极的心态对待绩效考核，以期达到通过绩效考核改善工作流程并提高工作绩效的目的。

2.绩效评价体系对于公司来说还是一个新生事物，由于经验不足，难免会出现一些意想不到的困难和问题。人力资源部在操作过程中注意听取各方面人员的意见和建议，及时调整和改进工作方法。

3.绩效考核工作本身既是一项沟通的工作，也是一个持续改善的过程。人力资源部在操作过程中要注意纵向与横向的沟通，确保绩效考核工作的顺利进行。

四、须支持与配合的事项和部门

1.修订后的各项绩效考核制度、方案、表单等文本须经公司各部门经理、主管副总经理及董事会共同审议。

2.为保证绩效考核工作的顺利推行，公司须成立绩效考核委员会对绩效考核的推行与实施负责。建议公司至少应有一名高层领导参加，人力资源部作为具体承办部门将承担方案起草、方法制订、协调组织、记录核查及汇总统计等职责。

相关说明					
编制人员		审核人员		批准人员	
编制日期		审核日期		批准日期	

3.3 论功行赏——绩效结算模型都有哪些？

完成了绩效体系的搭建之后，我们将要面对的是绩效结算。绩效结算的目的是将我们对员工的评价量化体现。我们要做的就是建立绩效结算模型，也就是结算公式。整个过程尽量由公式完成，减少人为干预的比例，这样才能更加客观。

很多人觉得，绩效结算不就是把指标对应的值串起来吗？有什么难的？但其实这里门道很多，不同绩效结算模型的风格是完全不一样的，就好像出门穿衣服一样，简单来说，就是穿着暖和，该遮上的遮上就行了嘛，但不同的衣着搭配能让整个人造型百变，气质迥异。和着装一样，绩效结算模型也要根据不同的应用场景进行调整和转换。

经过多年的绩效设计，我总结了一些非常实用的好模型。

3.3.1　最流行的模型——K 值结算模型

对于一些短期目标非常明确且单一的公司，K 值结算模型非常适用。

1. 选取 K 值

首先我们要选择用于结算的 K 值（指标点），可以选择营业收入、利润、月活客户数等最符合公司目标的简单粗暴的指标点。

2. 建立 K 值取值模型

$$\frac{（今年考核分数-前三年考核分数平均值）}{前三年考核分数平均值} < -5\% \qquad K=1-Max（0.05，人均利润减少额/人均绩效基数）$$

$$-5\% \leqslant \frac{（今年考核分数-前三年考核分数平均值）}{前三年考核分数平均值} \leqslant 0 \qquad K=1$$

$$0 < \frac{（今年考核分数-前三年考核分数平均值）}{前三年考核分数平均值} \leqslant 5\% \qquad K=1+Max（0.1，人均利润增长额/人均绩效基数）$$

$$5\% < \frac{（今年考核分数-前三年考核分数平均值）}{前三年考核分数平均值} \leqslant 10\% \qquad K=1+Max（0.2，人均利润增长额/人均绩效基数）$$

$$10\% < \frac{（今年考核分数-前三年考核分数平均值）}{前三年考核分数平均值} \qquad K=1+Max（0.3，人均利润增长额/人均绩效基数）$$

其中：

今年考核分数：当年对应指标的绩效考核的分。

前三年考核分数平均值：近三年对应指标绩效考核得分的平均值。

人均利润增长额 / 人均绩效基数：用当年的人均利润增长额除年初时的业绩目标，目的是防止因公司人员规模扩大而对整体业绩产生影响。

绩效考核系数的五个等级见表 3-2。

表 3-2　绩效考核系数的五个等级

等级	A	B	C	D	E
绩效考核系数	1.2	1.1	1.0	0.9	0.8

我们以考核分数来代替要选择的指标点，通过当年的考核得分与近三年的考核平均值的对比来进行评价。然后将对比结果所对应的增长率区间段进行档

位切分，分为 5 个档位，分别是 -5%，-5% ～ 0，0 ～ 5%，5% ～ 10%，以及高于 10%。它们分别对应的 K 值为 0.95，1，1.1，1.2，1.3。

3. 部门绩效结算

计算完 K 值，等于建立了公司今年整体情况的基调。K 值越高，公司经营情况越好，那自然给的奖励就越多。奖金系数分成 A 级 1.2，B 级 1.1，C 级 1.0，D 级 0.9 和 E 级 0.8。

表 3-3　公司 K 值与部门绩效强制分布比例表

公司 K 值	部门强制分布比例			
	A 级部门	B 级部门	C、D、E 级部门	备注
1.3	25%	30%	45%	部门有相关违规、违纪及造成较大不良影响的事件时，评分等级降为 D 或 E，如重大安全事故和质量事故、环境污染事故、重大经济损失、重大法律纠纷、重大违纪、未完成业绩目标造成的较大不良影响等
1.2	20%	30%	50%	
1.1	15%	25%	60%	
1	10%	20%	70%	
0.95	5%	15%	80%	
系数	部门系数 = 部门考核分数 /100			

从表 3-3 来看：

当 K 值为 1.3，能够得到 A 级的部门比例为 25%，B 级为 30%，C、D、E 级为 45%，其中 D、E 级不是必须有的。

当 K 值为 1.2，能够得到 A 级的部门比例为 20%，B 级为 30%，C、D、E 级为 50%，其中 D、E 级不是必须有的。

当 K 值为 1.1，能够得到 A 级的部门比例为 15%，B 级为 25%，C、D、E 级为 60%，其中 D、E 级不是必须有的。

当 K 值为 1，能够得到 A 级的部门比例为 10%，B 级为 20%，C、D、E 级为 70%，这时 D、E 级存在的概率就很高了。

当 K 值为 0.95，能够得到 A 级的部门比例为 5%，B 级为 15%，C、D、E 级为 80%，这种情况下 D、E 级肯定会存在。

4. 岗位结算

基础岗位结算直接用部门系数就可以，但是部门总监和经理层还是要根据公司的整体情况再进行二次归类，同样是分成 A 到 E 级，对应的系数和部门级可以一致，也可以单独定义，主要看公司的预算情况。

表 3-4　公司 K 值与岗位绩效强制分布比例表

公司 K 值	部长（副部长）强制分布比例			
	A 级部长（副部长）	B 级部长（副部长）	C、D、E 级部长（副部长）	备注
1.3	25%	30%	45%	员工有相关违规、违纪及造成较大不良影响的事件时，评分等级降为 D 或 E，如重大安全事故和质量事故、环境污染事故、重大经济损失、重大法律纠纷、重大违纪、未完成业绩目标造成的较大不良影响等
1.2	20%	30%	50%	
1.1	15%	25%	60%	
1	10%	20%	70%	
0.95	5%	15%	80%	
系数	1.1	1.05	1	

从表 3-4 来看：

当 K 值为 1.3，能够得到 A 级的部门管理层比例为 25%，B 级为 30%，C、D、E 级为 45%，其中 D、E 级不是必须有的。

当 K 值为 1.2，能够得到 A 级的部门管理层比例为 20%，B 级为 30%，C、D、E 级为 50%，其中 D、E 级不是必须有的。

当 K 值为 1.1，能够得到 A 级的部门管理层比例为 15%，B 级为 25%，C、D、E 级为 60%，其中 D、E 级不是必须有的。

当 K 值为 1，能够得到 A 级的部门管理层比例为 10%，B 级为 20%、C、D、E 级为 70%，这时 D、E 级存在的概率就很高了。

当 K 值为 0.95，能够得到 A 级的部门管理层比例为 5%，B 级为 15%，C、D、E 级为 80%，这种情况下 D、E 级肯定会存在。

按这样的结算方式，我们就可以在年初定一个基准绩点，基准绩点的定法就是绩效预算的 80% 为系数 1，这样大概不会超过预算。但是根据以往的经验，如果业绩能做到超出预期很多，公司管理层还是非常乐于临时提高预算的。

3.3.2　最简单的模型——固定分级法

很多小公司觉得做个绩效评价体系太麻烦了，毕竟公司一共就 30 个人，不想整得太复杂。最简单的模型就是固定分级法，定出关键指标，比如工作周期、工作数量、质量、满意度，然后分成几个级别。

1. 优秀, 卓越级别

数据显示：周期上，提前完成目标；数量或质量上，超额完成目标要求，工作成绩得到各方高度评价。

2. 良好级别

数据显示：按周期要求完成目标，数量或质量上达到目标要求，工作成绩得到各方较好评价。

3. 及格, 差强人意级别

数据显示：按周期要求完成目标，数量或质量上达到目标要求，工作上有失误，或评价不好。

4. 不及格, 警告级别

数据显示：偶有小的疏漏，有时在时间、数量、质量上达不到规定的工作标准，偶尔有客户投诉。

5. 差, 严重警告级别

数据显示：工作中出现大的失误，或在时间、数量、质量上达不到规定的工作标准，经常突击完成任务，经常被投诉。

等到结算的时候，直接根据实际情况分级就行了。这种方法只适用于小公司，因为指标限定得不够严格，人多了容易出乱子，说难听点就是太容易作弊。这种方法实在是太简单了，这里就不详细描述了，只列出四点。

- 选的指标最好以客观指标为主。
- 评级级别之间要有明确的区分，不要模棱两可。
- 最好由公司统一指导评价，以免造成各部门标准不统一。
- 既然是简单操作，就不要定太多的指标。

3.3.3　最适合团队制的模型——因素排序法

团队制为主的公司有三个特点：一是团队非常多，但规模不一定统一；二是团队内部的岗位职责不是非常明确；三是团队内部相对扁平化，层级性不强。

比如律师事务所、会计师事务所、公关公司，团队工作相对封闭，给人力资源部门收集绩效等相关信息造成了非常大的障碍。让团队内部决定奖金分配是效率最高的选择，但问题就在于公司无法对其进行审核和监督。

基于这样的情况，我们要做的就是找到一个公司能有理有据地进行审核监管，团队内部能根据自己的情况进行奖金分配的绩效模型。这就是因素排序法，见表 3-5。

表 3-5　因素排序法样表

排名	项目贡献度	工作复杂性	团队合作度	得分
1	小王	小张	大刘	10
2	小李	二狗	小张	8
3	小张	小李	二狗	6
4	大刘	小王	小李	5
5	二狗	大刘	小王	3

排序法通常的做法是将所有参加评估的人选列出来，分别针对每一个评估要素开展评估。

- 找出在该因素上表现最好的员工，将他排在第一的位置上。
- 找出在该因素上表现最差的员工，将他排在最后的位置上。
- 找出次最好的员工，将他排在第二的位置上。
- 找出次最差的员工，将他排在倒数第二的位置上，依此类推。

然后以同样的方法就第二个因素进行评估，排列员工的顺序。

全部计算完之后，根据每个人的排名和所在排名对应的分数，得出综合得分。如果因素有重要性区别，可以给因素加上权重，见表 3-6。

表 3-6　因素排序法与权重综合样表

排名	项目贡献度权重：60%	工作复杂性权重：20%	团队合作度权重：20%	得分
1	小王	小张	大刘	10
2	小李	二狗	小张	8
3	小张	小李	二狗	6
4	大刘	小王	小李	5
5	二狗	大刘	小王	3

加上权重之后，就可以计算加权平均分。

因素排序法综合了团队自评的自由度和公司监管需求两方面的诉求，最近几年非常受到团队制公司的喜爱。也许你会疑问，团队自己评价会不会有失公允，这一点不需要担心。团队是一个整体，内部的人能和谐相处是最重要的，这一点他们冷暖自知，只要整体业绩不受影响，公司就不需要过多地干预团队内部的人才任免。

3.3.4　适合没法量化的岗位——行为锚定等级评定法

我们做绩效体系的时候，会发现很多岗位的工作无法量化，比如行政前台、总经理秘书等。这些岗位的工作往往比较琐碎，给绩效考核带来了困难，这时候我们就要想办法评价他们的工作，行为锚定等级评定法就派上用场了。

行为锚定等级评定法（BARS，Behavlorally Anchored Rating Scale）是一种基于关键事件法的量化的评定方法。这种方法主要是建立一个行为的评定量表，对每一个等级运用关键事件进行行为描述。

比如总经理秘书岗位的行为锚定等级评定，见表 3-7。

表 3-7　总经理秘书岗位的行为锚定等级评定表

优秀等级	行为标准：工作能力
5	游刃有余地完成总经理交给的事务，并能举一反三
4	对于总经理交给的事务轻松完成，总经理无须过多解释
3	对于总经理交给的事务基本完成，基本理解总经理的意图
2	对于总经理交给的事务很难完成，很难理解总经理的意图
1	无法总经理交给的事务很难完成，无法理解总经理的意图

建立行为锚定量表需要以下几个步骤。

（1）选定绩效评估要素。选取需要评估的要素，并对其内容进行界定。

（2）获取关键事件。通过对工作比较熟悉的人（任职者或任职者的主管人员）分析获取一些关键事件，包括工作做得好的关键事件和做得不好的关键事件。

（3）将关键事件分配到评定要素中。

（4）由另外一组对工作同样了解的人对关键事件重新进行审定、分配和排序。将这一组与前面一组分配关键事件时，在一定程度上（80%）一致的关键事件保留下来，作为最后使用的关键事件。

（5）对关键事件进行评定，检视描述是否与评价等级契合，是否能够区分各等级之间的差异。

采用这样的方式就能让主观评价有层次感，而不是完全由评价者一个人说了算。其实避免所谓"一言堂"是次要的，最主要的是，很多部门领导，你让他评价，他总让你给个标准，否则自己不知道怎么评，所以有一个评价体系能够减少推动落地时的阻碍，这也是人力资源工作的要点。并不是所有的政策制定都是从学术方面考虑的，如何让管理层和员工用着舒服才是关键。就比如这个行为锚定等级评定法，从学术层面上，没有人看得上，但是在现实中它就是非常好用，那我们就要掌握。

还有一种绩效结算的方法是绩点结算模型，在本书"如何搭建 KPI 和 OKR 绩效体系？"一节中讲过。

总体来说，当前比较流行的绩效结算模型就是上述 5 个，这 5 个模型占了总体项目搭建的 85% 以上。另外 15% 基本上是为了满足非常奇葩需求的选择，不具有代表性。

最后要说明一点，绩效结算模型和绩效考核方式并不冲突，也就是说，KPI 可以用这 5 个模型，OKR 也可以用这 5 个模型，只是在用的时候条目的制定是不一样的。

3.3.5　绩效考核结算模板

绩效考核结算模板见表 3-8。

表 3-8　绩效考核结算模板

文本名称	绩效考核实施总结报告	受控状态	
		编号	
一、总体运行说明 ××××年度绩效考核工作已经结束，为了更好地总结本年度绩效考核的经验与不足，便于下年度绩效考核工作的开展，总结如下。 二、本年度绩效考核结果 本年度绩效考核已覆盖公司所有员工，整个考核体系包括公司级KPI指标考核、部门级KPI指标考核与岗位KPI指标考核三种。通过最后的数据收集与分析，可以认定在我公司推行该考核体系是有效的，初步达到了绩效量化管理的目标，下面就KPI达成情况做出说明。 （一）公司级KPI指标考核 公司级KPI指标一共有10项，在本公司全体员工的共同努力下，全面超额完成了在年初设定的各项KPI指标的目标值。 （二）部门级KPI指标考核 ××××年度各部门KPI完成情况见表3-9。			

续表

表 3-9 ××××年度各部门 KPI 完成情况

部门	设定量		完成量		综合得分
	指标项数	权重	指标项数	权重	
生产部	10	100%	9	90%	90
销售部	9	100%	9	100%	100
研发部	8	100%	6	80%	80
质检部	8	100%	8	100%	100
采购部	8	100%	7	95%	95
仓储部	9	100%	8	80%	80
财务部	8	100%	8	100%	100
行政部	10	100%	8	90%	90
人力资源部	10	100%	8	85%	85

（三）岗位KPI指标考核

××××年度本公司所有岗位员工KPI考核成绩分布如图3-3所示。

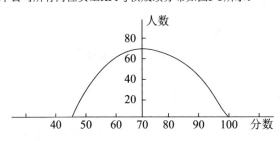

图 3-3 KPI 考核成绩分布图

三、考核体系运行中存在的问题

（一）考核本身设计问题

绩效考核的前提是需要有稳定的组织结构与科学的职位描述体系，但这些正是我们所欠缺的，会导致某些考核指标及流程设计不够全面。

（二）沟通问题

考核实施操作过程中的关键问题是考核者与被考核者之间的沟通问题。如果部门经理在协助下属员工制定其个人工作目标时不与本人进行充分沟通，考核过程中没有进行引导与协助，那么最后的考核结果肯定是无效的，就不会起到绩效改进的作用。以本次考核为例，部分考核数据的失效就源于这一问题。

（三）认识问题

部分员工（也包括一部分中层管理人员）在认识上还不十分到位，他们认为绩效考核是人力资源部的工作，对他们来说只是一个形式，所以从思想上还不够重视。此外，在考核实施过程中，有的员工认为考核无非就是考核者找员工的麻烦。这些负面的认识使被考核者产生了明显的抵触与排斥情绪。

续表

（四）推动问题 考核推动仍然非常重要，除了人力资源部强力推行之外，中高层领导的强力支持也是不可缺少的。 **四、应对策略** （一）优化绩效考核体系 通过本年度绩效考核的实践，对绩效考核体系进行有针对性的完善，尤其是那些反映问题较多或所占权重较大的考核指标。 （二）加强绩效考核培训 通过增加对全体员工的绩效考核知识培训，逐步导入绩效考核理念，使绩效考核成为一种习惯。 （三）加强沟通 人力资源部应加强与考核试行部门之间的沟通，通过表格或其他方式做好部门经理与下属员工之间考核沟通与互动的引导作用。 （四）强力推行 绩效考核工作虽然由人力资源部牵头，但需要公司自上而下地强力推行，关键是中高层领导的推行力度要大。所以，人力资源部的工作重点就是要加强绩效考核系统面向中高层管理者的推行工作。 （五）与薪酬挂钩 绩效考核只有与薪酬挂钩，才能获得员工的重视，也才能够在考核中充分暴露一些原本无法暴露的问题，然后通过调整并不断优化考核体系，最终真正达到激励员工不断改进绩效的作用。

相关说明

编制人员		审核人员		批准人员	
编制日期		审核日期		批准日期	

 ## 3.4　绩效体系的 SMART 原则聪明吗？

绩效指标在设计过程中很容易乱，所以我们在每个阶段都需要检查有没有出现纰漏。检查一定要有方法，才能真的验证出问题。

这次要用到的就是非常著名的 SMART 原则，其实我个人对市面上各种所谓的理论、模型不是非常"感冒"，总觉得它们大多是文字游戏，哗众取宠，但有的真的总结得很好，我们取其精华去其糟粕。

3.4.1　SMART 原则

SMART 分别是五个单词首字母的缩写：S——Specific（明确），M——Measurable（量化），A——Achievable（可及），R——Relevant（相关），T——Time-bound（周期）。它概括了整个绩效的要素，我们一个个来看。

1. S——Specific（明确）

绩效指标必须描述非常明确，一方面是目标非常明确，另一方面是评价标准明确。把虚的辞藻，比如"希望、尽量、还行"都删掉，因为这些没法作为指标。

2. M——Measurable（量化）

所有指标必须可量化，否则你没法做出最终评定结果，哪怕是主观指标，也要发评价表和分数计算规则，否则该指标就是废的。"较好、不错、大幅度、更上一层楼"这种副词都不能有，因为它们无法量化。

3. A——Achievable（可及）

绩效指标一定要脚踏实地，这和公司上市路演不一样，别弄一些天马行空的无法评定的指标，否则没有激励的作用。举个例子，一个高考 400 分的学生，你给他定个目标是半年之内达到 700 分，你觉得他有努力的欲望吗？不，没有，他直接放弃了。定目标的时候一定要和部门内部的人深入沟通，确保这个指标是可行的，可望又可及的。

4. R——Relevant（相关）

绩效指标必须和岗位工作内容相关，并且是在岗人员可控的，但是很多时候会在这方面出问题。简单来说，绩效指标一定来自岗位职责。

5. T——Time-bound（周期）

考核周期一定要规定好，一个是总的考核周期，另一个就是不同的指标不一定都是同一个考核周期，有月度考核指标，有季度考核指标，有年度考核指标。无论怎么样，都一定要标记清楚，因为后面操作的人不一定参加过绩效体系搭建，要指导他们如何做，越清楚越不容易出问题。

SMART 原则覆盖了所有绩效指标的要素，作为验证工具真的非常合适，其顺序和逻辑能够让绩效指标合理且不会漏掉元素。需要注意的是，搭建的时候脑子里不要有这个 SMART 原则，它属于框架，虽然涉及所有关键元素，但是离丰满还差很远，光靠它还是比较片面。

3.4.2　5W2H 模型

那搭建的时候有没有可以参考的模型呢？也有，这个模型是 5W2H 原则，即 Who（谁做）、Why（目的）、What（内容）、When（周期）、Where（环境）、How Much（衡量标准）、How（如何评价）。关于这个原则，有很多不同的说法和描述，通常的解释是：

1. Who（谁做）

考核的岗位确定好，将岗位对应的岗位职责说明书准备好。

2. Why（目的）

岗位考核的目的是什么，也就是绩效目标是什么。

3. What（内容）

将绩效目标分解成考核指标。

4. When（周期）

每一个考核指标的周期是什么。

5. Where（环境）

如果岗位内部人员涉及多个分公司、多个地域，一定要分开设计，因为他们可能存在很大差异，不能一概而论。

6. How Much（衡量标准）

这些考核指标的衡量标准、评分体系是什么？

7. How（如何评价）

绩效结算怎么做，由谁来做？

相比 SMART 原则，5W2H 模型就质朴了很多，我们经常形容 5W2H 是流程模型，而 SMART 是内核精神模型。有了这个两个模型，一个辅助流程搭建，一个作为指标检测验证，可保万无一失。

3.5　绩效管理的 PDCA 循环

PDCA 是美国一位管理学专家戴明提出来的，由于它是一个环状结构，我们私下也叫它"戴明环儿"。PDCA 分别是：P（Plan 计划）、D（Do 实施）、

C（Check 检验）、A（Action 行动）。其实道理非常简单，这个模型会增强绩效管理的逻辑性。

3.5.1　P（Plan 计划）

1. 素材整理

制定绩效管理策略首先要做的就是收集相关素材，这些素材包含外部市场行业情况、竞争对手情况、市场薪酬水平、市场招聘情况和内部的公司战略规划、公司绩效考核优劣势汇总、公司职能价值调整方案等。

2. 战略分析

根据上面收集的资料，我们要针对公司下一个阶段的战略目标进行分析和分解，明确下一阶段各个职能部门的重要地位。

3. 确定目标

根据公司战略，确定公司下一年度的具体目标，然后将这个目标分解到各个职能部门的分级目标。

4. 计划制订

根据各个职能部门的分级目标，制订绩效计划，再进一步分解为各个岗位的绩效目标。

3.5.2　D（Do 实施）

1. 确定绩效指标

根据岗位绩效目标，以及岗位的工作职责，确定绩效考核指标，建立绩效考核评价标准。

2. 考核落地

绩效指标定好后，就落地运行，按照绩效计划对各个岗位、各个职能部门进行考核评价。如果落地的时候困难比较大，可以先找几个部门作为试点，试运行。

3. 绩效结算

根据绩效考核指标的周期，分批次进行绩效结算。结算的过程中注意考核评价标准是否合理，结算公式是否科学。

4. 绩效沟通

考核结算完成之后，抽样对岗位员工进行绩效沟通，了解他们对于新绩效考核的意见和调整建议。

3.5.3　C（Check 检验）

1. 流程问题

总结在新绩效考核运行期间的流程问题，主要包括考核结算数据收集人是否明确，数据反馈是否顺利，整体反馈流程是否清晰。

2. 指标问题

总结考核的指标是否能够全面反馈员工的工作成果，指标是否客观准确，指标定位和描述是否会让人产生误解。

3. 结算问题

指标对应的结算过程中数据是否容易收集，收集的数据是否准确，数据结算过程中公式是否准确，结算的结果是否被认可。

3.5.4　A（Action 行动）

1. 优化调整

根据在检验过程中发现的问题，对绩效体系进行优化调整，让绩效体系可持续发展。

2. 素材整理

素材整理指的是整理新一年的绩效计划需要的材料，这就又回到了上面的第一步，形成循环。

PDCA 模型引导的是绩效搭建完成之后的后续管理流程，能够保证绩效体系在每一年都能根据实际情况进行优化，这对于绩效体系的可持续发展非常重要。绩效体系和薪酬体系是不一样的。薪酬体系三到五年调整一次就行了，但是绩效体系每一年都要给员工定一个明确的目标，而且这个目标因公司的发展情况、行业趋势、市场竞争态势、竞争对手情况的变化而变化，每一年都不一样。同时，由于公司每一年面临的挑战和压力不一样，公司运作的节奏和速度也要进行调整，那绩效体系就是公司运营的节拍器。举个例子，当经济形势好的时候，一个服装工厂订单非常多，就需要把绩效定得非常激进，让大家能够开足马力满负荷运作，这就依靠绩效奖金的引导。但是当经济形势不好的时候，订单量不大，满负荷生产会带来大量的库存，这对工厂来说是致命的，绩效体系就要平和一些，降低考核指标的数量，让员工可以放慢节奏生产，维持工厂运转，等待下一次发力。这就是每一年都优化绩效体系的原因。

无论你的绩效体系是什么类型、什么目的、什么阶段，PDCA 这个模型都能给你引导，算是万能模型了。PDCA 的每一步都不能缺失，否则就会出现流程问题。其实有时候仔细想想，即使没有这个模型，我们也是这么做的，只是没总结出来罢了，但总结提炼出来，能让后续的操作逻辑性更清晰，不会漏掉步骤或者缺失元素。更重要的是，向领导汇报的时候，显得比较专业。

3.6 常用的绩效考核指标汇总

大家在确定考核指标的时候，经常处于比较蒙的状态，所以我把常用的绩效指标汇总出来供大家参考，毕竟选择总比创造的难度低一些，同时我也尽量把每一个指标的计算规则列出来。但是有一点需要提醒，指标的计算并不是一定要按照我的公式操作，如果有其他的计算习惯，最好用比较熟悉的计算公式。

3.6.1 高管类考核指标

高管类考核指标见表 3-10。

表 3-10　高管类考核指标

绩效考核指标	计算方法
年度利润总额	经核定后的企业合并报表利润总额
主营业务收入	经核定后的企业合并报表中的主营业务收入额
主营业务收入增长率	$\dfrac{考核期末当年主营业务收入}{考核期前一年主营业务收入}\times100\%$
净资产收益率	$\dfrac{净利润}{净资产}\times100\%$
企业战略目标实现率	$\dfrac{考核期内已实现的战略目标数}{考核期内应实现的战略目标数}\times100\%$
董事工作报告通过率	$\dfrac{股东大会审议通过的董事报告数量}{董事会提交股东大会审议的报告数量}\times100\%$
财务审查计划按时完成率	$\dfrac{规定时间内完成财务审查的工作量}{财务审查计划完成的工作量}\times100\%$
财务状况调查计划完成率	$\dfrac{规定时间内完成财务调查的工作量}{账务状况调查计划完成的工作量}\times100\%$
经营管理监督会议召开次数	考核期内召开经营管理监督会议的次数
各项监督检查报告提交及时率	$\dfrac{规定时间内提交监督检查报告的数量}{规定时间内应提交的监督检查报告的总数}\times100\%$
列席董事会会议的次数	考核期内列席董事会会议的次数
监事工作报告通过率	$\dfrac{规定时间内完成财务调查的工作量}{财务状况调查计划完成的工作量}\times100\%$
战略规划方案编制及时率	$\dfrac{规定时间内完成财务调查的工作量}{财务状况调查计划完成的工作量}\times100\%$
战略规划方案通过率	$\dfrac{通过审核的战略方案数}{考核期内提交战略方案总数}\times100\%$
行业分析报告提交及时率	$\dfrac{规定时间内提交的行业研究报告数}{规定时间应提交行业研究报告总数}\times100\%$
战略项目进度控制	战略项目按进度计划执行
业务流程改善计划按时完成率	$\dfrac{规定时间内已完成的计划工作量}{规定时间内计划完成的工作量}\times100\%$
提出并被采纳的建议次数	就当前企业运营中存在的问题提出改善建议的次数
规范化管理推进计划按时完成率	$\dfrac{规定时间内完成的规范化管理工作量}{规定时间计划完成的工作量}\times100\%$
经营管理计划分析报告提交及时率	$\dfrac{规定时间内提交的分析报告数}{规定时间应提交的分析报告总数}\times100\%$

绩效考核指标	计算方法
内部管理评估报告提交及时率	$\dfrac{规定时间内提交的评估报告数}{规定时间应提交的评估报告总数} \times 100\%$
内部管理培训计划完成率	$\dfrac{规定时间内完成的培训课时数}{规定时间计划完成的课时数} \times 100\%$
合同档案归档及时率	$\dfrac{规定时间内完成归档的合同档案数}{规定时间应归档的合同档案总数} \times 100\%$
提出并被采纳的建议次数	就当前企业运营中存在的问题提出改善建议的次数

3.6.2　财务部门考核指标

财务部门考核指标见表 3-11。

表 3-11　财务部门考核指标

绩效考核指标	计算方法
公司财务预算达成率	$\dfrac{公司实际年度支出}{公司预算年度支出} \times 100\%$
财务分析准确度	财务分析报告中,对公司的整体财务状况分析出错次数
财务费用降低率	$\dfrac{财务费用降低额}{财务费用预算额} \times 100\%$
账务处理及时性	财务处理未在规定时间内完成的次数
现金收支准确性	现金收支出错次数
财务资料完好性	财务资料损坏、丢失、泄露的次数
公司资金预算达成率	$\dfrac{公司实际年度资金使用额}{公司资金使用预算额} \times 100\%$
资金筹集计划编制及时率	$\dfrac{编制及时的次数}{编制的总次数} \times 100\%$
月度流动资金计划编制及时率	$\dfrac{编制及时的次数}{编制的总次数} \times 100\%$
资金使用目标达成率	$\dfrac{资金使用目标达成数}{资金使用目标应达成总数} \times 100\%$
资金收支准确度	资金收支出错次数
资金头寸变动信息掌握的及时性	因没有及时掌握资金头寸信息,导致公司损失的金额
资金使用评估报告编制及时率	$\dfrac{编制及时的次数}{编制的总次数} \times 100\%$

绩效考核指标	计算方法
审计计划执行率	$\dfrac{已执行审计计划}{审计计划总数} \times 100\%$
审计报告一次通过率	$\dfrac{首次审核通过的报告数}{应提交的审计报告总数} \times 100\%$
审计问题追踪检查率	$\dfrac{对审计问题追踪检查的次数}{出现审计问题的总次数} \times 100\%$
审计结果准确性	审计结果更正的次数
审计报告证据充分性	因审计证据不足而使审计结果被推翻的次数
审计报告归档率	$\dfrac{审计报告归档数}{审计报告总数} \times 100\%$

3.6.3　行政部门考核指标

行政部门考核指标见表 3-12。

表 3-12　行政部门考核指标

绩效考核指标	计算方法
行政工作计划完成率	$\dfrac{行政工作实际完成量}{行政工作计划完成量} \times 100\%$
后勤工作计划完成率	$\dfrac{后勤工作实际完成量}{后勤工作计划完成量} \times 100\%$
行政费用预算控制率	$\dfrac{行政费用开支数额}{行政费用预算额} \times 100\%$
行政办公设备完好率	$\dfrac{完好设备台数}{设备总台数} \times 100\%$
办公用品采购按时完成率	$\dfrac{办公用品采购按时完成量}{办公用品应采购量} \times 100\%$
后勤服务满意度	企业员工对后勤服务的满意度评价的算术平均值
车辆调度合理性	相关部门因车辆调度不合理而对行政部投诉的次数
消防安全事故发生次数	考核期内消防安全事故发生的次数
部门协作满意度	相关合作部门对行政部工作满意度评分的算术平均值

3.6.4　法务部门考核指标

法务部门考核指标见表 3-13。

表 3-13　法务部门考核指标

绩效考核指标	计算方法
各类法律风险分析报告提交及时率	$\dfrac{法律风险分析报告提交及时数}{法律风险分析报告提交总数} \times 100\%$
法律纠纷发生次数	考核期内因企业制度或合同、文件等存在法律漏洞而发生的法律纠纷次数
法律纠纷处理及时率	$\dfrac{法律纠纷处理及时数}{法律纠纷处理总数} \times 100\%$
诉讼胜诉率	$\dfrac{诉讼胜诉数}{诉讼总数} \times 100\%$
法律支持满意度	参与企业经济谈判，为相关部门提供决策参考，相关部门满意度评价的算术平均值
普法培训计划完成率	$\dfrac{完成培训数}{计划培训数} \times 100\%$
文书档案归档率	$\dfrac{归档的文档数}{文档总数} \times 100\%$

3.6.5　人力资源部门考核指标

人力资源部门考核指标见表 3-14。

表 3-14　人力资源部门考核指标

绩效考核指标	计算方法
人力资源工作计划按时完成率	$\dfrac{按时完成的工作量}{计划工作量} \times 100\%$
招聘计划完成率	$\dfrac{实际招聘到岗的人数}{计划需求人数} \times 100\%$
培训计划完成率	$\dfrac{实际完成的培训项目（次数）}{计划培训的项目（次数）} \times 100\%$
绩效考核计划按时完成率	$\dfrac{按时完成的绩效考核工作量}{绩效考核计划工作总量} \times 100\%$
绩效考核申诉处理及时率	$\dfrac{及时处理的绩效考核申诉}{绩效考核申诉总数} \times 100\%$
工资与奖金计算差错次数	工资、奖金核算及发放的人为出错次数为 0

续表

绩效考核指标	计算方法
员工任职资格达标率	$\dfrac{\text{当期任职资格考核达标的员工数}}{\text{当期员工总数}} \times 100\%$
核心员工流失率	$\dfrac{\text{一定周期内流失的核心员工数}}{\text{公司核心员工总数}} \times 100\%$
人才培养计划完成率	$\dfrac{\text{已完成的人才培养计划工作量}}{\text{人才培养计划工作总量}} \times 100\%$
培训成本控制率	$\dfrac{\text{实际培训成本开支额}}{\text{培训预算额}} \times 100\%$
员工职业生涯辅导计划完成率	$\dfrac{\text{辅导计划实际完成量}}{\text{计划工作量}} \times 100\%$
培训考核达标率	$\dfrac{\text{培训考核达标人数}}{\text{培训总人数}} \times 100\%$
职称评定申报及时率	$\dfrac{\text{规定时间内提交申请材料的次数}}{\text{计划申请职称评定的次数}} \times 100\%$

3.6.6　研发部门考核指标

研发部门考核指标见表 3-15。

表 3-15　研发部门考核指标

绩效考核指标	计算方法
研发项目阶段成果达成率	$\dfrac{\text{各项目实施阶段成果达成数}}{\text{计划达成数}} \times 100\%$
科研项目申请成功率	$\dfrac{\text{项目申请成功数}}{\text{项目申请总数}} \times 100\%$
研发成本控制率	$\dfrac{\text{实际技术改造费用}}{\text{预算费用}} \times 100\%$
新产品利润贡献率	$\dfrac{\text{新产品利润总额}}{\text{全部利润总额}} \times 100\%$
项目开发完成准时率	$\dfrac{\text{开发实际周期}}{\text{开发计划周期}} \times 100\%$
科研课题完成量	当期完成并通过验收的课题总数

续表

绩效考核指标	计算方法
科研成果转化效果	当期科研成果转化次数
产品技术稳定性	投放市场后产品设计更改的次数
试验事故发生次数	当期试验事故发生次数
工作目标按计划完成率	$\dfrac{实际完成工作量}{计划完成工作量} \times 100\%$
技术创新使标准工时降低率	$\dfrac{改进前标准工时-改进后标准工时}{改进前标准工时} \times 100\%$
技术创新使材料消耗降低率	$\dfrac{改进前工序材料消耗-改进后消耗}{改进前工序材料消耗} \times 100\%$
技术改造费用控制率	$\dfrac{技术改造发生费用}{技术改造费用预算} \times 100\%$
重大技术改进项目完成数	当期完成并通过验收的重大技术改进项目总数
技术服务满意度	对技术服务对象进行随机调查的技术服务满意度评分的算术平均值
外部学术交流次数	当期进行外部学术交流的次数
内部技术培训次数	当期进行内部技术培训的次数

3.6.7 工程部门考核指标

工程部门考核指标见表 3-16。

表 3-16 工程部门考核指标

绩效考核指标	计算方法
采购计划完成率	$\dfrac{考核期内采购总金额}{同期计划采购金额} \times 100\%$
采购订单按时完成率	$\dfrac{实际按时完成订单数}{采购订单总数} \times 100\%$
成本降低目标达成率	$\dfrac{成本实际降低率}{成本目标降低率} \times 100\%$
订货差错率	$\dfrac{数量及质量有问题的物资金额}{采购总金额} \times 100\%$

续表

绩效考核指标	计算方法
采购资金节约率	$\left(1-\dfrac{\text{实际采购物资资金}}{\text{采购物资预算资金}}\right)\times 100\%$
采购质量合格率	$\dfrac{\text{采购物资的合格数量}}{\text{采购物资总量}}\times 100\%$
供应商履约率	$\dfrac{\text{履约的合同数}}{\text{订立的合同总数}}\times 100\%$
到货及时率	$\dfrac{\text{规定时间内到货批次}}{\text{采购总批次}}\times 100\%$
采购质量合格率	$\dfrac{\text{质量合格的采购批次}}{\text{采购总批次}}\times 100\%$
供应商开发计划完成率	$\dfrac{\text{实际开发数量}}{\text{计划开发数量}}\times 100\%$
物资供应及时率	$\dfrac{\text{物资供应及时的次数}}{\text{需要物资供应的总次数}}\times 100\%$
物资发放准确性	考核期内物资发放出错的次数
物资保管损坏量	物资保管损坏量折合成金额计
运输安全事故次数	物资供应运输过程中发生安全事故的次数
万元产值维修费用率	$\dfrac{\text{维修费用总额}}{\text{总产值（以万元计）}}\times 100\%$
动力设备系统故障停机率	$\dfrac{\text{动力设备系统故障停机台时}}{\text{实际开动台时}+\text{停机台时}}\times 100\%$
动力设备检修作业计划完成率	$\dfrac{\text{动力设备检修作业完成量}}{\text{检修作业计划量}}\times 100\%$
动力系统维护及时率	$\dfrac{\text{动力系统维护及时的次数}}{\text{动力系统应维护的总次数}}\times 100\%$
设备保养计划按时完成率	$\dfrac{\text{规定时间内完成保养数}}{\text{设备保养计划完成数}}\times 100\%$
设备购置计划编制及时率	$\dfrac{\text{设备购置计划编制及时的次数}}{\text{设备购置计划编制的总次数}}\times 100\%$

绩效考核指标	计算方法
主设备完好率	$\dfrac{主设备完好台数}{主设备总台数} \times 100\%$
设备档案归档率	$\dfrac{设备档案归档数}{设备档案总数} \times 100\%$
设备故障停机率	$\dfrac{设备故障停机台时}{实际开动台时+停机台时} \times 100\%$
设备检修作业计划完成率	$\dfrac{设备检修作业完成量}{检修作业计划量} \times 100\%$
能源供应计划按时完成率	$\dfrac{能源供应按时完成量}{能源供应计划完成量} \times 100\%$
能源消耗定额标准编制准确率	$\dfrac{标准编制准确的次数}{标准编制的总次数} \times 100\%$

3.6.8 生产部门考核指标

生产部门考核指标见表 3-17。

表 3-17 生产部门考核指标

绩效考核指标	计算方法
生产计划达成率	$\dfrac{实际产量}{计划产量} \times 100\%$
内部利润达成率	$\dfrac{实际完成的内部利润额}{计划完成的内部利润额} \times 100\%$
劳动生产效率	$\dfrac{产出数量 \times 标准工时}{日工作小时 \times 直接人工数量 - 损失工时} \times 100\%$
交期达成率	$\dfrac{交货期无误次数}{交货总次数} \times 100\%$
产品抽检合格率	$\dfrac{实际合格数}{抽样产品总数} \times 100\%$
生产成本下降率	$\dfrac{上期生产成本 - 当期生产成本}{上期生产成本} \times 100\%$
生产设备利用率	$\dfrac{开机总工时 - 外部停机总工时}{开机总工时} \times 100\%$

续表

绩效考核指标	计算方法
生产安全事故次数	考核期内生产安全事故发生的次数合计
新产品工艺设计任务完成准时率	$\dfrac{实际设计周期}{计划设计周期}\times100\%$
工艺试验及时完成率	$\dfrac{按时完成工艺试验次数}{工艺试验总次数}\times100\%$
工艺工装文件差错率	$\dfrac{出错的工艺工装文件份数}{工艺工装文件总份数}\times100\%$
工艺工装文件出错损失	因本部门提供的工艺工装文件错误而造成的经济损失金额
标准工时降低率	$\dfrac{改进前标准工时-改进后标准工时}{改进前标准工时}\times100\%$
工艺改进成本降低率	$\dfrac{改进前生产成本-改进后生产成本}{改进前生产成本}\times100\%$
部门管理费用预算达成率	$\dfrac{实际发生费用}{费用预算总额}\times100\%$
产品项目立项一次性通过率	$\dfrac{立项申请一次性通过数量}{同期所提交的立项申请总数}\times100\%$
产品规划方案通过率	$\dfrac{通过审批的产品规划案数量}{同期所提交的产期所提方案总案}\times100\%$
新产品产值率	$\dfrac{新产品产值}{同期所有产品产值}\times100\%$
新产品利润贡献率	$\dfrac{新产品利润总额}{同期全部利润总额}\times100\%$
产品销售额达成率	$\dfrac{所负责产品实际达成的销售额}{所负责产品计划达成的销售额}\times100\%$
产品品牌知名度	接受随机调查的人群对产品品牌知名度评分的算术平均值
新产品开发周期	新产品开发周期（即新产品从立项到批量生产）所花费的总天数
质检工作及时完成率	$\dfrac{及时完成的质检次数}{应完成的检验总次数}\times100\%$
原辅材料现场使用合格率	$\left(1-\dfrac{发现的不合格原辅材料数量}{现场使用的原辅材料总数量}\right)\times100\%$
产品质量合格率	$\dfrac{合格的产品数量}{产品总数量}\times100\%$

绩效考核指标	计算方法
产品质量原因退货率	$\dfrac{质量原因产品退货数量}{交付的产品总数量}\times100\%$
质量会签率	$\dfrac{实际会签文件数量}{应会签文件数量}\times100\%$
批次产品质量投诉率	$\dfrac{客户投诉次数}{产品出货总批次}\times100\%$
客户投诉改善率	$\dfrac{客户投诉按时改善的件数}{客户投诉总件数}\times100\%$
质量体系认证一次性通过率	$\dfrac{质量体系认证一次性通过的次数}{质量体系认证申请总次数}\times100\%$
产品免检认证通过率	$\dfrac{通过免检认证的产品品种}{产品免检认证申请总次数}\times100\%$
包装生产计划完成率	$\dfrac{已入库量总数}{包装生产计划总数}\times100\%$
包装品合格率	$\dfrac{包装品合格数量}{同期包装品总数量}\times100\%$
包装设计方案一次性通过率	$\dfrac{一次性通过方案数量}{提交审核的设计方案总量}\times100\%$
包装材料改进目标达成率	$\dfrac{包装材料改进目标实现数}{包装材料改进目标计划数}\times100\%$
包装成本降低率	$\dfrac{包装成本降低额}{包装成本预算额}\times100\%$
准时交货率	$\dfrac{按包装标准交期完成的订单数量}{同期订单总数量}\times100\%$
包装水平客户满意度	接受随机调研的客户对包装水平满意度评分的算术平均值
工时标准达成率	$\dfrac{标准工时}{实际工时}\times100\%$

3.6.9　设计部门考核指标

设计部门考核指标见表 3-18。

表 3-18　设计部门考核指标

绩效考核指标	计算方法
项目设计完成率	$\dfrac{\text{按时设计完成项目数量}}{\text{同期设计项目总数}} \times 100\%$
人均图纸产量	$\dfrac{\text{交付图纸数量}}{\text{当期平均人数}}$
设计方案一次性通过率	$\dfrac{\text{一次性通过的方案数量}}{\text{提交审核的设计方案总量}} \times 100\%$
设计完成项目设计方案总数	考核期内已经通过审核的设计方案总数
设计制作出错率	$\dfrac{\text{设计制作规范页数}}{\text{制作总页数}} \times 100\%$
设计资料完整率	$\dfrac{\text{已具备的设计资料数}}{\text{应具备的设计资料数}} \times 100\%$
客户满意度	接受随机调研的客户对设计水平满意度评分的算术平均值

3.6.10　市场营销部门考核指标

市场营销部门考核指标见表 3-19。

表 3-19　市场营销部门考核指标

绩效考核指标	计算方法
销售额	考核期内全部销售收入总计
销售量	考核期内全部销售数量总计
营销计划达成率	$\dfrac{\text{营销实际完成销售额或销售量}}{\text{营销计划销售额或销售量}} \times 100\%$
销售增长率	$\left(\dfrac{\text{当期销售额或销售量}}{\text{上期（或去年同期）销售额或销售量}} - 1\right) \times 100\%$
市场占有率	$\dfrac{\text{当期企业某种产品的销售额或销售量}}{\text{当期该产品市场销售总额或销售量}} \times 100\%$
实际回款率	$\dfrac{\text{当月实际回款金额}}{\text{当月计划合同回款金额+往期应收欠款}} \times 100\%$
销售费用预算	在销售过程中发生的、为实现销售收入而支付的各项费用
坏账率	$\dfrac{\text{坏账损失}}{\text{主营业务收入}} \times 100\%$

续表

绩效考核指标	计算方法
促销效果评估	通过一般综合投入产出比评估法、销售增量回报比评估法、效益增量回报比评估法三种方法进行评估 1. 投入产出比评估法促销效果 $= \dfrac{促销费用}{促销产出} \times 100\%$ 2. 销售增量回报比评估法促销效果 $=$ $\left(1 - \dfrac{促销费用}{促销前后的销售差值}\right) \times 100\%$ 3. 效益增量回报比评估法促销效果 $=$ $\left(1 - \dfrac{促销费用}{促销前后的毛利差值}\right) \times 100\%$
新品（重点推介商品）销售收入百分比	$\dfrac{新品（重点推介商品）销售回款金额}{实际回款金额} \times 100\%$
市场拓展计划完成率	$\dfrac{实际完成量}{计划完成量} \times 100\%$
策划方案成功率	$\dfrac{成功方案数}{提交方案数} \times 100\%$
市场推广费用控制率	$\dfrac{实际推广费用}{计划推广费用} \times 100\%$
推广活动效果	$\dfrac{每次活动效果得分之和}{活动次数} \times 100\%$
推广活动销售增长率	$\left(\dfrac{活动后当月销售额或销售量}{活动前当月销售额或销售量} - 1\right) \times 100\%$
市场调研任务达成率	$\dfrac{实际完成的市场调研数量}{计划完成的市场调研数量} \times 100\%$
品牌市场价值增长率	品牌市场价值数据经第三方权威机构测评获得
广告投放有效率	$\dfrac{广告费用增长率}{销售收入增长率} \times 100\%$
媒体正面曝光次数	在公众媒体上发表宣传公司的新闻报道及宣传广告的次数
媒体满意度	接受调研的媒体对市场部工作满意度评分的算术平均值
企划任务按时完成率	$\dfrac{按时完成企划任务数}{企划任务计划完成数} \times 100\%$
危机公关处理及时率	$\dfrac{危机公关处理后通过对受众、领导进行问卷调查的满意度得分}{规定的分值} \times 100\%$

续表

绩效考核指标	计算方法
公关单位及媒体满意度	接受调研的公关单位、媒体对企划部工作满意度评分的算术平均值
广告宣传计划按时完成率	$\dfrac{按时完成的广告项目数}{广告项目总数} \times 100\%$
广告策划方案通过率	$\dfrac{已通过的广告方案}{制作的广告方案总数} \times 100\%$
千人成本	$\dfrac{一期广告成本}{该期广告受众规模} \times 100\%$
广告成功度	广告的创意度、偏好度、促购度、理解度、印象度等受众综合满意程度，由广告部或第三方调查公司抽样调查后获得的相关数据
广告认知度	受众对广告和广告产品的认知程度，通常由企业或专业调查机构根据问卷调查的认知度评分计算得出
公关传播计划完成率	$\dfrac{实际完成的项目数量}{计划完成的项目数量} \times 100\%$
公关策略目标实现率	$\dfrac{公关策略目标实现数}{公关策略目标计划实现数} \times 100\%$
公关效果评估报告提交及时率	$\dfrac{公关效果评估报告提交及时数}{公关效果评估报告提交总数} \times 100\%$
大型活动组织的次数	以公共关系传播为目的，有计划、有步骤地组织大型社会专题活动的次数
危机公关处理认可度	相关公共关系危机处理的社会公众的认可度抽样调查评分的算术平均值
媒体正面曝光次数	在公众媒体上发表的正面宣传公司的新闻报道及宣传广告的次数
品牌市场价值增长率	品牌市场价值数据经第三方权威机构测评获得
企业美誉度	大众心中的企业及其产品的品牌形象和市场地位

3.6.11 销售部门考核指标

销售部门考核指标见表 3-20。

表 3-20 销售部门考核指标

绩效考核指标	计算方法
销售额/销售量	考核期内各项业务销售收入总计/销售数量总计
销售计划达成率	$\dfrac{实际完成的销售额或销售量}{计划销售额或销售量}\times100\%$
年销售增长率	$\dfrac{当年销售额-上一年度销售额}{上一年度销售额}\times100\%$
新产品销售收入	考核期内新产品销售收入总额
核心产品销售收入	考核期内核心产品销售收入总额
销售回款率	$\dfrac{实际回款额}{计划回款额}\times100\%$
销售费用节省率	$\dfrac{销售费用预算-实际发生的销售费用}{销售费用预算}\times100\%$
坏账率	$\dfrac{坏账损失}{主营业务收入}\times100\%$
新增客户数量	考核期内新增合作客户数量
市场占有率	$\dfrac{当前产品销售额或销售量}{当前该产品市场销售额或销售量}\times100\%$
渠道库存量控制	渠道库存量控制在适当范围内，具体标准量根据具体实际设定
新增渠道成员数量	考核期内新开发销售渠道成员数量
渠道满意度	渠道满意度的高低，可以通过渠道调查来实现，比如通过第三方调查机构
代理商培训计划完成率	$\dfrac{实际完成的培训项目(次数)}{计划培训项目(次数)}\times100\%$
新产品利润率	$\dfrac{新产品销售净利润}{新产品销售总收入}\times100\%$
核心产品利润率	$\dfrac{核心产品销售净利润}{核心产品销售总收入}\times100\%$
促销计划完成率	$\dfrac{实际完成的促销次数}{计划促销次数}\times100\%$
（因促销活动）销售增长率	$\left(\dfrac{活动后当月销售额或销售量}{活动前当月销售额或销售量}-1\right)\times100\%$

续表

绩效考核指标	计算方法
促销费用节省率	$\dfrac{促销费用预算-实际发生促销费用}{促销费用预算}\times100\%$
宣传品制作完成率	$\dfrac{完成宣传品制作种类}{计划宣传品制作种类}\times100\%$
促销方案预期目标达成率	$\dfrac{经验证达到预期目标的促销方案}{促销活动方案总数}\times100\%$
出口产品销售收入	考核期内出口产品的销售收入
出口量	考核期内出口商品的数量
出口任务达成率	$\dfrac{考核期内实际完成的出口额}{考核期内计划出口额}\times100\%$
出口利润率	$\dfrac{出口销售收入-销售成本-销售税金及附加}{出口销售收入}\times100\%$
出口收汇率	$\dfrac{在一个考核期内应当收汇核销的出口额中已经收汇核销的金额}{该考核期内应当收汇核销的出口额}\times100\%$
交单率	$\dfrac{在一个考核期内所领取的核销单中已交回的存根份数}{该考核期内所领取的核销单份数-已注销份数（不含挂失份数）}\times100\%$
客户满意度	接受调研的客户对出口部服务满意度评分的算术平均值
进口计划按时完成率	$\dfrac{实际完成进口额或数量}{计划完成进口额或数量}\times100\%$
单位进口成本降低率	$\dfrac{单位进口成本降低额}{单位进口成本预算额}\times100\%$
进口索赔事件发生次数	考核期内因进口质量原因发生索赔事件的次数
进口供应商履约率	$\dfrac{供应商合同实际履约数}{供应商合同应履约总数}\times100\%$
因贸易争议处理不当造成的经济损失	考核期内因贸易争议处理不当造成的经济损失金额
供应商的满意度	接受调研的供应商对进口服务满意度评分的算术平均值

3.6.12 客户服务部门考核指标

客户服务部门考核指标见表 3-21。

表 3-21 客户服务部门考核指标

绩效考核指标	计算方法
呼叫中心业务计划完成率	$\dfrac{业务计划实际完成量}{业务计划完成量}\times100\%$
服务费用预算控制率	$\dfrac{服务费用开支额}{服务费用预算额}\times100\%$
客户调研计划完成率	$\dfrac{客户调研计划实际完成量}{客户调研计划完成量}\times100\%$
呼叫中心服务流程改进目标完成率	$\dfrac{改进目标实际完成量}{改进目标计划完成量}\times100\%$
客户满意度	接受调研的客户对客服部工作满意度评分的算术平均值
转接率	$\dfrac{转接电话数}{全部接通电话数}\times100\%$
呼叫数	指所有打入 / 打出中心的电话，包括受到阻塞的、中途放弃的和已经答复的电话
呼叫放弃率	$\dfrac{放弃电话数}{全部接通电话数}\times100\%$

3.6.13 信息部门考核指标

信息部门考核指标见表 3-22。

表 3-22 信息部门考核指标

绩效考核指标	计算方法
办公自动化建设目标达成率	$\dfrac{办公自动化建设目标达成数量}{办公自动化建设目标总数}\times100\%$
电脑系统运行完好率	$\dfrac{电脑系统正常运行时数}{电脑系统标准运行总时数}\times100\%$
电脑设备维护保养及时率	$\dfrac{电脑设备维护保养及时次数}{电脑设备计划维护保养总次数}\times100\%$
故障处理及时率	$\dfrac{故障处理及时数量}{故障总数}\times100\%$

绩效考核指标	计算方法
信息档案完整率	$\dfrac{信息档案完整数}{信息档案总数}\times100\%$
电脑采购计划完成率	$\dfrac{按时完成的采购数量}{电脑采购计划总量}\times100\%$
电脑培训计划完成率	$\dfrac{电脑培训完成总课时数}{电脑培训计划课时数}\times100\%$
信息化建设目标达成率	$\dfrac{信息化建设目标达成数}{信息化建设目标总数}\times100\%$
网站开发建设计划完成率	$\dfrac{网站开发建设计划完成量}{网站开发建设计划总务量}\times100\%$
网络维护及时率	$\dfrac{网络维护及时的次数}{网络维护总次数}\times100\%$
网络系统运行完好率	$\dfrac{网络系统正常运行的总时数}{网络系统标准运行总时数}\times100\%$
网络安全性	考核期内发生网络系统受到安全威胁,并对企业造成一定影响的次数
网站用户满意度	对客户进行随机调查的网站满意度评分的算术平均值
系统和网络故障处理及时率	$\dfrac{故障处理及时的次数}{故障总次数}\times100\%$

3.6.14　投融资部门考核指标

投融资部门考核指标见表 3-23。

表 3-23　投融资部门考核指标

绩效考核指标	计算方法
投资预算编制及时率	$\dfrac{规定时间内完成预算编制的次数}{预算编制的总次数}\times100\%$
投资计划完成率	$\dfrac{实际投资额}{计划投资额}\times100\%$
投资预算控制率	$\dfrac{当期实际发生的投资费用额}{投资费用预算额}\times100\%$
投资回报阶段目标达成率	$\dfrac{回报目标实现数}{目标总数}\times100\%$
项目研究报告的准确性	项目评审过程中发现项目研究报告的出错次数

续表

绩效考核指标	计算方法
投资项目运行监控报告提交及时率	$\dfrac{规定时间内提交报告的次数}{报告提交的总次数}\times100\%$
投资方案通过率	$\dfrac{方案通过数量}{方案制定总数}\times100\%$
信息披露及时率	$\dfrac{信息披露及时的次数}{信息披露的总次数}\times100\%$
各类材料制作合规性	因对外信息披露的相关材料、上报证管办及政府主管部门材料不符合相关规定而被退回的次数
季报、半年报、年报编制的及时率	$\dfrac{规定时间内完成编制的次数}{需完成编制的总次数}\times100\%$
股东大会筹备满意度	与会股东对股东大会筹备的满意度评价的算术平均值
配股、分红等方案的通过率	$\dfrac{文案通过数量}{文案总数}\times100\%$
投资咨询答复及时率	$\dfrac{答复及时的次数}{须答复的咨询总数}\times100\%$
融资总额	企业运用各种方式向机构或个人筹集资金的总额
融资计划完成率	$\dfrac{实际融资额}{计划融资额}\times100\%$
渠道拓展计划达成率	$\dfrac{新拓展渠道数}{原有渠道数}\times100\%$
融资成本降低率	$\dfrac{预算成本的实际成本}{预算成本}\times100\%$
融资周期	完成某项融资项目所需要的时间
融资报告通过率	$\dfrac{报告通过数量}{报告总数}\times100\%$
融资分析报告提交及时率	$\dfrac{报告提交及时的次数}{报告提交的总次数}\times100\%$

 ## 3.7 平衡计分卡到底好用吗?

平衡计分卡这个概念火了很多年,很多培训课程都在讲,但是特别乱。例如,它的称呼有平衡记分卡、平衡积分卡、平行记分卡,乱得让人不知道哪一种说法是正确的。别看它火,到了应用层面,我发现很少有公司真的落地执行。

哪怕真的落地执行的，也改得与概念相去甚远，为什么会这样呢？什么样的改动才能让平衡计分卡真的落地呢？

平衡计分卡的设计包括四个角度：财务角度、客户角度、内部流程角度和学习与成长角度，这四个角度分别代表一个公司运作下的三方利益：股东、客户和员工。只有这三方三赢才能让一个公司长治久安。

3.7.1　平衡计分卡的四个角度

1. 财务角度

财务数字是一个公司生存最为核心的指标，让公司盈利也是首要目标。即使是创业公司财务数字不看利润，但其他财务指标始终是股东最关注的点。

平衡计分卡的指标包括营业收入、投资回报率、毛利润等。对于创业公司而言，可能是销售额的增幅或现金流量等。

2. 客户角度

客户的评价自然很重要，指标通常包括客户满意度、客户保持率、客户获得率、客户盈利率、续约率等。通过客户的评价改进产品，才是正道。

3. 内部流程角度

高效的内部流程能够提高一个公司的运作效率和竞争力。很多公司刚开始的时候，产品好，客户反馈之后改进也快。但公司一旦大了，员工规模扩大，管理职级增多，就变得干什么都慢，慢的原因就是内部流程问题。如何让一个公司规模扩大的同时反应速度依然快速？那就是流程管理必须要好。

4. 学习与成长角度

员工是公司发展的基础。如果员工和公司共同成长，公司的招聘压力就小了很多，所以在建立公司管理制度的时候，从员工角度考虑很重要。

3.7.2　平衡计分卡的设计流程

（1）以公司的战略为核心，依据组织结构转化为下属各责任部门在财务、客户、内部流程、学习与成长等方面的具体目标，并设置相应的四种计分卡。

（2）各部门分别对财务、客户、内部流程、学习与成长这四种目标设置对应的评价指标体系，这些指标与公司战略有关系，分成先行与滞后两种形式，以此来平衡公司长短期目标、内外部利益，以及综合战略管理所涉及的财务和非财务信息。

（3）由公司和各个职能部门负责人共同确定各项指标的具体评价标准。一般是将各项指标的预算值与实际值进行比较，对应不同范围的差异率，设定不同的评分值。以评分的形式，定期考核各职能部门在财务、客户、内部流程、学习与成长等四个方面的目标进度，过程中也要对目标实时调整，毕竟计划赶不上变化。

（4）总结各个岗位所涉及的角度，设计岗位平衡计分卡。

3.7.3　平衡计分卡为何不太好应用？

平衡计分卡的设计流程真的落地的话，很难操作，因为它和大部分公司的绩效逻辑是不一样的。正常的逻辑是以财务指标为主做绩效目标，然后指标优化靠内部管理和客户反馈，最后绩效改进靠学习与成长。但是非要把这些放在同一个时期、同一个高度，就很难操作。就好像做菜本来应该是 10 克油、150 克肉、300 克蔬菜、2 克盐，炒制顺序是先放油，再放肉，然后放蔬菜，最后放盐，这样菜品可口。但如果非要重量一致、时间点一致，300 克油、300 克肉、300 克蔬菜、300 克盐同时下锅，菜品的味道怎样呢？说白了，这四个因素本来在重要性上就不平衡，怎么做平衡计分卡？如果做成不平衡，那不就是 KPI 了吗？

所以，平衡计分卡的思想是对的，但是一点都不实用。它可以作为公司战略规划的模型，但是把它和人力资源战略或者绩效体系挂钩，就不对了。

平衡计分卡的火爆源于各种线下培训和知识分享平台。这一类场合，高大上的东西特别容易带动气氛，所以很受讲师的欢迎。不知道你有没有过这种感觉：参加一场活动，现场觉得讲得很有道理，干货满满，回家之后一琢磨好像什么都没学会，甚至学会之后到公司一应用却发现漏洞百出。概念和实操还是有非常大的差距，我们要擦亮双眼。

3.8 360 评测怎么做?

在工作中,大家的表达都是非常保守的,尽量说好话,不制造矛盾,甚至有些时候即使有意见也不会直接说。这就可能导致员工对自己的定位不准确,人际关系中容易出现误会。本来这些人际关系的事情不该人力资源插手,但是团队和谐和员工定位直接影响团队与公司的运作效率,那就得人力资源管管了。

3.8.1 360 评测角度

360 评测其实就是搭建一个平台,让大家可以没有负担地说真心话,反馈自己的意见。360 评测以员工个人为单位,其结果也是员工了解自己真实评价的最好机会,对认清自己并及时调整状态和做事方法非常有帮助。360 评测角度示意图见图 3-4。

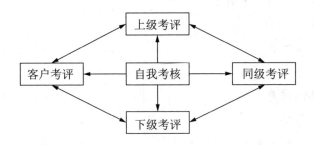

图 3-4 360 评测角度示意图

360 评测要分别收集以下几个角度的评价反馈。

1. 上级管理者评价

● 工作态度。

● 工作能力。

● 发展潜力。

● 主要缺点。

● 需要改进的方面。

● 是否需要转岗。

2. 下级下属评价

● 管理能力。

- 资源协调能力。
- 团队氛围经营能力。
- 能力信服度。
- 需要改进的方面。
- 是否愿意继续在其管理下工作。

3. 平级同事评价

- 工作能力。
- 沟通能力。
- 责任担当。
- 性格契合度。
- 对团队的正负面影响。
- 需要改进的方面。
- 是否愿意继续与其共事。

4. 本人自我评价

- 岗位契合度。
- 工作压力。
- 资源协调问题。
- 自身优劣势。
- 需要改进的方面。
- 是否想继续在此岗位上工作。

5. 跨部门合作评价

- 工作能力。
- 沟通难度。
- 需要改进的方面。
- 是否愿意下次合作与其对接。

6. 外部客户评价

- 工作能力。
- 沟通能力。
- 需要改进的方面。
- 是否愿意继续让其提供服务。

仅从指标上来看，360 评测和绩效评测的最大区别就是一个以主观评价为主，一个以客观评价为主，双方是互补的关系。从用人的角度来说，很多能力素质是客观指标很难表现出来的，比如理解能力、沟通能力、性格契合度、勤奋度、上进心、潜力，所以 360 评测指标的选择要看公司比较关注哪些客观指标很难计算出来的素质。指标不要太多，否则员工在评价过程中就会有疲劳误差；指标太少也很难准确评测。一般来说，一个维度五个指标是最合适的。

3.8.2　360 评测方式

比较常用的 360 评测方式有两种：描述匹配和开放撰写。

1. 描述匹配

描述匹配是将指标向某一极端描述，让评价者选择是否符合。比如，与该员工沟通让你感到气氛融洽，该员工在工作中能够准时完成自己部分的工作，该员工在工作中主动承担责任、不推卸。

评价者面对这些描述可以选择非常符合、较符合、符合、较不符合、极不符合。为了防止大家在评价过程中不说实话，可以另外找几个指标，换一种描述再问一次，也可以换种说法，还可以反向极端描述。比如与该员工沟通让你感到气氛融洽这个指标，可以换成以下三种说法：

- 与该员工沟通工作效率很高，无须重复解释。
- 与该员工沟通经常遇到卡壳情况，要多次反复解释。
- 与该员工沟通时常感到心累、疲惫。

指标的描述尽量口语化，贴近日常工作，让员工有一种身临其境感。如果同一个指标问了两次，得到的答案相悖，那事有反常，必有蹊跷。这就是下一步去探寻的关键着眼点。

2. 开放撰写

开放撰写就是给出题目，让评价者直接写。但是开放撰写的缺点非常明显，评价整理太麻烦了，就像统计选择题成绩结果和作文成绩结果的工作量不是一个量级。开放评价的优点在于没有束缚，也许能够得到很多我们自己都没想到的角度和评价，所以它适合小公司使用。

360 评测最难的不是评测内容，而是评测方式，要让员工放下心防，说出真话，所以在形式上一定是匿名的。随着互联网科技越来越发达，做一个匿名的投票系统也不算难事。但以公司名义做评测，再匿名也很难被信任，这就是为什么很多公司找第三方机构来做。信任需要一个过程，员工最开始肯定是小心翼翼，担心打击报复，但如果次数多了，信任建立了，就会放开。

3.8.3　360 评测结果反馈

评测结果统计、总结之后，反馈给员工个人。总结有几个关键点需要注意。

1. 统一语言风格

为了对评价者身份保密，评价一定不能直接展示原文，这有点像古代科举的誊抄。

2. 优点多做描述，缺点尽量简洁精准

先把此次评测总结的优点大书特书，让员工心情好一点之后再说缺点，员工更易于接受，所以优点可以多做描述，形容词、感叹词都可以用。但对于缺点，要简单粗暴，准确点明，越容易理解越好，让员工意识到自己的不足并进行调整，才是评测的关键。

3. 需要改进的点按重要性排序

总结下来，需要改进的方面应该不少，按照重要性排序能够更好地引导员工逐步改进，毕竟不可能瞬间改进，要有轻重缓急，有的放矢。

反馈给员工之后，公司也要观察其改进效果。如果多次评测发现需要改进的点都还是没改，就要加大力度进行鞭策，或者使用行政手段。

360 评测是一个非常好的员工反馈平台。如果公司有精力的话，最好还是做一做。它不是一个必需品，但绝对能够有效地帮助员工改进和提升自己，为公司更好地工作。同时，多做这种能够有效提高公司内部素质的评测，能让公司对人力资源部门的效能有新的认知，不能老让大家觉得人力资源只会发薪酬和招聘。

 ### 3.9　激励机制真的是越细越好吗？

有一次，我和一个朋友聊咨询流程，谈及绩效搭建的时候，她问我："岗位绩效是不是越细越好？"

按照传统思维，自然是越细越好。精密，看着就高级。错啦！真不是。这得看你公司的规模。一般来说，把绩效体系做得特别细的公司，规模都很大，岗位多，人也多。绩效做细的目的是标准化、好管理。

记得当年看《亨利·福特传》，书里写到公司的规定，连一个螺丝到底拧几下都有详细说明。我当时觉得它好无聊啊，强迫症吧。但是如果公司有一万多人在拧螺丝，就很有必要了。

当你的管理很难触及每个人的时候，标准化就很重要，绩效体系同理。举个例子，你所在公司的财务人员超过 500 人，还分散在全国各地，那么一套严密的可量化的绩效考核标准，能使你不用接触每个人就可以直观分辨谁做得好、谁做得不好，同时还能约束员工行为，很美好。

那既然量化，就得全面。如果你只考核数量，质量肯定不行，那就不用想。只考核数量和质量，难的工作一定没人做，而是都去抢简单的做。只考核数量、质量和难易，那工作效率一定下降。没辙，那就考核时间吧。……经过无数次的改变，一套复杂的考核体系就诞生了。

复杂的绩效体系，不是设计时就想得那么复杂，而是执行中发现问题，接着不断添砖加瓦造就的，所以，想好再开始做。

很多 HR 问我怎么设计一套完善的细致的绩效考核体系。我想说，不必那么费劲，简单设计一套，然后直接实行。员工会帮你发现漏洞。有些人问，那小公司的绩效体系弄严密一点有什么不好？我们虽然小，但我们心大！那绝对不行！为什么？大公司的岗位非常齐全，每一个岗位做好本岗位的事情就行了，也就是大家常说的螺丝钉文化，这时候，考核单一岗位的职责绩效是可行的。但假设公司小，岗位本来就各种兼任，一个人负责三个岗位，还得下班兼职清洁工，该用哪个岗位考核他？

举个例子，公司相对比较小，行政和人力专员就一个人。老板当时让我们用人力岗位去考核他，觉得人力的职能更容易量化。那行，就考核招聘周期、offer 数量和发薪数据准确度等。结果两个月之后，老板让我们赶紧把这个考核撤了，为啥？自打这么考核，老板让他干点行政的活，他就不用心了。所以对于小公司，激励机制还是灵活点吧。如果觉得不能约束到员工，领导就多盯着点，毕竟人少盯起来也没那么难。

3.10 绩效沟通要重视

绩效沟通被很多公司搞得有点走过场了，而且毫无真材实料的反馈，完全属于耽误时间。其实，绩效沟通对于绩效体系的可持续发展非常重要，能够获取很多优化绩效体系的方向和问题点。那应该怎么做好绩效沟通呢？

3.10.1 绩效沟通的目的

每一次完成绩效考核结算，我们都应该找到员工，进行绩效沟通，主要目的有以下五个。

1. 对被评估者的表现达成一致的看法

绩效考核很难全方位地考核每一个员工所有的表现，毕竟考核指标有限，所以很容易出现员工对结果不满或者误解的现象。及时进行沟通和澄清，对于公司和员工来说都是好事，否则误会加深，后续很难处理。这时候也要收集员工对于绩效考核有意见的点。

2. 使员工认识到自己的成就和优点

考核结果一出来，成绩肯定有好有坏，就像学校的期末考试一样，目的之一是总结你的过往成果。所以公司应该和员工一起分析过去一个绩效周期的成就和优点，让员工知道怎么做是公司需要的，这样做几次之后就能轻车熟路，工作效率和成果都会有质的提升。

3. 指出员工有待改进的方面

除了成就之外，员工当然也会有不足。认识到过去一个绩效周期内工作上的漏洞对员工来说可能更加重要，及时发现短板并解决，绝对是提升自己的最好方式。如果员工不去总结，同一个错误一直犯，甚至自己都不知道自己做的是错的，就非常不利于员工的成长。

4. 制订绩效改进计划

发现了不足之后，不能仅仅列出来，还要提出改进计划。有的不足，员工自己可以改进；有的不足，需要公司提供相应的支持。比如，英语水平不过关，公司可以帮忙安排培训；销售绩效不佳，公司可以安排经验丰富的老销售带一带新员工，这样比新员工自己去改进，效率高很多，同时新员工也能感觉到公司在帮助自己成长，有助于加深对公司的忠诚度。

5. 协商下一个绩效管理周期的目标与绩效标准

总结之后应该就是展望未来了。员工是会成长的，所以绩效也不能一成不变，要求肯定是越来越高，越来越全面，同时也对应更好的薪酬水平。与员工一起制定下一个绩效周期的目标和绩效标准，这样的绩效提升比公司直接硬性下放效果会好很多。

3.10.2　访谈者要做的准备

1. 选择适宜的时间

时间最好是在绩效结算之后一周内进行，这样记忆比较清晰。最好不要安排在下班之前，这样很容易仓促结束。

2. 准备适宜的场地

场地选择是有讲究的，最好不是在被访谈员工日常所在的办公区。远离熟悉的场景，人会更专注一些。

3. 准备面谈的资料

绩效沟通是项非常繁重的工作，因为员工人数比较多，所以最好提前一天熟悉要访谈员工的资料，以免临场查阅耽误时间。另外，如果你在访谈过程中对被访谈者的情况非常了解，对方对你的信任度会加分。

4. 对待面谈的对象有所准备

每个人的情况不一样，不一定所有人都要全面访谈，要有轻有重。

5. 计划好面谈的程序

首先，计划好如何开始。接下来，计划好绩效反馈面谈的过程，也就是先谈什么、后谈什么。最后，计划好在什么时候结束面谈以及如何结束面谈。

3.10.3　绩效沟通十项原则

1. 建立和维护彼此之间的信任

现在很多公司的绩效沟通形同虚设的原因就是员工什么实话也不敢说，害怕被打击报复。如果想要获取最真实的员工心声，必须获取他的信任。信任需要累积，一般来说前几次访谈索然无味，很多公司就放弃了。其实绩效沟通和减肥一样，前期费很多力气都没有什么成效，但当你坚持下去，就会从员工的口中听到很多爆炸性信息。

2. 清楚地说明面谈的目的

起初，访谈容易变成闲聊，原因是员工不知道你想干什么。所以在访谈开始前一天，最好发一封邮件告知员工访谈的目的，便于员工想想第二天说什么，提前组织一下语言。

3. 鼓励员工说话

让员工多说。员工说的话越多，你获得的信息越多，从中可以提取出非常多的关键信息。

4. 认真倾听

一定不要心不在焉，要认真听、认真记。这样做，一方面，让员工觉得自己受到尊重，会说得更多；另一方面，这是你和员工建立信任感的好机会。

5. 避免对立和冲突

绩效结算难免会有误会，别急于去和员工争论，因为他很可能不是人力资源专员，他的立场可能和你不一样。仔细听他说完，再去做相关解释。如果误会很难说清楚，就先把问题搁置，不要在现场争论。

6. 集中于绩效，而不是性格特征

绩效沟通讨论的是绩效考核，就事论事，千万不要跑题，尤其是不要谈论同事的问题。一旦上升到人性，谁都说不清楚。

7. 集中于未来，而非过去

发现问题后就解决问题，无论怎么说，过去都没法重来，要更多地着眼于下个周期，所以访谈至少要用 70% 的时间聊改进计划和下个周期的绩效标准。

8. 优点和缺点并重

别光聊问题，气氛太压抑。优点也要毫不吝啬地夸。夸要讲究技巧，上来一顿夸，那会显得非常油腻和虚伪。要在气氛稍稍有点压抑的时候，小夸一下，带动情绪。同时，要让员工知道他的哪些行为从公司的立场来看属于优点，因为每家公司对于人才的要求都不一样。

9. 该结束时立即结束

绩效沟通最好不要拖太久，需要了解的内容弄清楚就结束，言多必失。不是所有问题都需要在绩效沟通时讨论清楚。作为人力资源，很多事情还是需要反馈给部门领导去解决。

10. 以积极的方式结束面谈

无论绩效沟通的过程是欢乐的还是冰冷刺骨的，最后一定要做一个积极的结束，让员工能够以一个好的心态面对下一个考核周期。

小贴士

现在国内各行业发展这么快，三年就发生翻天覆地的变化，而公司绩效体系十年没变，这方面可不能讲究情怀。很多公司的绩效体系运行几年就转不动了，说白了就是缺乏维护。你说要维护的时候，对方可能会问："我依据什么维护啊？"绩效沟通就是维护的素材，就像感情需要经营，绩效也需要。

3.11　绩效结果的隐藏应用——个人发展计划

辛辛苦苦做完了绩效结算，这个结果有什么用呢？

3.11.1　绩效结果的应用

- 用于报酬的分配和调整。
- 用于职位的变动。
- 作为员工选拔和培训的标杆。
- 用于员工培训与发展的绩效改进计划。

前三个很好理解，第四个貌似很多公司没做。这就是现在的一个怪圈，我们总在招聘市场上追求更好的人才，但忽略了自己公司内部老员工的成长。其实，成熟的员工培训与发展的绩效改进计划是公司的必修课。

3.11.2　个人发展计划

个人发展计划（IDP，Individual Development Plan）指根据员工有待发展提高的方面制订的一定时期内完成有关工作绩效及工作能力改进和提高的系统计划。

1. 个人发展计划主要包含的内容

● 需要改进的项目。

● 为什么要改进这些项目。

● 希望达到的程度。

● 如何改进。

● 周期。

最好是部门领导和员工一起制订内容，人力资源只要居中协调，这样有利于后期的执行和监督。

2. 个人发展计划的制订流程

（1）绩效后沟通。绩效沟通中发现的问题就是需要改进的点，这就是绩效沟通重要的原因。

（2）找到员工绩效方面存在的差距并分析其中原因。

（3）共同商议，定下发展计划。这类计划千万别一言堂，容易搞得不切实际，没法施行。要了解员工的想法，但员工肯定有自我保护意识，给出的反馈必然比较保守，最后我们将反馈稍微拉高一下就行。

（4）确定期限和发展目标。和绩效体系一样，个人发展计划也是有目标和期限的，这样才好评估最后的成绩。

（5）确定改进过程中需要的公司资源支持。从公司的角度为员工提供相应的支持、培训资源或者转岗。

（6）实行中，进行定期监控。确定完个人发展计划后，要定期确定一下进展，否则绝对白费工夫。可以参照表 3-24。

表 3-24　个人发展计划表样表

有待提高的能力	原因或动机	目前水平	期望水平	措施与需要的资源	主管评价	客户评价

个人发展计划是公司可持续发展的必修课，千万不要小看它。它制订起来非常简单，内容不复杂，还能加深员工和公司之间的依赖感，何乐而不为呢？如果对效果和流程执行有疑虑，可以先在某些部门试点。

3.12　令人厌恶的激励方式

前文我们讲了正面积极的激励方式，从客观角度来说，也必须得说点让人厌恶的激励方式，这样你才能避开雷区。在以往做项目的过程中，我做了无数次员工访谈。为了发现公司存在的问题，对激励机制的满意度调研是必不可少的，所以我也总结了很多员工极其厌恶的激励方式。

3.12.1　"画大饼"式的夸大激励机制

所谓"画大饼"，就是夸大奖励但最后并不兑现。这排在第一位绝不是冤枉它，我想我们每个人都或多或少有过被"画大饼"的经历。当知道承诺过的奖励并不存在的时候，员工对于公司和领导的信任度将会大幅度下降，即使不造成人才流失，也会大大降低激励机制的作用。诚然，招聘比较难，留人也比较难，但公司不能欺骗员工，否则，建立二次信任真的太难了。

在员工访谈过程中，每当员工说起类似的经历，基本上是那种不堪回首或者带有嘲笑的语气，这样的"画大饼"还不如不说。

3.12.2　"一阵风"式的激励变动

激励机制讲究一个考核周期，根据员工在考核周期的表现决定他们的最终考核成绩。这本来是人之常情，偏偏很多公司考核周期还没结束，就换了一种考核方式，或者考核指标。很多公司经常换高管和部门领导。新官上任后，很可能就是先要否定前任，为了证明自己比前任好，把之前的工作方向、绩效指标都换了。换位思考一下，员工会怎么想？辛辛苦苦地在之前的绩效考核里争取好的成绩，结果绩效指标被换掉不用。一两次可能还好，两次以上的话，员工面对新的激励指标肯定就是一种"爱咋咋地，谁知道这个什么时候又变了，努力又白费了呢？"的心态。

在员工访谈过程中，员工吐槽这种情况的时候经常说："换领导可以，但是你的激励指标能不能过一个周期再换？否则真的很难调整。"有的时候前后着重点大相径庭，比如最开始考核产品质量，大家为了达标，肯定会因为注重质量影响产量，结果你突然说要考核产品产量，那所有之前的质量改进就白费了，大家要重新调整自己的工作方式，这个过程会无端地耗费人力和物力。虽然说周期到了再更换方向也会有这样的损耗，但大家拿到了上一个周期的奖励，知道做好了会有回报，换方向的效率会高得多，工作积极性自然也提高了。

3.12.3   "点天灯"式的渺茫激励

存在这么一种激励方式，就是目标定得无比高，让人根本无法达到的那种高，给员工带来无法触及的绝望感，比如往年员工的销售目标是 100 万元，突然定个 1000 万元的目标。这类激励还不能算"画大饼"，因为"画大饼"好歹是达到了没兑现，这种激励兑不兑现你都没机会知道。对于员工来说，这种激励到底会给什么样的激励回报已经不重要了，因为听到激励标准的时候，员工就已经气得头脑发蒙，一片空白了。

出现这种情况有三种原因：

● 想用高激励降低公司的绩效成本，让大家都达不到，这样就不用兑现了。

● 想用这种方式把员工逼离职，这样可以逃避劳动仲裁。

● 外行领导内行，新上任的领导根本不懂业务。

前两种虽然比较恶劣，但是至少公司的思路是清醒的；第三种，公司就要特别注意了，要尽量避免。

但是从员工的角度看，这三种中无论哪一种，都是非常令人气愤的，即使不离职也懒得努力，因为努力了也没戏。

在员工访谈过程中，面对这类情况，大家的反应都是要么离职，要么留下来。留下来的话，反正员工知道反抗也没有意义，把这个考核周期混过去就完事了。

如果公司是前两种思维，我觉得可以谨慎尝试，但人才流失的风险就得自己承担。一般来说，在这种情况还能留下的员工都是没什么能力的，有能力的早就跳槽去靠自己能力继续赚钱了，真正做到了"优汰劣剩"。

3.12.4 "走歪路"式的混乱激励

我们知道激励目标是从公司层面到部门再到岗位的，为什么用这个逻辑，不就是为了让目标一致吗？就有那种不信邪的部门定的目标不一样。全公司都在精进质量，他们却盯着怎么能提高产量。这种情况听起来不可能出现，但是绩效指标把目标分得非常细，相当于从微观的角度看目标；在调整绩效指标的时候也是从微观角度调整，那就有可能出现偏离。所谓"失之毫厘，谬以千里"，就是这个道理。所以这也提醒我们人力资源部门在定绩效指标或者在调整绩效指标的时候要记得回过头从宏观的角度审核一下，避免出现这种问题。

在员工访谈过程中，这类情况大家的反馈就是感觉和其他部门的人不在一个频道上，跨部门合作的时候有很多冲突，结果自己辛辛苦苦半天还得了一个恶人的名声，年底总结的时候部门的成绩也会受到批评。这让我想起一个段子，某天早上，妻子看到新闻里播报有辆车在高速路上逆行，这一段高速路又恰巧是丈夫每天经过的，故打电话提醒。丈夫接了电话，听了情况之后和妻子说："何止一辆车在逆行啊，这路上除了我都在逆行。"方向错了，无论你怎么努力都没有用，所以一定要小心。

3.12.5 "芝麻粒"式的抠搜激励

固浮比是大部分公司在定绩效奖金时候必须考虑的标准。一般来说，固定薪酬和浮动薪酬的比例，不同的职级、不同的职能是不一样的，基础服务职能部门的固定部分占比会比较高，中前台部门的固定薪酬占比会比较低。但是浮动薪酬占比过低也不行。举个例子，一个月薪 10 000 元的员工，如果月度绩效金额只有 1 000 元，那几乎没什么激励效果。按照经验来说，固浮比最少也要到 8 ：2，也就是 8 000 元固定薪酬对应 2 000 元绩效奖金才能初见一点效果。

绩效奖金过低会使得公司缺乏活力，这其实是一个调侃，因为如果没有绩效，员工拿"死工资"，久而久之，员工自然没有什么奋斗的欲望，因为努力和不努力，薪酬都是一样的，自然喝茶看天不着急工作了。

在员工访谈过程中，面对这类情况，大家的反馈就是没什么激情，对绩效指标的内容和评价标准都懒得提意见，甚至有些人对具体考核什么都不知道。公司辛辛苦苦搭建的绩效体系，就这么从员工的心里轻轻地走了，不带走一片云彩。

小贴士

以上五种是我在员工访谈过程中发现的最令员工厌恶的激励方式，其他的还有，但是由于占比过小或者有自身的独特性，在此就不过多赘述。写这个小节的初衷是帮大家排排雷，以便在做绩效体系的时候躲开这些坑。

但是有一点要说明，对于上述令人厌恶的激励情况，公司在搭建绩效体系的时候初衷并不是这样的，问题就出现在搭建完成之后的落地和后期优化上。脑子里想着老虎，结果画出一只病猫。我们在搭建绩效体系的过程中会面临非常多的阻力，因此要多次妥协。也许一个美好的设想经过这些妥协之后会变得面目全非，我们要及时回头审视一下这个妥协的产物是不是真的能落地运行；如果不能，一定悬崖勒马，换一套，别将就。在绩效运行阶段，每一年记得重审并优化，别任由部门内部自己改指标。做到这两点，大概就能避免上述这些情况。

作为人力资源，我们要将公司的每一笔薪酬预算花在刀刃上，花得有价值。

3.13　负激励只能罚款吗？

做激励体系设计的时候，有正向激励，肯定也有负激励。很多人就会发愁，做负激励，如罚款，员工肯定有情绪啊！

负激励的目的是希望没有人违反公司规定，但是效果真的好吗？能达到预期要求吗？

我曾经为一个公司做过员工迟到数据分析。

这个公司的政策是迟到一次，就没有全勤奖，之后迟到不会再罚款。

图 3-5 是当月没有迟到记录的员工（只要迟到，就扣全勤奖）的迟到情况。

图 3-5　当月没有迟到记录的员工的迟到情况

图 3-6 是当月有过迟到记录的员工（迟到不罚款）的迟到情况。

图 3-6　当月有过迟到记录的员工的迟到情况

为什么不罚款，迟到的人反而少了？原因我们最后说。

首先提个问题：提高罚款金额能遏制迟到现象吗？

再看一下这家公司之前的迟到数据：迟到情况极其严重，老板看不下去了，下令迟到就罚款 100 元。效果见图 3-7。

图 3-7　罚款 100 元时员工的迟到情况

罚款 100 元，将近 40% 的人迟到。老板一看这样不行，下令涨价，迟到罚款 200 元！效果见图 3-8。

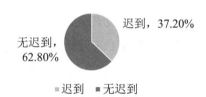

图 3-8　罚款 200 元时员工的迟到情况

这时候，老板的内心是崩溃的，还是得提价！迟到罚款 300 元！效果见图 3-9。

图 3-9　罚款 300 元时员工的迟到情况

老板慌了，急了，决定迟到一次罚 500 元。结果当月就有 21 个年轻员工离职。那该如何解决？老板崩溃地向我求救。于是我们做了一个修改，后来这家公司的迟到情况有所缓解。

什么修改？连带责任。

设置部门考勤积分制。

员工如果迟到了，迟到一次只扣罚此员工的全勤奖，部门不会被扣分。

第二次之后扣罚部门积分（此积分关系到每个月部门的总奖金包），但是不再对员工进行罚款。

毕竟之前有年轻员工离职，不再罚款的目的是让大家知道，公司惩罚迟到的目的不是罚款！

到这里，您明白了吧，真正让员工不迟到的关键不是罚款，而是责任感。

当一个人做错了事情会连带他人受到惩罚的时候，他们往往比只有自己受到惩罚时更加警觉！这就是为什么不罚款之后迟到的人反而比扣全勤奖的时候迟到的人少。

引用我最喜欢的一本经济学书《魔鬼经济学》里的一个案例。

在美国有一个幼儿园，面临一个棘手的问题，就是家长晚上接孩子总是迟到，因为哪怕还有一个孩子没被接走，幼儿园的人就都不能下班。所以老师们非常困惑，后来想到一个办法，迟到罚款 3 美元，这在当年算是不大不小的罚款额度。

结果呢？迟到问题更为严重！

原来，家长怕迟到耽误老师下班，内心愧疚，都尽量赶来，但是一罚款，家长就觉得是付费让老师帮忙多看一会儿，得，一点不愧疚了，甚至还有人问能不能包月。

后来学校没辙了，取消了罚款，希望家长能早点来，结果怎么样？迟到现象依旧没有任何改善，因为家长习惯了。

如果我是老师，我就给迟到家长看个视频。视频内容是孩子因为家长迟到，看着其他小朋友一个个被接走时流露出悲伤表情。

我相信，家长看到视频后下次就不会迟到了。

3.14 富人的烦恼——股权激励的优缺点

股权激励的热度随着前几年的创业潮蹿升，当前几乎 95% 以上的创业公司都有股权激励。如此火爆，如果回到十几年前是完全不敢想的，因为在那个年代，股权激励是上市公司的专属，这造就了股权激励高大上的气质。但其实股权激励亲民且成本低，我们来说说股权激励到底能达到什么目的。

3.14.1 股权激励的优点

1. 吸引并锁住人才

股权激励是吸引人才非常好的筹码。对小公司来说，你凭什么和大公司抢人才呢？品牌不如人家大，也不如人家那么财大气粗，那只能预支未来财富给人才，作为吸引筹码。对大公司来说，和其他竞争对手抢人的时候，股权激励是一个加分项。

股权激励对于人才保留更是利器，因为股权激励一般都有期限条款，提前离职收益极低，甚至没有收益，员工离职之前肯定得琢磨琢磨这沉没成本。

2. 降低现金流压力

预支未来财富对于发展良好的公司肯定是不划算的，但要不是没有钱，谁乐意干这个事？反过来说，我们通过预支未来财富，让公司当前的现金流压力小了很多。现金流对公司来说绝对是命门，这也是大家争相做股权激励最重要的原因之一。

3. 财散人聚，体现格局

公司通过撒出股份，将财富分给员工，同时也让员工成为公司的主人，员工从为别人打工到给自己打工，工作用心度和精气神肯定是不一样的。投资方要求创业公司全员持股就是这个原因。

古话说财散人聚，公司对员工大方一点，员工的心才能交给公司。

4. "杯酒释兵权"

公司发展过程中，每个时期需要的人才不一样，尤其是高层，创业时期需要敢打敢拼、胆大心细的人帮助公司勇于开拓；发展期，就需要擅长精益化管理，能够帮助公司梳理，稳定好内部且产出利润的人才；成熟期，需要集团化的管理人才和财务人才等。每个阶段的转换，公司都需要更选人才结构。怎么让原高管乐意交出权力，平稳交接，别产生内斗，是公司能够稳定发展的关键。具体方法就是权钱转换。用一部分现金激励加一部分股权激励来交换管理权的平稳转移，不亏。

5. 安抚老员工

新老员工薪酬倒挂的情况，80% 以上的公司都存在。如何安抚老员工，让大家心里好受一些？给予股权是最好的方式，这样老员工逐渐成为公司的小股东，一方面可以平复内心愤懑，另一方面让新员工看到未来成为老员工的好处。

3.14.2 股权激励的缺点

1. 透支公司未来财富

前期如果股权发得太狠，想把透支的补回来，付出的回购成本就会很高，虽然股权激励能够缓解当前的现金流压力，但是未来的资产是真的实打实给出去了。

2. 影响后续融资和上市

股权结构复杂是融资和上市最大的障碍，很多公司为了上市花大价钱回购股份，做一个员工持股平台能稍微缓解一下这方面的麻烦，但无法缓解的是比例的侵占，所以股权激励要理性配置。

3. 流程烦琐

股权激励设计、工商手续、员工持股平台建立、股权协议、股权变更手续、离职后的股权处理等这一系列流程耗费的人力物力非常大。所以股权激励是有门槛的，不是脑袋一热就能做出来的。

4. 股权价值不受认可

新三板上市公司的股票都不值钱，更别说创业公司股权的价值了，为什么？因为没有流动性，没有流动性就没法自由买卖，也就没有公允价值。加之前几年的资产泡沫导致公司的估值虚高，员工在接受股权激励的时候，内心都没觉得它值钱，或者说觉得价值比纸面上显示的低很多。我们曾经在员工访谈的时候问过大家关于公司股权激励价值的问题，普遍估值是纸面价值的 1/10 左右，这太真实了。员工觉得股权激励跟白纸的区别不大，尤其是创业公司。所以做股权激励的时候，员工宣贯太重要了，一定要做好，否则员工都觉得没什么价值，基本算是白做了。

总的来说，股权激励是公司发展过程中的利器，用好了能节省资金、聚拢人气，用不好就是浪费公司的未来价值。

3.15　富人的玩具——股权激励的设计流程

股权激励的搭建是个复杂的过程，在实际搭建中有很多雷区。

3.15.1　第一步：设定目标

和绩效体系设计一样，股权激励也要设定目标。涉及股权的分配比例自然要分出三六九等，要有一个标准，这个标准就是基于目标的达成度来计算。

股权激励会考虑员工过去的贡献，但更多地，或者说八成以上，要考虑的是员工未来能贡献的价值。相较于绩效体系，股权激励的目标有几大不同。

1. 目标更长远

绩效体系的目标就是下一年度，但股权激励基本是未来 5 ～ 8 年的长期目标。

2. 目标标准更高

绩效体系是基础激励，而股权激励算是高阶激励，想要拿到，自然难度更大一些。股权激励更像绩效体系中的超额激励。

3. 目标无须过于具体

股权激励目标因为涉及的时间跨度非常大，在未来的发展中不免会出现计划赶不上变化的情况，所以目标别定得太具体，否则要多次调整。

3.15.2　第二步：选择股权激励方式

股权激励方式非常多，公司应该根据需求选择最合适的方式。我介绍一下这几年用到的一些股权激励方式，包括它们的优缺点以及适用群体。

1. 实股激励

概述：非上市公司通常直接把股权卖给员工，因为非上市公司的股权不在二级市场流通，不能随意购买。当然了，一般价格比较便宜。

优点：短期可兑现，套路少，比较直接，激励性好。一般都是员工花钱买，所以知道珍惜，不会不当回事儿。

缺点：周期短，激励有效期也就短了。为了达到短期目标，有可能破坏长期平衡。

适用群体：公司高层或骨干员工。

2. 期权激励

概述：期权是一种未来的权利，一种在未来某个时期以一个固定价格购买公司额定股权的权利。举个例子，你拥有一个 3 年后以 3 元每股的价格购买公司 1 万股股票的期权。到了约定期限，如果公司股票价格高于 3 元每股，你就捡便宜了；如果低于 3 元每股，你可以无条件地选择不行使权利。所以期权基本上是稳赚不赔。

优点：公司和员工的成本都低，灵活度高，期限可以调节。

缺点：虽然直接和公司股价挂钩，但在中国公司股价一般和业绩关系不大，对员工来说有点凭运气的成分。如果公司股价和业绩关系不那么密切，管理层拿到期权激励，也不知道怎么发力，所以期权激励更是奖励性激励。

适用群体：上市公司管理层和骨干员工。

3. 股票增值权

概述：激励期间，员工可以得到定量股票因票面价值增长带来的差额收益。

优点：无须实际股权转换，所以上市公司不需要通过证监会审核。

缺点：因为要兑换现金，所以对公司的现金流有一定压力。

适用群体：不缺现金流的上市公司的任何员工。

4. 虚拟股权（股票分红权）

概述：上市公司可以用股票增值权，因为股票在二级市场有公允价值，但非上市公司就没办法了，只能选择股票分红权。

优点：无须工商登记，没有股权转换，轻量化。

缺点：对现金流有压力。

适用群体：不缺现金流的非上市公司的任何员工。

5. 股票优先购买权

概述：在非上市公司融资前和上市公司定向增发前操作，给予员工低价或优先购买公司股票的权利。

优点：公司几乎没成本。

缺点：可能引起投资方顾虑和二级市场投资者的利空预期，同时有员工短期套现风险。

适用群体：有融资行为的非上市公司和有定向增发行为的上市公司的任何员工。

6. 股权分期购买（分红偿还）

概述：公司给予员工股权，但员工无须掏钱购买，靠这一部分股权每一年的分红分期还清，还清之后股权转移到员工本人。

优点：员工无成本，公司无须在还清前进行股权转移，员工保留性好。

缺点：员工不掏钱，还清前也没有分红拿，激励感受度很低。

适用群体：非上市公司的任何员工。

7. 技术入股

概述：员工以技术为资源交换公司股权。

优点：员工没有成本，无须掏钱购买。

缺点：技术价值不好量化。

适用群体：对技术人才需求非常高，但又没有钱的公司的任何技术型员工。

8. 员工持股平台

概述：员工持股平台又称员工持股计划（ESOP, Employee Stock Ownership Plans），是员工所有权的一种实现形式，是企业所有者与员工分享企业所有权和未来收益权的一种制度安排。员工通过购买企业部分股票（或股权）而拥有企业的部分产权，并获得相应的管理权。实施员工持股计划的目的是使员工成为公司的股东。

优点：灵活性高，可覆盖的员工数量多，还能提高员工的话语权。

缺点：变现机会少，激励性不太好。

适用群体：创业公司的任何员工。

9. 限制性股票

概述：限制性股票是上市公司最常用的股权激励方式。在被激励员工达到了激励要求之后，给予公司股票，但股票不可即刻在二级市场买卖，需要到一定期限才能解禁，从而保护上市公司股东和投资者的利益。

优点：这是一种有条件、有期限的股权激励，指向性强。

缺点：股票解禁期到了，对于二级市场来说，是个非常大的利空。

适用群体：上市公司的高层和骨干员工。

这 9 种股权激励几乎覆盖了当前国内股权激励方式的 95% 以上，还有一些非常小众的奇葩方式，我就不过多介绍了，因为大部分公司根本用不上。根据公司的性质和激励群体，选择一个恰当的方式就行了。还可以将几种方式进行组合，效果会更好，但工作量会上去。这其中的平衡点根据公司能力评估即可。

3.15.3　第三步：选择合适的激励时间

股权激励的时间非常重要，决定了能不能激励到员工，且效果差距会很大。任何一个公司都会经历初创期、发展期、平稳期、巅峰期、转型期和衰退期。适合股权激励的时期是初创期、发展期和转型期。这三个都是需要发力的时期，而且它们有一个共同的特点，就是都做公司价值提升的事情。也就是说，如果发展顺利，公司的股权会越来越值钱。这种时期，股权激励会激发员工的激情，让公司发展得更好。公司发展得更好，员工手里的股权也会更值钱，因为公司和员工是利益共同体。在平稳期，公司谋求的是稳定，公司股权价值变化不大，也不需要短期发力，所以不适合做股权激励。至于衰退期，即使你乐意做股权激励，员工也不乐意。

选择合适的激励时间的第二层意思是股权激励本身的周期。根据你选择的股权激励方式，在可选择的范围内找到适合公司当前和未来预期的周期。

3.15.4 第四步：确定股权激励对象

股权激励的对象是整个项目最关键的，选择必须慎重。我见过特别多的公司，选股权激励方式和周期都非常谨慎，到了定激励对象的时候，却没有选择标准，甚至就开个会自己商定，这样做太轻率了。对于股权激励对象，有以下几个类型。

1. 对公司未来很重要

股权激励不是表彰大会，是为公司的未来储备发力班底，所以公司选定的人都是对未来很重要的人才，记在功劳簿上的人可以给，但不能给太多，不要相信"没有功劳也有苦劳"这种话。对于这些"明日黄花"，可以象征性地适当给一点股权激励，为的是让公司显得有人情味，让现在的员工觉得公司不会亏待为公司做过贡献的人，但他们绝对不是股权激励的主要对象。

2. 不会影响公平性

选定对象的时候，要考虑股权分配能不能够服众，因为股权激励和薪酬制度不一样，一般都会公示出来，没什么秘密可言，极容易引起内部问题。之前甚至出现过拿了股权的人被孤立这种极端案例，所以一定要慎重。

3. 薪酬低于市场水平

有些大腕儿来到公司，我们确实没法给他与市场水平相当的薪酬，为了留住他，股权激励就得跟上。

4. 潜力极大

每个公司都会有这么一种员工，现在的职位并不高，但潜力无限，无论是沟通能力还是学习能力都很强。公司想要留住他，不让他被竞争对手抢走，就最好趁着他现在"身价"不高时，给一点股权激励。

5. 全产业链安排

股权激励是要给公司未来留一套最稳定的班底，那么这一套班底不能"偏科"。所以在选择激励对象的时候要在各种关键职能、关键产品链节点、关键供应链节点都安排合适的激励对象。不同节点的激励力度可以不一样，但是覆盖面要全。在极端情况下，股权激励整个团队，能够把公司救回来。

3.15.5　第五步：定激励份额

对于上市公司来说，证监会都有规定，我就不多说了。因为政策经常变，所以请以证监会的规定为依据。别人谁说的都别信，就算错了，他也不会替你缴罚款。对于非上市公司，因为没有官方标准，加之很多公司第一次做股权激励这种低频率激励机制，我就有必要好好聊一下了。

1. 看同行

任何一个公司做股权激励都非常慎重，所以参考别人的成功经验是很好的选择，看看同行业的水平，同时也能通过参考自己竞争对手的做法让自己的股权激励更有竞争力，毕竟在人才市场中同行之间是竞争关系，这就是后发优势。

2. 根据岗位价值评估结果

同一批激励对象的份额分配完全可以参考公司岗位价值评估的结果，根据岗位重要性进行排序，岗位价值评估是非常全面地考虑岗位对于公司的贡献值和重要性。这么成熟客观的指标要拿出来直接用，至少作为客观依据，对于方案的说服力是有所帮助的。

3. 问个人需求

有的高管对于股权激励有自己的要求，甚至有的愿意放弃一些薪酬，所以多问问被激励对象，激励效果可能会更好。

个人需求还有一个层面，是能力素质不一样，比如有潜力的就多给点，这是在考虑了岗位价值之后的维度，优先级低于岗位价值。

4. 计算一下股权激励的价值，并与薪酬匹配

分配的额度要考虑被激励对象的薪酬水平，人家要年薪 100 万元，你股权激励价值为 5 万元，人家肯定觉得你侮辱他，辛辛苦苦折腾半天，给这么仨瓜俩枣的，激励效果不但没有，还可能起反作用。

这就引出了股权激励额度的六大原则：

● 在外部行业有竞争力。

● 在内部有激励性。

● 份额分配有公平性。

● 股权的稀缺性。

● 对公司本身有保护性。

● 全过程的合法性。

3.15.6 第六步：定股权来源

你要做股权激励，公司股权就是原料，这些原料有两种来源："稀释"和"割让"。

1. "稀释"

原则上，公司的股权永远只有100%。要做股权激励，就要给一些新人股权，但这些新股权不能凭空产生，所以公司就决定从原来的股东手里一人拿出一点，用"AA制"来解决。这样一来，所有原股东持有的股份都会相应地按照持股比例进行稀释。

2. "割让"

除了大家一起"AA制"以外，也可以从某几个股东身上直接拿出股份来，一般这种情况出现在公司第一次做股权激励的时候。公司创始人直接拿出自己股权的一部分进行分配，或者分公司做股权激励，母公司直接拿出自己持有的分公司股份进行分配。这样的话，只有拿出股份的人的股权减少，其他原股东的股权比例不变。

对上市公司来说，可以从二级市场上回购一些流动股票进行股权激励，这也算是"割让"的一种，只是割让的不是股权，而是公司的现金。

至于这两种方式中哪一种方式比较好，除了根据实际情况决定之外，我个人觉得"稀释"会好一点，原因是这样的方式不会让原股东想要坐吃山空。"我以前享受了股权激励，以后的股权激励有没有，我也无所谓"这个念头会令激励的作用大打折扣，股权激励本来是员工奋斗的起点，结果变成了努力的终点，这是公司非常不愿意看到的场景。不断"稀释"，让员工有一种"逆水行舟，不进则退"的危机感，只能不断通过努力去争取下一次股权激励的名额。这才是真正的良性循环，有利于公司人才的新陈代谢。因为不同的阶段，公司的主力人才不一样，退出了主力，股权被"稀释"，才能给新一代的人才更多的股权，这对公司的可持续发展非常重要。

3.15.7　第七步：定股权的性质

股权主要涉及的权利有分红权和决策权，这两个权利可以选择性授予，现在大部分公司是同股不同权，被限制授予的是决策权，因为决策权一旦过于分散，公司在做重大事项决策的时候会很麻烦，也容易出问题。另外，大部分员工拿股权是为了分红权，为了钱。只有一些高层的股权激励会涉及决策权。

我国《公司法》第四条规定，公司股东依法享有资产收益、参与重大决策和选择管理者等权利。除了该条之外，《公司法》在很多条文中都规定了股东的具体权利，归纳起来大致可分为以下 12 类：

- 发给股票或其他股权证明请求权。
- 股份转让权。
- 股息红利分配请求权，即资产收益权。
- 股东会临时召集请求权或自行召集权。
- 出席股东会并行使表决权，即参与重大决策权和选择管理者的权利。
- 对公司财务的监督检查权和会计账簿的查阅权。
- 公司章程、股东会会议记录、董事会会议决议、监事会会议决议的查阅权和复制权。
- 优先认购新股权。
- 公司剩余财产分配权。
- 权利损害救济权和股东代表诉讼权。
- 公司重整申请权。
- 对公司经营的建议与质询权。

3.15.8　第八步：设置股权激励授予条件

既然股权激励是为了公司未来设计的，那必须得定个目标，或者定个条件，不能随随便便授予。股权激励涉及的价值比日常绩效激励要高得多。俗话说"风险越大，收益越大"，所以股权激励的授予条件要比绩效激励苛刻很多。一般来说，授予条件包含四大方面。

1. 工作目标

工作目标肯定是首要的且所占权重最大的条件，由于考核周期长，所以一般使用财务指标进行考核。如果周期更长或者涉及外汇波动，可以用财务指标的增长率来进行考核。

2. 人才培养

一般股权激励的对象不是高管这种有管理权限的，就是业务骨干这种有技术的，他们的价值不只是把公司带到更高的层级。对公司来说，培养出一批未来的中坚力量也是很重要的。

3. 个人道德

工作目标和人才培养都没有上限，希望激励对象做得越多越好。个人道德这一项是限制项，定一个"天花板"，不能逾越，主要防止激励对象为了达到目标不择手段，给公司内部造成混乱，甚至在外部损害公司声誉。

4. 个人成长

员工和公司的雇佣关系有点像婚姻，虽然不知道婚姻是会给你带来相伴一生的幸福还是满身伤痕的愤恨，但这段关系的初衷还是希望双方都越来越好。所以在做股权激励的时候，个人成长要做进去，它的象征意义比较强，可能是为了给冷酷的协议增加一点浪漫吧。

3.15.9　第九步：定授予价值

和其他激励机制不一样，有的股权激励的类型是需要员工花钱买的。但这其实不是为了拿员工那点钱，因为授予的价值往往远低于股权的公允价值，这样做主要是怕激励对象拿了股份之后不珍惜。稍微掏出点钱来，员工的重视程度就会不一样。一般来说，虚拟股权都不需要掏钱购买，而涉及实际股权的股权和期权都需要购买。我介绍三种比较常用的确定授予价值的方式。

这三种方式都是先计算出股权的现值：上市公司按二级市场公允价值；非上市公司有估值的按估值，没有估值的按净资产。

1. 现值等价法

现值等价法指直接将股权按照现值出售给激励对象，适用于股权处于价值洼地的公司，比如即将首次公开募股、马上进行下一轮融资、马上要做资产重组。

2. 现值折扣法

现值折扣法指将股权现值折扣出售给激励对象，这种方式用得最多，占比超过 80%。一般来说，折扣比例集中在 3 ～ 5 折。公司越小，折扣力度越大。

3. 现值增值法

现值增值法指将股权溢价出售，这种方式很少有公司使用，除非短期内公司可能出现重大资产重组、收购、融资等情况。这种情况会出现在一些估值飞涨的创业公司，比如，A 轮估值 1000 万元，B 轮估值 5 亿元，在 B 轮之前给员工的股权激励，股权现值是按 A 轮估值计算的，那么因为 B 轮估值巨大幅度地增长，溢价一些还是可以的。不过这种估值增长幅度的公司，屈指可数。

3.15.10　第十步：拟定股权激励合同

法治社会，合同必须规范，否则后面很多事情非常麻烦。由于股权激励涉及的权利和义务非常多，更要将合同完善。除了股权合同外，保密协议也得做好准备。我们比较常用的模板如下，供参考。

分红股授予协议书（适用于非上市公司直接赠予的分红股激励）

甲方

名称：

法人：

地址：

电话：

传真：

乙方

姓名：

身份证号码：

户籍所在地：

现住址：

联系电话：

甲、乙双方声明：在签订本协议之前，已经仔细阅读过《××有限公司股权激励管理制度》与本协议的各条款，了解其法律含义，并出于本意接受。

为发展××有限公司（以下简称"公司"）的事业，实现员工利益与公司长远价值的和谐发展，根据《××有限公司股权激励管理制度》的有关规定，双方经协商一致，达成如下协议：

1. 本协议遵循公平、公正、公开原则和有利激励、促进创新的原则。

2. 本协议不影响乙方原有的工资、奖金等薪酬福利。

3. 本协议有效期限为×年。

4. 该计划中，甲方向乙方赠予分红股。签约当日公司的股份总数等同于注册资本数额。

5. 乙方持有的分红股每年分红一次，分红时间为每年年报正式公布后的30个自然日内。具体的分配办法由董事会按照规定执行。

6. 乙方不得将所授予的分红股用于转让、出售、交换、背书、记账、抵押、偿还债务等。

7. 在办理工商变更登记手续以前，当发生送股、转增股份、配股、增发新股等影响公司股本的行为时，董事会有权决定乙方的分红股是否按照股本变动的比例进行相应的调整。

8. 在本协议有效期内，乙方无论因何种原因退出（包括辞职、自动离职或被公司除名、辞退、开除，劳动合同期满后未续约等），其所获分红股自动失效。

9. 乙方同意有下列情形之一的，甲方有权无偿收回乙方获得的分红股：

（1）乙方因严重失职、渎职或因此而被判定负刑事责任的。

（2）乙方违反国家有关法律法规、公司章程规定的。

（3）公司有足够的证据证明乙方在任职期间，由于受贿索贿、贪污盗窃、泄露公司经营和技术秘密、损害公司声誉等行为，给公司造成损失的。

10. 甲、乙双方根据相关税务法律的有关规定承担与本协议相关的纳税义务。

11. 本协议不影响公司根据发展需要做出资本调整、合并、分立、发行可转换债券、企业解散或破产、资产出售或购买、业务转让或吸收以及公司其他合法行为。

12. 公司准备发行股票并上市或有其他重大融资安排时，乙方同意按照相关法规的要求以及公司董事会的决定，由公司董事会对其所持有的分红股进行处理。

13. 本协议是公司内部管理行为。甲、乙双方签订协议并不意味着乙方同时获得公司对其持续聘用的任何承诺。乙方与本公司的劳动关系依照《劳动法》以及与公司签订的劳动合同办理。

14. 本协议是《××有限公司股权激励管理制度》的附件合同。本协议未尽事宜，根据《××有限公司股权激励管理制度》进行解释。

15. 本协议如有未尽事宜，双方本着友好协商原则处理。对本协议的任何变更或补充需甲、乙双方另行协商一致，签署变更或补充协议书予以明确。

16. 甲、乙双方发生争议时，本协议和《××有限公司股权激励管理制度》已涉及的内容按约定解决。未涉及的部分，按照相关法律和公平合理原则解决。

17. 本协议一式两份，甲、乙双方各持一份，具同等法律效力，自双方签字盖章之日起生效。

甲方盖章：

法定代表人签字：　　　　　　　　　　乙方签字：

日期：　　年 月 日　　　　　　　　日期：　　年 月 日

有条件分红协议书（适用于非上市公司需要考核的分红股激励）

甲方

名称：

法人：

地址：

电话：

传真：

乙方

姓名：

身份证号码：

户籍所在地：

现住址：

联系电话：

甲、乙双方声明：在签订本协议之前，已经仔细阅读过本协议的各条款，了解其法律含义，并出于本意接受。

为发展××有限公司（以下简称"公司"）的事业，实现员工利益与公司长远价值的和谐发展，经双方协商一致，达成如下协议：

1. 本协议遵循公平、公正、公开原则和有利激励、促进创新的原则。

2. 本协议不影响乙方原有的工资、奖金等薪酬福利。

3. 本协议有效期限为×年。

4. 乙方所获激励分红股数为×股。

5. 乙方实际获得的激励分红股数由其各项考核指标的结果而决定。

6. 考核指标包括价值观、公司整体业绩、部门业绩、自律、品德、内部客户服务意识，以上6个指标同时考核，任何一个指标不达标，自动丧失激励资格。

7. 分红发放比例及时间由双方商定。

8. 在本合同有效期内，凡发生下列事由（包括但不限于），自情况核实之日起即丧失激励资格、考核资格，取消剩余分红。情节严重的，公司依法追究其赔偿责任并有权给予行政处分。行政处分包括但不限于停止参与公司一切激励计划，取消职位资格甚至除名。构成犯罪的，移送司法机关追究刑事责任。

（1）因不能胜任工作岗位、违背职业道德、失职渎职等严重损害公司利益或声誉而导致的降职。

（2）公司有足够的证据证明乙方在任职期间，由于受贿索贿、贪污盗窃、泄露公司经营和技术秘密、损害公司声誉等行为，给公司造成损失的。

（3）开设相同或相近的业务公司。

（4）自行离职或被公司辞退。

（5）伤残、丧失行为能力、死亡。

（6）违反公司章程、公司管理制度、保密制度等行为。

（7）违反国家法律法规并被刑事处罚的其他行为。

9. 乙方根据相关税务法律的有关规定承担与本协议相关的纳税义务，由公司代付代缴。

10. 本协议不影响公司根据发展需要做出资本调整、合并、分立、发行可转换债券、企业解散或破产、资产出售或购买、业务转让或吸收以及公司其他合法行为。

11.公司准备发行股票并上市或有其他重大融资安排时，乙方同意按照相关法规的要求以及公司董事会的决定，由公司董事会对其所持有的分红股进行处理。

12.本协议是公司内部管理行为。甲、乙双方签订协议并不意味着乙方同时获得公司对其持续聘用的任何承诺。乙方与本公司的劳动关系依照《劳动法》以及与公司签订的劳动合同办理。

13.本协议未尽事宜，由公司薪酬委员会进行解释。

14.本协议如有未尽事宜，双方本着友好协商原则处理。对本协议的任何变更或补充需甲、乙双方另行协商一致，签署变更或补充协议书予以明确。

15.甲、乙双方发生争议时，本协议已涉及的内容按约定解决。未涉及的部分，按照相关法律和公平合理原则解决。

16.本协议一式两份，甲、乙双方各持一份，具同等法律效力，自双方签字盖章之日起生效。

甲方盖章：

法定代表人签字：   乙方签字：

日期：   年 月 日   日期：   年 月 日

股权激励协议书（适用于非上市公司的限制性股权激励）

甲方

名称：

法人：

地址：

电话：

传真：

乙方

姓名：

身份证号码：

户籍所在地：

现住址：

联系电话：

根据《中华人民共和国劳动合同法》和《×× 有限公司股权激励制度》的有关规定，本着自愿、公平、平等互利、诚实守信的原则，甲、乙双方就以下有关事项达成如下协议。

1. 本协议书的前提条件

（1）乙方在 ×××× 年 ×× 月 ×× 日前的职位为甲方公司总经理。

（2）在 ×××× 年 ×× 月 ×× 日至 ×××× 年 ×× 月 ×× 日期间，乙方的职位为甲方公司总经理。若不能同时满足以上两个条款，则本协议失效。

2. 限制性股份的考核与授予

（1）由甲方的薪酬委员会按照《×× 有限公司股权激励制度》中的要求对乙方进行考核，并根据考核结果授予乙方相应的限制性股份数量。

（2）如果乙方考核合格，甲方在考核结束后 30 天内发出《限制性股份确认通知书》。

（3）乙方在接到《限制性股份确认通知书》后 30 天内，按照《限制性股份确认通知书》规定支付定金。逾期不支付，视为乙方放弃《限制性股份确认通知书》中的限制性股份。

3. 限制性股份的权利与限制

（1）本协议的限制性股份的锁定期为 × 年，从 ×××× 年 ×× 月 ×× 日至 ×××× 年 ×× 月 ×× 日。

（2）乙方持有的限制性股份在锁定期间享有与注册股相同的分红权益。

（3）乙方持有限制性股份锁定期间不得转让、出售、交换、记账、质押、偿还债务。

（4）当甲方发生送红股、转增股份、配股和向新老股东增发新股等影响甲方股本的行为时，乙方所持有的限制性股份根据《×× 有限公司股权激励制度》进行相应的调整。

（5）若在锁定期内公司上市，公司将提前通知乙方行权，将乙方的限制性股份转为公司注册股。行权价格以《限制性股份确认通知书》中规定或董事会规定为准。

4. 本协议书的终止

（1）在本协议有效期内，凡发生下列事由（包括但不限于），自情况核实之日起即丧失激励资格、考核资格，取消剩余分红。情节严重的，公司依法追究其赔偿责任并有权给予行政处分。行政处分包括但不限于停止参与公司一切激励计划,取消职位资格甚至除名。构成犯罪的,移送司法机关追究刑事责任。

◆因不能胜任工作岗位、违背职业道德、失职渎职等严重损害公司利益或声誉而导致的降职。

◆公司有足够的证据证明乙方在任职期间由于受贿索贿、贪污盗窃、泄露公司经营和技术秘密、损害公司声誉等行为给公司造成损失的。

◆开设相同或相近的业务公司。

◆自行离职或被公司辞退。

◆伤残、丧失行为能力、死亡。

◆违反公司章程、公司管理制度、保密制度等其他行为。

◆违反国家法律法规并被刑事处罚的其他行为。

(2)在拥有限制性股份锁定期间,无论何种原因离开公司的,甲方将无条件收回乙方的限制性股份。

5. 行权

(1)本协议中的限制性股份的行权期为××××年××月××日至××××年××月××日。

(2)行权价格以《限制性股份确认通知书》中的规定为准。

(3)行权权利选择:

乙方若不想长期持有,公司可以回购其股份,价格根据现净资产的比例支付或协商谈判。

乙方希望长期持有,则甲方为其注册,使乙方成为公司的正式股东,享有股东的一切权利。

6. 退出机制

(1)在公司上市及风投进入前,若持股人退股,则:

若公司亏损,激励对象按比例弥补亏损部分。

若公司赢利,公司原价收回。

(2)若风投进入公司后,持股人退股,公司按原价的150%收回。

(3)若上市后持股人退股,由持股人进入股市进行交易。

7. 其他事项

(1)甲、乙双方根据相关税务法律的有关规定承担与本协议相关的纳税义务。

（2）本协议是公司内部管理行为。甲、乙双方签订协议并不意味着乙方同时获得公司对其持续聘用的任何承诺。乙方与本公司的劳动关系，依照《劳动法》以及与公司签订的劳动合同办理。

（3）乙方未经甲方许可，不能擅自将本协议的有关内容透露给其他人员。如有该现象发生，甲方有权废止本协议并收回所授予的股份。

8. 争议与法律纠纷的处理

（1）甲、乙双方发生争议时，《××有限公司股权激励管理制度》已涉及的内容，按《××有限公司股权激励管理制度》及相关规章制度的有关规定解决。《××有限公司股权激励管理制度》未涉及的部分，按照甲方《股权激励计划》及相关规章制度解决。公司制度未涉及的部分，按照相关法律和公平合理原则解决。

（2）乙方若违反《××有限公司股权激励管理制度》的有关约定、甲方关于激励计划中的规章制度或者国家法律政策，甲方有权视具体情况通知乙方，终止与乙方的激励协议而无须承担任何责任。乙方在协议书规定的有效期内的任何时候，均可通知甲方终止股权协议，但不得附加任何条件。若因此给甲方造成损失，乙方应承担赔偿损失的责任。

（3）甲、乙双方因履行本协议或与本协议有关的事宜而产生的所有纠纷应首先以友好协商的方式解决。如双方无法通过协商解决的，任何一方可将争议提交甲方所在地人民法院解决。

9. 本协议一式两份，双方各执一份，两份具有同等法律效力，自双方签字盖章之日起生效。

甲方盖章：

法定代表人签字：　　　　　　　　　　　乙方签字：

日期：　　年　月　日　　　　　　　日期：　　年　月　日

3.15.11　第十一步：定好退出机制

股权激励直接决定了公司股权的归属，对于实打实给予真实股权的激励方式，退出机制也是非常重要的。对上市公司来说，退出机制可以让公司的股权不会过于分散；对非上市公司来说，退出机制是激励对象变现的必要途径。一般来说，股权的退出机制有以下几种。

1. 股权交易

《公司法》中关于股权交易的相关规定如下：

股东之间可以相互转让其全部或者部分股权。股东向股东以外的人转让股权，应当经其他股东过半数同意。股东应就其股权转让事项书面通知其他股东征求同意，其他股东自接到书面通知之日起满三十日未答复的，视为同意转让。其他股东半数以上不同意转让的，不同意的股东应当购买该转让的股权；不购买的，视为同意转让。经股东同意转让的股权，在同等条件下，其他股东有优先购买权。两个以上股东主张行使优先购买权的，协商确定各自的购买比例；协商不成的，按照转让时各自的出资比例行使优先购买权。

2. 股权清退

当公司出现停业、资产重组等情况，或股东觉得这个股份意义不大的时候，可以申请清退股份。

3. 违约处理

当公司出现违约，如盈利但不分红、股东权利受损等，股东可以进行法律诉讼，申请赔偿并清退股份。

当股东出现违约，如中途离职、违反保密协议、违反公司章程等，公司有权对违约股东持有的股份进行紧急清退处理。

4. 特殊情况

当股东出现死亡、失联、无行为能力等情况，公司可以将其股份进行回购，或者主持转让给其继承人或其他股东。

小贴士

本节介绍的股权激励的整个流程是我们日常搭建股权激励的真实步骤，而且是实践了很多次的，希望能给你提供参考。但股权激励里有太多公司自己的内容，需要视情况具体分析。本节中关于法律条文的引用，希望你在搭建的时候再次查阅，因为法律的调整是很常见的，要以最新发布的官方正式文件为准。

股权激励作为现代公司激励员工的重要武器，即使暂时不使用，也应该了解一下，判断何时进行这项激励。未来中国的中小型企业会更多，股权激励的出镜率会更高。

3.16 有趣的虚拟股权

近几年股权激励是很火热的激励项目，但它对公司股权结构有要求，很多传统公司望而却步，加之复杂的操作流程，对小公司来说同样遥不可及。但如果我们换个思路，也许能找到解决方案。

这事要从 2019 年初我接到一个老客户（以下简称 A 公司）的电话开始。

"喂，王总。"

"小李啊，我这公司现在遇到个比较大的问题，基层人才流失过快，有些已经工作很多年的骨干也离职了，去了互联网医疗平台。你知道我们公司的情况，很难大幅度提高人力资源预算，也想过做股权激励，但是股权结构不允许，我们没办法了，找你帮忙出出主意。"

A 公司是一家集团旗下的医疗美容机构，主做整形，其实单从薪酬水平来说已经很优厚了，毕竟这个行业利润率较高。但这两年互联网平台开始进驻此领域并用各种高薪挖角，打乱了整个行业的薪酬水平，一时间人心浮动。

我去了客户公司，分析了一下现状，毕竟了解敌我优势才好对症下药。A 公司的优势在于其集团背景，工作稳定，工作环境好，福利水平高，劣势就是薪酬水平较互联网平台低 30%。由于 A 公司的集团属性，固定薪酬必须按照集团的薪酬体系执行，因此没法调整，但员工可以申请奖金，相当于薪酬的15%。然而公司又怕员工拿了奖金之后"胃口"大了，再加上未来形势变化难测，公司很难收场。

对于形势变化，有一点不知道大家发现没有，互联网进入一个行业的最开始两年是非常混乱的。一旦两年过去，大家冷静下来分析，就会发现互联网平台的吸引力也没有想象得那么高。传统企业也不是没有优势，两年的时间点之后，人才就会出现从互联网平台向传统企业的回流趋势。也就是说，当你所在的行业遇到类似情况，别慌，只要最开始两年稳住，后面谁赢谁输，真说不定。

对于 A 公司来说，怎么使用这一笔奖金把员工留住，就是关键。此时，我想到了股权激励。

一般来说，股权里最重要的是投票权、分红权。员工并不是非常看重投票权，有的互联网公司还实行同股不同权，把投票权收回，所以投票权意义不大。

分红权和股权增值收益才是关键，因此后来演化出了员工持股平台，既实现了员工想要的收益，又帮公司省去了烦琐的股权结构变更。但是以 A 公司的股权结构来看，员工持股平台没法做，不过他们还有一个选项，就是虚拟股权。

虚拟股权的范围非常广，有多种类型。

3.16.1　纯虚拟股权

先说这个类型是因为它最容易操作，纯虚拟的意思就是这是一个跟股权完全没关系，只是挂了一个名字的"股权"，利用股权的分红权和增值权两个特性进行模拟。

我们帮 A 公司是这么操作的：将之前批复下来的奖金进行包装，做成股权激励，并按公司的要求定制，员工获得的份额根据以下条件计算。

1. 司龄（20%）

对于医疗行业来说，司龄是非常重要的。一方面老员工对公司内部情况比较了解，另一方面能够成为老员工，说明其工作能力是受到公司认可的。如果将司龄价值化，员工离职的时候会感觉自己的沉没成本很高。举个例子，按照方案，在 A 公司工作 5 年的员工，司龄部分的股权分红是 1.5 万元 / 年，满 6 年就能拿到 1.8 万元 / 年，员工离职的时候肯定会琢磨这个事。

同时，新员工看到司龄越久拿到的奖金越多，能减少离职或跳槽的想法。

2. 上年度绩效表现（40%）

虚拟股权的分配最怕不公平，不公平的分配很容易令内部出现不安定因素，那怎么去评判员工的工作能力呢？是让能力强的人拿到更多的股份吗？绩效是最好的工具，因为绩效是我们针对员工工作评价搭建的系统，在搭建的时候，就已经考虑了公平性问题，直接拿过来用，就不容易出问题了。绩效成绩是客观数据，产生歧义的可能性很小。

3. 签署长期合同（20%）

员工保留最好的方式就是签署长期劳动合同。其实真正的目的不在于签署，而是看员工的态度。我们要看看，当签署劳动合同，能多拿到 20% 股权的时候，他是毫不犹豫地签，还是思索良久才会签，甚至拒绝。这是我们识别员工忠诚度的一个非常好的机会。

虽然说到底，即使签了长期合同，也不能保证员工一定能够履约，但这个举措非常有利于公司内部的稳定，就好像领了结婚证也不能保证两个人一定在一起一辈子，但领证前后，感觉上是非常不一样的。

4. 岗位职级（10%）

职级的问题肯定是要考虑的，从理论上讲，职级越高的员工对公司的影响越大。这个因素是必须考虑的，但是不宜把权重拉得过大，因为这种一次性奖金和薪酬体系不同，固定薪酬是按照月发放的，差距被"稀释"了不明显，奖金就突出很多。

5. 领导评价（10%）

团队中有些人的价值是很难通过客观数据完整表现出来的，这时候我们给团队的领导一个评价权限，通过他对员工的了解来填补这个缺失。

对领导评价这个指标，很多人嗤之以鼻，觉得不客观，容易造成团队不和，但其实他们多虑了。一个领导带团队，一定有他自己的风格和喜好，有的领导喜好激进的员工，有的领导喜好保守的。一个保守的公司高管看到一个激进的团队领导选的人，就会觉得失之偏颇，戴着有色眼镜，但对于团队来说这是非常正常的选择。一个团队是否带得顺手，是否运转顺畅，是否能做出好的绩效成绩，团队的领导心里有数。所以，用人不疑，要把选人的权力下交给他。如果你信任他，就多给一些权重，我之前的项目经历是最多给过领导评价 60% 的权重；如果不是那么信任他，就少给一点。很显然，A 公司不太想放权。

我们按照这个方案在 A 公司内部落地，结果年度的主动离职率从 31% 降到了 11%。效果非常明显。虽然还是有人才流失，但是做到了及时止血，毕竟人才保留不仅仅是这一笔奖金能解决的，需要更多的措施。

3.16.2　业绩分红型虚拟股权

很多公司年底会有年终奖或者奖金包，这个奖金的发放形式就被改造成虚拟股权。因为这个奖金包其实和股权分红的形式非常像，都是以公司当年的经营情况和业绩水平作为提取标准。

往常我们做这类奖金分配的时候都是先按照前中后台职能部门划分比例，然后部门内部二次切分，最后到岗位和员工手里。在以往项目的员工访谈中，我们发现一个问题，就是员工基本不清楚这个奖金的具体结算流程。在他们眼中，这笔奖金就是管理层的暗箱操作。因此，对于这笔奖金，公司的初衷是和员工分享业绩收益，在员工眼里却仅是公司发的红包。

如果做成虚拟股权，效果就会不一样。

1. 分配时间

奖金的分配是在年底进行，但虚拟股权不一样，是在年初确定份额。也就是说，每个员工在每年年初就知道，自己在年底分配业绩奖金的时候能拿到多少，这感觉瞬间就不一样了。因为公司这一年业绩越好，奖金包越大，员工拿的就越多，这干劲肯定不一样。股权激励相比奖金最大的好处就是激发员工的主人翁意识。

另外，年初确定分配份额还有一个好处就是人才保留。当年初知道自己的份额后，员工想离职的时候，就会考虑到这笔奖金，计算沉没成本。

2. 分配原则

以往的奖金，我们的分配原则是这一年谁贡献更大，给谁更多。但虚拟股权的原则是，马上要到来的这一年，谁可能贡献更大，谁就得到更多，比如近三年绩效增长率、岗位重要性等。一个看结果，一个看潜力。

3. 分配流程

分配方式，我觉得可以依旧按照以往的原则执行，只是定分配的时间点不一样。对于员工的贡献值的考虑，要从当年度的绩效表现换成上年度的绩效表现，其他的可以继续保留。

有一点很关键，就是要透明化、公平化。

整体来说，把奖金包改成虚拟股权的工作量不大，但效果是很好的。不仅能提高员工的主人翁意识，对于促使管理层批预算也有好处。因为奖金这一形式在管理层眼里就是员工多拿一块钱，他们就少赚一块钱，而且年底分配总让人有一种从管理层钱包里掏钱出来的感觉，年初这种感觉会被冲淡很多。按比例分配，一起向前冲，多拿都多拿，少拿都少拿，风雨同舟，管理层更易于接受。

3.16.3　虚拟转实际股权

股权激励一般会在员工入职之前就谈好，但那时候，我们对这名员工的能力和他对公司的实际贡献并没有什么把握，所以可以先用虚拟股权积累。到了某个时间点或者员工有了某些绩效成绩，再将虚拟股权转为实际股权，这样就减少了由于员工能力不足导致裁员之后股权交割的麻烦。

期权已经被各种无良公司玩得口碑极差，现在对于员工的诱惑力逐渐下降。劣币驱逐良币的道理导致现在正经执行期权的公司发现，投入产出比很低，付出了大量期权，员工却没有特别满足，还是一直盯着薪酬数字。因此有些大型互联网公司使用虚实结合的股权激励方式。

第一阶段所拿到的股权份额都是虚拟的，但是享受分红权和增值权。当员工满足一定条件之后，可以是司龄，也可以是业绩、基准等，再转成实际股权。这样如果前期发现员工不适合公司业务，裁员之后的手续就不会那么麻烦了。

3.16.4　虚拟股权的优势和雷区

为什么虚拟股权这几年越来越流行，应用也越来越广泛？原因就是它的"轻便"。既拥有股权的优势，又无须复杂的手续流程，这让很多股权结构复杂的公司或者中小型公司有了做股权激励的机会。

在薪酬体系里，员工和公司是对立的，员工多拿一分钱，公司少赚一分钱；在股权的体系里，员工和公司在一条船上，共进退，员工知道自己拥有公司一定比例的股权，会觉得自己在为自己打工，二者的工作积极性是不一样的。现在很多风险投资基金在投资创业型公司的时候，都会有一条规定——公司必须全员持股，原因就在于此。

但是虚拟股权也不是只有好处，由于它不像实际股权那样需要付出一部分真金白银，所以在感受上，员工的重视程度是不一样的，对股权的珍惜度也会打折。后续如果没有转为实际股权这个步骤，可能会相对鸡肋。

虚拟股权虽然是虚拟的，合同却完全不能马虎，更不能口头协议，否则一旦有纠纷会非常麻烦。众所周知，仲裁法庭是相对偏向保护员工的，所以一旦出了问题，公司的赔偿大多按照实际股权结算。公司损失一大，背锅的还是人力资源。因此在做虚拟股权的时候，法务部门的介入是必不可少的。

总结一下，虚拟股权是一个公司和员工开始尝试股权激励的前奏，用最低的成本让大家体验一下效果。如果好，条件也允许，进一步做股权激励和期权激励；如果不好，影响也不是很大。虚拟股权的操作如上文所述并不难，且灵活度很高，难度在法务那边，合同绝不能含糊。

小贴士

　　未来五年，受国家政策推动，中小型公司的比例会越来越高。但从目前市场情况来看，中小型公司运营艰难，导致其薪酬竞争力不足。为了吸引和保留人才，股权激励是必需品。股权激励的普及从虚拟股权开始，所以希望你能多了解这个领域。

第 4 章

员工吸引与保留

4.1 如何好好面试一个应聘者？

面试的重要性我就无须多言了。公司和员工的第一次见面，有点像新女婿第一次去丈母娘家一样，女婿肯定要好好表现自己。但是作为娘家人，我们如何确定这个女婿是不是靠谱，是不是能够胜任女婿的职责更重要。

4.1.1 面试前的准备

面试的开场白肯定是人力资源来做。开场白是否能够简单明了地表达出所有关键的信息直接决定了面试的效率。一个非常全面的开场白能够让应聘者感受到公司的正规，了解自己即将应聘的岗位的具体要求，继而可以更精准地在面试中表现自己。

一般来说，为了这个开场白，我们需要准备以下材料：公司介绍和未来前景、公司对应聘岗位的要求和工作内容。我们需要和应聘者对岗位要求的细节进行探讨，在这个过程中要了解应聘者的工作履历、性格特点、家庭背景、特殊要求等情况。

做好上述面试准备之后，我们就进入面试的安排环节。

4.1.2 面试的开展步骤

1. 确定面试人

（1）根据应聘岗位的工作内容选择面试人。初面可能是由人力资源代劳，但最后总要有一场岗位直接领导的面试，需要提前确认面试人的时间。

（2）根据应聘岗位职级选择面试人。职级越高的人，对终面的面试人级别的要求也越高。如果该岗位涉及多个职能，可能需要多人一起面试，提前确认面试人数和时间。

（3）确定面试问题。面试的时候问什么能引导应聘者说出你想知道的内容，这其实是一种语言艺术，比较高深。但无论怎么样，第一步我们先要确认我们想从哪些角度提问，问什么内容，然后再去想这些问题怎么问会更有艺术。面试问题一般分为以下几块内容。

①专业知识测试。简历上写得再好，面试时也得"拉出来遛遛"。要测试其专业能力是否能够达到岗位的任职要求，同时也要看应聘者是不是有更大的潜力。我记得之前有个案例：一个男生面试人力资源的招聘专员，结果面试的时候，发现这个男生之前是传媒大学毕业的，只是因为毕业后不好找工作才一直从事人力资源工作。正好此时公司需要一个新媒体专员，直接就到市场部面试了。

②场景模拟问答。不同公司的工作场景是不一样的。同一个岗位，应聘者在前公司能胜任，不能证明在新公司也可以胜任。所以我们要举几个该岗位经常会遇到的工作问题，以场景化模拟的形式测试应聘者的反应和处理问题的能力，看他是否符合岗位要求。

③工作岗位要求。将该岗位的工作要求，比如工作时间、工作地点、薪酬、绩效等，与应聘者——确认。这其实和相亲一样，既看两个人互相的感受，也得谈现实的条件。条件没有问题了，才能进行下一步面试。

④个人要求。员工的要求也得问问，比如，需要公司提供什么支持，工作中有什么特别的需求等。了解之后，一方面知道用什么条件吸引他加入，另一方面在以后做福利的时候，大家的需求是非常关键的指导意见。

2. 确定面试形式

（1）非正式面试。一般初面会采用这种方式，环境比较随意，甚至在楼下咖啡厅。多用于对应聘者不是非常了解，希望先试探一下的情况。

（2）一对一面试。

（3）圆桌面试（多对一）。

（4）展示型面试。如果需要应聘者展示自己的专业能力或者表达能力，可以让他们提前准备PPT或者其他展示文件，现场以汇报的形式展现。

（5）测试型面试。如果觉得提前准备没有挑战性，临场测试也可以，形式可以是汇报或者笔试。

（6）群体面试。如果同类岗位的招聘需求量比较大，可以组织群体面试，这种形式常用于应届生面试和基础岗位面试。

3. 识别简历水分

面试前先仔细看简历，即使有的公司会进行背景调查，一般也是在后期才会做，在这之前全靠眼力，主要看学历、工作经历、职位经历有没有逻辑问题，然后把觉得有疑问的地方标注出来，面试的时候重点核实。面试核实时以侧面询问为主，重点问题可以直接询问，毕竟简历造假会严重影响员工后续的很多权利，撒谎成本比较高。识别简历水分可以按以下步骤走。

（1）提取简历中的客观指标（如学历、工作经历、专业背景、职位履历），主观指标（如个人性格、爱好）不太重要。

（2）客观指标里可官方查询的，比如学历和各种证书，先进行核实。

（3）对于不可官方查询的客观指标，分析其逻辑关系，再确定面试需要核实的内容。

（4）面试过程中核实。

（5）若出现问题及时处理。

（6）依旧有无法确定的，可以做背景调查。

4. 正式面试

有了之前的准备，正式面试的时候就可以按照计划一步步进行。既然面试主要是谈话，就要讲究循序渐进。

（1）基础了解。开始时不要直接问很深入的问题，先聊些轻松的话题，打消应聘者的防卫心理，比如介绍公司情况，或了解一下他对新岗位的想法。

（2）了解跳槽原因。在了解应聘者对新岗位想法的同时，问一下他离职的原因，然后了解一下他希望新工作达到的效果。

（3）了解应聘者的个人情况。员工的性格特点、爱好和家庭状况其实也是必须了解的。性格特点决定了他适合什么样的岗位，家庭状况可以作为判断他会不会轻易离职的一个因素。

（4）了解应聘者的工作经验。让应聘者聊一下自己的工作履历，这个过程中了解一下他在以往的工作经历中都做过哪些方面的工作，看一下是不是和公司的岗位要求相契合。比如，一家上市公司招财务总监，有过上市经验的肯定是首选；而创业公司招财务总监，有融资经验的才是首选。

（5）对简历问题进行沟通。在面试准备过程中，我们总结了简历中的疑点，要和应聘者交流或求证一下。

（6）与应聘者交流公司岗位情况。前面的内容完成之后，如果还没结束面试，说明应聘者的情况是基本符合公司要求的。这时候就可以和他交流一下对公司岗位的要求，聊一聊他对这个岗位工作的设想。

（7）给应聘者一个提问题的机会。现在很多 HR 在面试结束之前都会问一下："你还有什么问题要问我吗？"我看到网上针对这个问题有各种猜想和揣测。其实最后的这一问，仅仅是解答一下应聘者好奇但面试过程中并没有涉及的疑问。然后，面试就可以结束了。

最后说一下，如果没有特殊情况，面试时长不要超过 30 分钟，时间过长会导致疲惫，影响应聘者的发挥。如果你想多聊一聊，就先把面试流程完成，再开始聊天。

5. 面试评价

面试结束之后应该在一个小时内完成面试评价，否则容易遗忘很多东西。面试评价可以从以下几个层面入手。

（1）岗位契合度。应聘者能力和公司岗位任职资格的要求是不是契合，他能不能胜任，胜任度有多高？

（2）性格契合度。应聘者的性格特点和公司岗位要求是不是契合？比如需要沟通能力比较强的岗位会要求应聘者有比较强的理解和表达能力。

（3）薪酬契合度。应聘者对岗位的薪酬水平是不是满意？如果不满意，他渴望的薪酬是多少，公司是否可以接受？

（4）入职欲望。应聘者是否有比较强烈的入职欲望，还是仅仅出来面试看看情况？如果公司需要他马上入职，他可否做到？

（5）个人能力评价。应聘者的能力除了能满足岗位要求之外，还有没有其他的特点和长处，还可以胜任哪些岗位？

（6）未来发展建议。大致阐述一下对应聘者未来职业发展的建议，比如，是往管理岗位晋升，还是往研发等专业类岗位晋升？这决定公司未来对于人才的培养方向和方式。

6. 人才筛选的一些建议

人才的识别和筛选一直是一个难题，因为没有标准可以科学定义人才的类型，所以我们只能通过经验识别。我写这块内容之前采访了 50 位在招聘领域从业 10 年以上的朋友，总结了以下经验。

（1）招聘别想着一步到位，只有极小的可能一下子遇到和岗位契合度非常高的人才，千万别犯强迫症，要先让差不多合适的人才进来。

（2）对于跳槽经历丰富的人，要谨慎，谨慎，再谨慎，说多了都是泪。

（3）面试过程中表现出的负能量非常重的人，不要录用，因为负能量的传染性很强。

（4）人有野心是好事，但是野心过大的人，要谨慎录用，不易于控制。

（5）尽量找生活和家庭比较稳定的人才。按照经验来说，刚刚到一个城市的第一份工作都是不长久的，有点像临时的选择；家庭不稳定一定会分散工作精力。当然这不是职场歧视，只是要意识到风险。

（6）永远只相信自己看到的，别轻信纸面上的文字。

（7）简历夸大还能容忍，但造假就要直接否定。

（8）在测试过程中，如应聘者出现错误被指出时，千方百计掩盖或者推卸责任的，不能录用。

（9）有能力的话，查一下应聘者的医疗记录，身体健康很重要。

（10）如果同时有多名应聘者符合要求，别犯选择综合征，别错过人才，再组织一次测试，尽快决定。

7. 总结

（1）面试的优点：全面、真实，可信度高。

（2）面试的缺点：效率低，主观性强，非专业人士有认知偏差。

 小贴士

总的来说，面试几乎是所有公司都需要的招聘方式。随着互联网技术的发达，现在也有视频面试，可以提高效率。所以，掌握好面试的技巧非常重要。

面试过程中的主观性可以靠着多次面试来减弱。现在很多大公司的面试至少分成两次：人力资源面试和部门面试。

我相信无论未来科技多么发达，面试这种形式都不会被高科技替代，因为人才的多样性是机器无法识别的。

4.2 全方位心理战——面试的技巧

面试其实就是谈话，谈话中的技巧是非常多的。如何能让谈话氛围变得轻松，让对方说出你需要的信息，让整个面试过程不拖沓？这些都是招聘领域的人力资源必须具备的能力。

　　作为咨询顾问，谈话技巧是我入职的必修课，有专门的心理学老师培训。下面，结合我咨询领域的谈话经验，和大家一起来聊聊面试的技巧。

4.2.1　面试过程中的技巧

1. 提前准备好提纲

提纲绝对是必要神器，能够帮助你掌控面试节奏，避免跑偏，同时防止遗漏关键信息。一定要准备，一定！

2. 先聊聊家常，缓解气氛

大部分应聘者刚刚进入面试房间的时候是比较拘谨的，这时候你可以问问他"今天是怎么来的，路上堵车吗？"这些家常话题，把气氛调节成轻松的状态之后，再开始正式面试，这样有利于应聘者发挥。

3. 按提纲发问，引领节奏

按照准备好的提纲，将谈话内容控制在我们需要的范围里，避免涉及过多无用话题，浪费时间。

4. 多用疑问句，引导应聘者多说

用问题引导应聘者说话，但尽量避免问是非选择问句。如果是非题太多，应聘者会和相声里捧哏的角色一样，只能说"嗯、啊、对、没错"。

5. 随声附和，表现出倾听兴趣

在应聘者说的过程中，我们应该用语气词予以回应，做相声里的捧哏，这样能够让应聘者的表达欲望更强，从而让我们获得更多信息。

6. 及时打断，防止跑题

一旦话题跑偏，及时婉转地把话题拉回到正轨。

7. 回答问题态度诚恳，建立信任

应聘者有什么问题，只要不涉及公司机密，就应该诚恳地予以回应。因为你越诚恳，应聘者对你越信任，在后续的谈话中，表达的信息越真实。

8. 适当时机结束，避免超时

当我们已经获取了所有需要的信息时，及时结束面试。

4.2.2 面试过程中的提问技巧

在整个面试过程中，我们需要通过提问来获取想要的信息。可能有些信息对应聘者来说不是非常有利，对方肯定会有所防备。如何在斗智斗勇的过程中胜出，就看你的提问技巧了。

提问题有以下几种方式，我一一介绍并阐述优缺点。

1. 引导性问题

当你希望对方深入谈及某一话题，你可以通过引导，诱使其多说。比如："你觉得呢？""这件事你是怎么看的？""如果是你，你会怎么办？"

引导性问题可以重复使用，直到对方说出所有你想要的信息。

2. 是非性问题

针对某些不复杂、可以快速获知信息的内容，你可以使用是非题，直接让对方回答是还是否就行了。

另外，你可以通过加快提问速度来防止对方说谎，类似快问快答，不给对方编造谎言的思考时间。这种方法特别好用，只要快问的问题准备到位，测谎力度极大。

3. 拓展性问题

在面试过程中，也许应聘者说到的某一个点是我们非常感兴趣，但之前又没有想到去了解的，那就顺势让应聘者展开来聊一聊。

另外，有的时候我们也需要去探索一下应聘者有没有其他的技能，可以问"除此之外，你还有没有其他的特长？"或者"能不能展开说说你的想法？"等拓展的开放性问题。

4. 逻辑性追问

对于有逻辑步骤的内容，我们需要通过"下一步呢？""然后呢？""接着怎么做？"等问题引导应聘者说下去。如果不引导，应聘者有可能没法一下子说全整个流程。

还有一些过于腼腆的应聘者，我们要像"挤药膏"一样地问。

5. 压迫式追问

压迫式追问主要测试的是应聘者的抗压能力，也能验证之前话题的逻辑性。比如："你为什么会觉得这样是对的？""你这么做的依据是什么？"

另外，在面试过程中，如果你觉得应聘者有说谎的嫌疑，正常追问可能没法得到真相，也可以施加一定的压迫力。比如："我觉得你刚刚说的有点逻辑性问题，你能不能再说一遍？""你这么说的话，就和直接描述的不一样了。"通过二次陈述判断其逻辑是否自洽。

6. 沉默式引导

判断一个人的沟通能力最好的办法就是别接话，让他说。当你想听应聘者继续表达的时候，可以一句话都不说，只是用眼神示意继续。沟通能力比较强的人能非常从容地继续聊，但是沟通能力比较弱或者心理素质不好的人会容易紧张。我们可以观察对方的反应，对其这两方面的能力进行测试。

4.2.3　面试过程中需要注意的点

面试是人为操作，肯定会因为人的主观性而出现某些偏差，无法避免。我把这些点一一列出来，在面试过程中尽量注意。

1. 主观喜好

面试的时候，一定要按照公司对于岗位的标准进行面试，尽量排除自己的主观喜好。为什么说是尽量呢？因为很难完全去除，比如遇到颜值比较高的应聘者可能会适当降低要求标准，这很正常。

2. 评价标准要明确简洁

对于岗位的要求要说得尽量明确并且别太复杂，否则应聘者很难短时间内判断自己是不是适合这个岗位。找出三个最重要的标准指标，重点判断，其他的作为辅助就可以了。每多一个标准，就会筛下去很多人，别因为某个其实并不重要的指标而耽误了招聘进度。

3. 评价标准是岗位而不是当前岗位的员工

面试的时候一定注意，评价标准是公司对这个岗位的要求，而不是把当前公司在这个岗位任职的员工作为评价标准，二者很容易混淆。比如招聘一个行政专员，我们脑海里对这个岗位的第一想法就是公司现在的行政专员某某某，难免会在面试过程中将应聘者和这位某某某对比，继而判断应聘者是否符合这个岗位的要求。这是人之常情，但这是不对的，因为个体和公司的要求是存在差异的，这种操作会逐渐带偏岗位标准。作为专业的人力资源，我们要冷静、客观。

4. 第一印象认知偏差

第一印象是非常重要的，某种意义上决定我们对一个人大部分的印象认知。但是我们作为人力资源要尽量防止第一印象影响我们对应聘者的后续评价。不要因为第一印象特别好就降低标准，也不要因为第一印象很差就不去探究其他方面。等到全面了解之后，再做最终评价。

5. 问题简单直接，别搞"哲学"

面试的时候提问题最好直接一点，别带有太多修饰词，更别问出那些佶屈聱牙的"哲学"问题。比如"你觉得，作为一名我公司的员工，你的愿景是什么？"这种问题，让应聘者怎么回答？如果这本书可以加背景音乐的话，此刻请响起周杰伦的《开不了口》。

4.2.4　提高面试效率的技巧

其实在前面的篇幅里我多多少少提及了提高面试效率的方法，只不过有点分散，我总结一下：

- 准备问题提纲。
- 问题核心把握好，不要跑题。
- 节奏紧凑，不要闲谈。
- 避免重复性谈话。
- 肢体语言得体。
- 避免主观印象影响面试。
- 主导面试的人不要过多，最好为一人。
- 问题简单直接，别问让人听不懂的。

4.2.5　通过面试过程中的言行表现了解应聘者

通过一个人在面试时的言行表现，我们就能推测出他的性格特点，可以从以下方面和角度进行判断。

1. 肢体动作

（1）眼神。要注意应聘者在和你交流的时候，是不是看着你的眼睛。如果是，说明他信心十足，对自己所表达的内容很有把握。反之，眼神飘忽很明显就是信心不足，或者不善于言辞。这时你要尽量把谈话氛围变轻松一点，如果轻松下来应聘者还是不敢看你，那就是性格问题了。

（2）坐姿。面试是一个相对正式和严肃的谈话，应聘者如果跷着二郎腿或者"葛优躺"就是不太重视这次面试，但如果坐姿过于笔直，甚至肩膀都有点僵硬了，就是没有自信或者紧张的表现。

（3）动作。如果应聘者在回答问题的时候，有非常灵活的手部语言来配合，说明他对正在说的内容非常熟悉，同时这也是自信的表现；如果身体动作僵硬，和背诵一样，就需要多加注意了，要防止提前背稿，多在这方面问几个问题，验证一下，因为他有可能对于这个领域不是非常熟悉或者沟通能力较差。

2. 语言表达

（1）表达内容。通过应聘者的表达逻辑是否完整，表达的内容是不是契合问题，就能够看出其自信程度、专业实力。

（2）表达能力。应聘者能不能用尽量少的语言清晰地表达出自己的意思，这很重要。同一个问题，有的人可能几句话就能回答明白，有的半个小时吞吞吐吐才说明白，那感觉真是"啰唆母亲给啰唆开门——啰唆到家"了。表达能力真的特别重要，能够提高个人和团队的工作效率。

4.2.6　STAR 行为面试法

简历核实有一个比较好记的法则：STAR 行为面试法。

1. S——Situation（情景）
核实面试者过去的工作背景。

2. T——Task（任务）
核实面试者过去曾经承担的工作任务或角色。

3. A——Action（行动）
行动指的是面试者在过去工作中具体的操作能力和执行能力。

4. R——Result（结果）
结果指的是面试者过去曾经做出的成绩。

小贴士

面试中的技巧非常多，也非常杂，几乎没有一套放之四海而皆准的法则，更多的是前人的经验和总结。我将这些展示出来，并不是让你生搬硬套，而是希望你能通过这些经验总结出一套属于自己的面试技巧。一套属于自己的、逻辑清晰的、运用自如的面试技巧能够大大提升你的招聘效率。

4.3 内部晋升和外部招聘哪个更好？

任何一家公司在做人才规划的时候都面临一个抉择：人才是外部招聘的好，还是内部晋升更合适？答案其实很简单，万事不能走极端，得融合，两个都得有。但怎么融合，什么岗位内部晋升好，什么岗位外部招聘好，才是关键。

4.3.1 从公司发展阶段角度

不同的公司发展阶段，人才规划的策略是不一样的。

1. 初创期

初创期公司人才最好采用外部招聘，因为初创时期公司的发展速度很快，而内部晋升的周期比较长，无法解决短期实际需求。另外，招聘有行业经验的人才，对公司发展来说是非常有帮助的，能够依托人才之前的经验帮公司躲开一个个雷区。

2. 稳定发展期

发展到这个阶段，公司的业务模式相对稳定，并且需要保证持续的利润输出，那么基层和中层员工的稳定就非常关键了。这时候，公司需要多使用内部晋升作为人才补充的手段，一方面，业务模式稳定，不太需要外部经验加持；另一方面，公司自己培养的员工，对自己的业务线和产品更加了解，进入角色更快。同时内部晋升能够提高员工的企业忠诚度，让暂时未被晋升的员工看到希望，提升干劲。

3. 转型期

公司发展到一定规模，肯定会面临转型，这个阶段非常重要，也非常危险。

历史上名噪一时的公司因为转型失败而跌落谷底的例子不胜枚举。在这个阶段，公司应该采用中基层岗位以内部晋升为主，高层岗位以外部招聘为主的结合战术。中基层以内部晋升为主，保证了公司原业务线能稳定发展，持续为公司带来稳定的现金流，这是转型期非常需要的。即使转型失败，原业务线也不会受到太大影响，可以让公司处于进可攻退可守的从容局面。高层以外部招聘为主，因为既然是转型，要转向的业务肯定是公司原本不熟悉的，那在这个领域就需要外部经验的注入，降低风险。

4.3.2　从职能角度

1. 中后台部门

作为公司的基础运行和保障维护的中后台部门，人才规划的宗旨只有一个：稳定，稳定，还是稳定！加之中后台部门一般不需要用外部思维来升级，而且外部也不一定先进多少，这样的情况下，最好以内部晋升为主，少量招聘外部人员，做做鲇鱼（鲇鱼效应）就够了。

2. 前台部门

前台部门负责公司的业务和对外沟通等事宜，面对情况复杂很多，需要注入新鲜思维。加之前台部门的人才流动速度很快，光靠内部晋升怕是要把公司掏空，所以前台部门最好是以外部招聘为主、内部晋升为辅。

公司内部情况一般都是非常复杂的，各种因素相互叠加，所以对于上述经验，我们要融会贯通，因地制宜。

4.3.3　内部晋升和外部招聘的优劣势

无论是内部晋升还是外部招聘，我们的目的其实只有一个：找到最合适的人选。那我们就来分析一下这两种路径分别有什么优势和劣势。

1. 内部晋升的优势

（1）员工熟悉公司各项流程和规章制度，省去了一切内部流程培训，员工可以直接上手。

（2）员工的内部人际关系比较成熟。人际关系是团队融合的关键，上下级彼此熟悉，工作效率会高很多。

（3）公司对员工个人情况知根知底。至少背景调查的钱省了。

（4）能够让员工有多种职业发展路径。这是最为关键的，毕竟每个人都不一样，擅长的领域也不一样。也许一个员工刚刚进入公司的时候，我们对他的定位并不精准，当他展现出了其他方面的特长和优势，就应该将他放到最合适的位置上，发挥出最大的价值。这不光对他个人和公司而言是好事，也让公司其他员工知道自己的发展可以有多种选择。很多公司有四个固定：工作内容固定、岗位职级固定、职能方向固定、薪酬绩效固定。四个固定消磨了员工的斗志和上进心，有这样的前车之鉴，我们就要尽量避免。

（5）跨部门人才流动，可以促进部门间的关系。转岗晋升的员工自带上个岗位的人际关系进入新的部门，那后续若有部门之间的合作，就可以利用他在两个部门的人际关系，让合作更加顺畅。

（6）成本较低。比照现在市面上每年招聘的涨薪幅度，再看看公司内部每一年的涨薪幅度，内部晋升简直太划算了。

2. 外部招聘的优势

（1）有新鲜的思维。公司运作久了，总会有一点思维固化，遇到瓶颈的时候很难突破，如果及时输入外来血液就可以避免这个问题。公司时刻收纳市场最新思想，可以保证竞争力。

（2）促进新陈代谢。除了思维固化之外，公司也很怕内部人才结构固化，岗位缺失竞争会导致员工丧失自身的竞争力，多一些新陈代谢可以尽量避免这种情况发生。

（3）新员工更便于控制。新员工初来乍到，相对都是谨慎听话的，要比熟悉环境的老员工便于控制，所以需要短期内发力的团队，新员工比例高一点，效果更好。

（4）数量大，可选择性强。内部晋升毕竟受到公司规模的限制，但外部招聘，只要有钱，你想要多少就有多少。对于短期急需的人才，招聘解决更好。

内部晋升优先取决于你有什么样的人才，再看其是不是符合岗位的需要。外部招聘的逻辑正好反过来，是需要什么岗位，就找什么样的人才，效率更高一些。两者各自的劣势其实就是对方的优势，辩证来看就行。当我们了解这些之后，就要根据公司的需要和岗位的需求决定到底采取哪种方式。最后多说几句，无论哪种方式都有优劣势，千万别走极端，满足岗位要求最重要，避免本末倒置。

另外，多和部门负责人了解一下，他们觉得哪一种方式引进的人才更好、更合适。"无论黑猫白猫，抓到耗子就是好猫"，纸面上看着再美好，也要从实际情况出发。

4.4　公司文化仅仅是一句口号吗？

这几年公司文化越来越火，很多公司的文化故事在各种传媒平台上出现，像我们比较熟悉的国外的谷歌、微软、苹果，国内比较有名的腾讯、阿里巴巴，还有因公司文化被人们熟知的海底捞。

近几年，在咨询行业搭建企业文化的项目明显越来越多，为什么会出现这种情况呢？我做了以下分析。

4.4.1　公司文化的作用

1. 打造品牌文化

当今人才市场的流动性相比以往高了不止 10 倍，每个公司都面临着巨大的招聘压力。

在招聘市场上竞争，以前靠薪酬水平，但现在单靠薪酬水平，竞争力有点乏力，那怎么办？打造雇主品牌。所谓的雇主品牌，就是公司的行业地位和社会口碑。虽然公司的行业地位打造不了，要靠真实力打拼，但是社会口碑可以打造啊。怎么打造呢？宣传公司的文化价值，吸引相同文化认同感的人才加入，这是之前的正常操作，比如谷歌的"不作恶"口号、苹果的潮流引领者、海底捞的独特服务等。

然而，现在衍生出了将福利和员工关怀融入公司的文化宣传，比如京东的兄弟化待遇、顺丰的为员工主持正义。无论是事先策划，还是临时的事件营销，无一例外地吸引了无数人的关注，受到了大量的好评。有很多人因为这些公司的文化宣传而想要加入，成为其中一员。也许公司文化不是吸引一个人加入的主要原因，但是绝对会令公司在同行业的人才竞争中获得加分。

2. 人才保留的价值认同

很多 HR 朋友经常说，现在的员工太任性了，说走就走。现在人才保留确实比较难，未来随着 90 后，甚至 00 后逐渐占据主要岗位，人才保留会更难，大部分公司其实也意识到了这个问题。我们逐渐发现，只用钱来保留员工有点力不从心了。

这时候就得寻找其他办法来解决这个问题，纵观历史，我们发现维持一个团体除了靠金钱之外，还可以靠价值观。那我们看看是不是能靠价值观让员工觉得和公司志同道合呢？显然是可以的。

我们发现很多公司的文化都有一条，那就是尊重。尊重员工的价值和员工的在内价值观，让大家在公司得到认可，同时大家也对公司有所认同，这是非常关键的。

3. 控制中基层领导的管理行为

我们经常说，当一个公司开始严查考勤，公司就没落了。

上学的时候，身边经常有这么一群人，每逢考试，无论是考数学、物理这种理科，还是语文、历史这种文科，有些大题，他们明明不会，却还是从始至终不停地写写写，写了漫山遍野的一堆字，然后才交卷。这是为什么呢？因为他们从心底觉得："这道题，我虽然不会，但是我没有功劳也有苦劳啊，没准能拿一点分呢！"

有些平庸的管理者在学生时代就是这样的考生，后来到了企业故伎重施。于是我们发现，一家企业遇到了危机，明明是产品经营策略或者研发方向出现了问题，管理者却先出台一堆节约成本的规定：打印时先用单面纸的另一面打印，厕所里的卷纸没有了，咖啡机被搬走了，夏季时空调被调高了一度，加班、交通、伙食补贴统统取消了。

这些措施有用吗？在公司财务上可能确实有点用，但是省了一些小钱的同时会带来很多不好的后果。比如，给部分员工释放出"公司不行了"的信号，导致那些对公司有大用处的员工开始考虑外部的 offer；客户或供应商也观察到了这些信息，决定不再和这个有潜在危机的公司合作；银行信贷部门开始重新评估公司的经营状况等。

所以，为了不让这些平庸的中基层领导为所欲为，我们一定给他们定个方向，把无命题作文变成命题作文，这样他们就不会轻易跑题了。公司董事会制定的这个"作文题目"就是公司文化。

4. 指导公司长期战略

公司的年度目标要以公司中长期战略规划为依据制定，那中长期战略规划制定的依据是什么呢？就是公司文化，有点像指导思想一样，为公司的远航提供方向性引导。

例如：

"拼！拼！拼出一片天地！"——狼性文化。

"为客户提供最优质的产品"——消费者导向文化。

"做行业顶尖产品，引领行业发展"——研发导向文化。

如果有时间轮回的机器，我相信若一家公司在初建期分别被赋予以上三种公司文化，最后发展出的样子是完全不一样的。

4.4.2 公司文化的搭建

公司文化的搭建，绝不是随便找几个励志的词汇，或者想一句口号就可以。但搭建的流程其实并不复杂，因为文化不是一个非常具体的概念，相对比较宽泛，所以只需要我们对公司有个定位就行。

公司文化涉及四个主要方面。

1. 公司经营的终极目标

这需要公司的创始人和董事会一起决定，因为没有标准，每个人心中想要实现的目标都不一样。有的人希望在某一个领域做到最好，而有的希望涉足多个领域，做成集团性质。假设公司董事会决定要在一个领域深耕，做到该领域的顶尖级水平，那我们能够匹配的词汇就是专注、深耕、钻研等。换个角度，如果公司想要涉足多个领域，能够匹配的词汇就是拓展、博远等。

2. 公司想要什么样的人才

有什么样的价值观就会吸引什么样的人才，因此公司文化与人才的定义要非常契合，比如狼性、包容、尊重、民主、创新、人本、高效。尽量让应聘者一进公司大门看到这些词汇就能瞬间领悟公司的人才价值观。

3. 公司希望人才往什么方向发展

人才吸引进了公司，但是不能完全契合公司的价值观，所以要在任职期间继续塑造。因此我们要对人才发展定一个目标，就是我们希望员工变成什么样子，希望他们经过这一段职业生涯后血液中留存的是什么。这么说有点大了，具体一点就是我们希望员工在公司这段时间得到什么样的培养，比如严谨、合作、共赢。

4. 公司要为社会做出什么贡献

考虑了公司和员工的价值观问题，最后还是要升华一下，拔高公司文化的格局，就是考虑公司要为这个社会做什么——可以是通过科技创新推动社会发展，也可以是做慈善帮助更多的人。实在不想做贡献，至少遵纪守法，别给社会添负担。

公司文化基本上就涉及这几个主要方面，还要根据公司的特殊需求添加其他内容。

举个例子：假设我成立一个公司，希望成为人力资源领域顶级的咨询公司，提供真诚的服务，不欺骗客户，不搞虚头巴脑的概念，实打实地为客户建立最好的人力资源体系，同时我希望培养一批认同中国人力资源方法论的咨询顾问，不再学外资那套。社会贡献方面，我希望别给社会添麻烦，在这基础上尽量多做些力所能及的慈善。

根据以上这些愿景，我的公司文化可以总结为创新、深耕、本土化，打造中国人力资源咨询第一品牌。是不是就有模有样了？

4.4.3　公司文化的调整

总的来说，公司文化是一种思想纲领，所以尽量不要调整。但是随着公司的发展和行业的变迁，公司很有可能会遇到大的转型，比如从单领域发展成集团公司，从本地发展到全国或全球，甚至有些公司直接换了行业。那公司文化就要重新盘点全局，进行调整。调整归调整，但绝不能"放飞自我"，这里有四点注意事项。

1. 保留老版公司文化中的优秀部分

老版公司文化使用了很多年，某些部分肯定是值得留下的，虽然是要更换公司文化，但也要取其精华去其糟粕。

2. 将老版公司文化总结成一个词，放在新版开头

传承是非常重要的，毕竟公司发展这么多年，即使调整方向，也要将以前的岁月铭记。以上是冠冕堂皇的理由，真实的情况是很多老员工已经在老版公司文化下工作了很多年，在新版公司文化开头设置一个承上启下的词，既能保留旧感情，也能帮助员工牢记新思想。

3. 新版的语言风格要明显区别于老版

既然下定决心要改，那肯定是因为老版不符合现在的要求，连凑合用的程度都达不到。既然内容上要做大幅调整，语言风格干脆也彻底改一下，目的是让员工容易区分新老版本。变化越明显，大家越容易记住。

4. 修改后大力宣传

指导思想变了，要大力宣传，如挂在公司大门口，印在新名片上，贴在公司办公室墙面上，年会上喊起来，让新版公司文化在最短时间充斥整个公司。短时间的压迫式宣传特别有利于员工记忆，千万别搞那种细水长流式的宣传，因为公司文化不会润物细无声，而是像尘埃一样在员工的记忆中随风而去。

4.4.4　公司文化的呈现

公司文化要影响员工的思想，这种影响不是每天喊口号，而是要让公司文化潜移默化地影响员工，这样效果才是最好的。如何做到呢？我们要从以下几个方面做文章。

1. 绩效考核指标和评价标准

绩效体系是贯彻公司文化的"第一战场"，也是最重要的"战场"。你不能天天口号喊着"要奋斗，爱拼才会赢"，结果绩效却搞平均主义，努不努力都是一样的，拿一样的绩效奖金，那口号有什么用？光要嘴皮子可能大家也就听听，一旦和薪酬挂钩，那才实打实地进入员工的心中。

公司文化和绩效体系挂钩，需要将公司文化中对工作以及对人的要求提炼出来，放进绩效指标。比如公司文化中如果有创新，那在绩效中就要加入对于创新的奖励。对于和工作、个人没关系的内容不要硬加入绩效，否则无法操作，比如将包容、尊重这类放到绩效体系里就像拿刀叉吃鸡蛋灌饼——应用场景有问题。

2. 组织构架和职级体系

公司文化涉及的另一个战场就是职位的晋升，公司挑选人才的时候要选择和自己价值观一致的，这样才能逐渐培养出自己的生力军。

公司应该在提拔人才的时候强调自己的标准。职位晋升对员工来说是一个很重要的职场追求，那么晋升的遴选条件，员工一定会非常关注，并牢记于心，这比单纯的背诵记忆更加深入。

3. 办公环境

这里指的不仅仅是将公司文化贴在墙上或在公司办公区域、会议室的命名上做文章，太初级了。更深一层是你要根据公司文化去搭建办公环境，比如公司文化强调自由、包容，那办公环境最好就不是那种半封闭式的单间小办公室，而是宽敞的开放办公区，易于员工交流。再比如公司文化讲究科技前沿，办公环境里摆放一堆红木桌子，角落还放一个茶座，那叫什么科技前沿？那叫迷惑行为艺术。

4. 集体活动

公司的集体活动，如团建、年会、拓展，都可以按照公司文化去选择相应的风格或形式。比如，讲究艺术气质的公司可以选择在美术馆或者文化园举办年会，讲究科学创新的公司可以举办创新类型的大赛，讲究回报社会的公司可以组织员工做慈善活动等。通过活动加深员工对公司文化的体会，知行合一。

5. 文化宣导

文化宣导其实是最初级的公司文化传播方式，分为视觉和听觉两个渠道。最直接的就是听觉传播，如网上很火的微商年会现场那种激情四射地喊口号。

大部分公司从视觉着手，该放上公司文化的地方都放上，让员工天天能看见，这样的视觉记忆能够潜移默化地影响员工。

小贴士

公司文化搭建是非常高阶的人力资源体系，搭建顺序几乎在所有人力资源相关体系的最后，在同行业内可以靠着独特的价值观吸引人才。随着国内人力资源市场越来越规范，公司文化的经营也会成为每一家公司的必修课。以后员工跳槽的时候不仅要看薪酬水平，还要看公司气质，这就让行业人才竞争更有意思。

其实我们看到，现在的互联网行业已经呈现出了这样的景象，几家互联网巨头间的文化之争很有意思，甚至有时候会成为社交媒体的热点，被大家讨论。应聘者面对几家工作职责相同的 offer 的时候，会根据自己对公司价值的认同感去选择。

因此，做好公司的文化建设与传播对于未来的发展非常重要。

4.5 如何将公司文化融入公司的日常管理？

随着国内经济的发展，很多公司面临着第二代管理层正式入驻的情况，老一代和新一代的经营管理理念是完全不同的，调整公司文化势在必行。调整还好说，最难的是根据新的文化改进公司的管理制度。将文化注入日常管理绝不是使用蛮力生搬硬套，而是要按照一定的套路平滑改造管理制度。

4.5.1 公司文化融入日常管理制度的原则

辛辛苦苦搭建的公司文化不能沦为一句口号，就像一个人定了减肥目标，那日常作息就得有规律，三餐就不得油腻，吃完饭就不能直接躺在床上。我们需要将公司文化逐渐融入公司日常管理的体系里，让它真的能够指导公司成长。融入的过程中，有四个原则需要注意。

1. 周密性原则

公司管理制度的调整绝不能漏项。因为文化风格不一样，很多做事的原则就会迥异。如果只调整一部分制度，而另一部分维持原状，就会导致公司在后续管理过程中承受新老两种文化的对撞。

2. 实际性原则

公司文化因为其特性会稍微显得虚化，但是公司管理制度不能虚化，毕竟公司要靠着它维持运营。

3. 平等性原则

公司的管理制度是针对每一名员工的，一视同仁，尤其是在调整阶段，更要注意平等性，因为新的公司文化带来的管理制度的变化肯定会让员工适应一段时间，这段时间可能有些地方会引起员工的不满。如果这个制度只是约束基层员工，而管理层不受约束，可以为所欲为的话，员工的不满情绪会非常大，对新公司文化的落地没有好处。

4. 时效性原则

新老文化所主导的公司管理制度要有一个变更时间点。因为在变更期间，一些违规行为按照新老公司制度处理方式不一样，导致领导者不知道应该按照哪一个制度来处理。

一般来说，定一个具体的日期作为变更点，员工的违规行为按照发生日期来判断处理的依据是新的还是老的管理制度，这有点像财务的"权责发生制"。

按照以往的经验，这个时间点最好是一个对公司很有意义的日子，比如周年庆，方便大家记忆，也有仪式感。

4.5.2 公司制度撰写的原则

公司制度是给员工看的，员工的文化水平和专业都不一样，所以要用通俗易懂的语言撰写，尽量少用专业名词。

公司制度的撰写原则其实和绩效指标撰写的原则差不多：简单明了，逻辑周密，有理有据，奖惩分明。这四个原则说得很清楚，我就不一一解释了。整体来说，就是要让这个制度在公司日常管理中真正起到指引作用。

4.5.3 公司管理制度的撰写步骤

首先我们要明白制度是干什么的。制度就像是公路上的标线和指示牌，一方面规范员工行为，另一方面引导员工的工作方向。有了这两个目的指引，撰写公司管理制度的流程会清晰很多。

第一步：发现公司的管理盲区，填补好

想一想公路在什么地方会设置标线来限制车辆运行轨迹，一定是容易出事故的地方，比如说高速路入口的网格线。公司的管理制度也一样，需要在"事故易发区"设置限制，"事故易发区"就是公司的管理盲区。比如，公司的财务如果不加以管理，非常容易发生贪污现象，那公司的管理制度就要严格限制财务部门员工的行为，像"管钱的不碰钱""财务审查制度"等。

这些专业性问题不是人力资源能解决的，毕竟术业有专攻，最好是公司管理层牵头做这个事，才能全面覆盖所有可能的管理盲区。每一个职能部门建立之后尽量进行沙盘推演，查缺补漏。和大型演出的彩排一样，纸上谈兵一万次，不如一次真实演练。

第二步：梳理公司业务流程，在关键节点用制度引导

以公路举例，路标和指示牌一般出现在哪里？肯定是岔路口这种有多方向选择的地方作为指引。管理制度也一样，在业务流程中有多种可能性的节点，公司需要给员工一个指引，告诉他们公司希望他们怎么做，以此引导员工行为。比如当订单对于产量要求非常高的时候，公司的质量要求是否可以降低？如果可以，质量标准有几个档位，要求分别是什么？这就需要各部门专业人士参与制定。流程这个东西最怕外行引导内行，容易发生一些啼笑皆非的问题。

公司的日常运营也需要制度引导，比如，员工薪酬出现问题，是找人力资源部门解决，还是找财务部门解决？员工如果离职，离职的流程是什么，每一步找谁，办理什么内容？这类引导能够提高公司内部的运营效率，减少很多不必要的询问。但有一点需要注意，不是所有的流程都适合制度化，操作灵活度比较高的业务流程就不适合。举个例子，公司电话销售的销售流程是可以制度化的，因为比较固定；但大客户销售的销售流程就没法制度化了，个体差异太大，就算制度化了也只会限制销售的发挥，影响销售效果。该圈养的圈养，该放养的放养。

这个步骤同样需要沙盘推演。

第三步：预测未来会出现的问题，未雨绸缪

前两个步骤可以沙盘推演的原因是盲区和业务流程是当下就有的，但是公司制度不只是管当下的，还要尽量帮助公司除去发展过程中的隐患，避免问题发生。如何发现或预测这些未来可能出现的隐患呢？这时候就需要靠经验了，就好像公路在没有通车的时候设置了很多警示牌，设置的地点就是总结出来的以往公路容易出现危险的地方，比如隧道内要降低限速，拐弯的盲区提前警示。同理，很多公司会招聘有行业经验的人，因为他们对流程熟悉，他们脑海里其他公司的成功经验就是新公司制定制度管理时候的"先知"。

隐患防御和前两项不一样，不需要很精准，而是越全面越好，秉承"宁可错杀一万，不能放过一个"的精神纲领。我经常和客户说，这个步骤操作的过程中要时刻默念一句话："宁可我负天下人，不可天下人负我。"

第四步：了解员工反馈，补充制度缺陷

完成前三个步骤，公司管理制度大体上就已经定型了。这时候我们要做的是查缺补漏以及换个视角审视。员工视角是最合适的，就好像公路的标线指示牌都建好了，谁来试一下合理性呢？司机啊。

多倾听员工的意见，但不能全听，因为员工对于限制自己行为的条款肯定会从自身利益出发去提意见，这是人性，和客观不客观没关系。所以我们需要将所有的员工意见记录下来，经过审核讨论之后，再对制度进行修改补充。

在这个过程中，也要看一下员工对于新制度的反应，如果出现大面积抵触情绪，会导致制度落地非常困难，可能需要修改内容或者力度。

第五步：整体审核流程试运行，更新优化

整体做完之后，找一个分公司或者部门试运行，这次就不是沙盘推演了，直接"真刀真枪"运行，查缺补漏。

第六步：正式落地实施

公路指示牌设置得再全面周密，司机看不懂也不行，上路之前必须学习交规、考科目。公司制度也一样，正式实施开始时要对所有员工进行宣贯，告诉大家每一个细节。

同一条公路，设置目的不同（以通行效率优先或者以观光为主），设置出来的标线、限度、停车区样式、指示牌等就会有很大差别。在撰写公司管理制度的过程中，公司文化充当的是风向引领的作用。我再举个例子，一个女生出门见闺蜜与见男朋友相比，穿衣打扮和妆容是有差别的。出门目的就是公司文化，后面的打扮设计就是公司制度。

4.5.4 公司制度人性化

1911 年，弗雷德里克·温斯洛·泰勒（F.W.Taylor）在著作《科学管理原理》中提到过公司和员工之间要建立非对抗关系，否则员工内心的不良情绪会严重影响公司运作。

在公司制度建立方面，我们要做的是在限制和引导员工的同时，不侵犯员工的尊严，并且让员工觉得制度是辅助他们工作的，减少内心的抗拒。员工的抗拒感少了，执行率才能高。

 小贴士

公司文化是一家公司的经营理念，这个理念渗透进公司每位员工的心里，是所有经营体系的搭建方针，人力资源体系尤其。通过公司制度和组织构架潜移默化地将公司文化的价值观灌输给员工，让他们逐渐成为"自己人"。这样经过无数轮的新陈代谢，公司中留下的员工就是一群目标一致、志同道合的人才，公司在未来的发展中会更加顺利。

最后需要注意的就是，公司文化用"以人为本"引导价值观，不要强加，否则会起反作用。

4.6　公司文化的对外输出

公司文化不仅指导内部价值观，还要对外进行价值观输出，吸引更多与公司理念志同道合的人加入。这是建立公司雇主品牌价值非常关键的信息输出内容。信息输出既要高效利用能利用的所有渠道，又不刻板，不招人烦。这就很考究。

要想让公众熟悉公司，就要建立公司形象，这不得不说一说 CIS（Corporate Identity System），即公司形象识别体系。

4.6.1　什么是 CIS？

CIS 里包含三个维度。

1. MI（Mind Identity）——公司理念识别

公司文化更多地要由内向外散发。一个无赖哪怕穿着一身正装，他所散发的气质也无法让他高大上起来。所以，公司文化是最为核心的内在因素，需要公司对员工的价值观灌输足够到位。

而内在因素又是特别神奇的。举两个例子：当一个普通人进入消防队穿上消防服，面对火灾时，他的心态和之前是完全不一样的，因为这身消防服给了他责任感和使命感；2020 年初"新型冠状病毒"肆虐，很多一线的医务人员是 80 后、90 后，他们在 2003 年的"非典"期间都还是孩子，但一身白大褂让他们从"被保护者"变成了"守护者"，这一份勇气和责任感就是"白衣天使"这个岗位赋予他们的。"消防战士保护人民"和"白衣天使救死扶伤"分别是消防队和医院输出的价值观和理念。这些理念用好了，力量是非常惊人的。

公司理念通过公司文化的内部宣传和公司制度灌输给员工。

2. BI（Behavior Identity）——行为识别

行为识别是公司对外的宣传行为，通过公司在市场上的各种行为操作建立公司的形象，比如面对灾害的慈善行为，获得国际大奖，赞助同领域的比赛，通过这些行为让公众认知公司的价值观。国内比较知名的华为，一直以来对外的形象之一就是奋斗加高薪，只要你有能力、想拼搏，多高的薪酬公司都敢给，靠着这个形象华为吸引了一大批顶尖人才。再比如京东，从各种媒体渠道宣传的就是把员工当兄弟，很简单，但是很暖心，靠这个形象也能够在人才竞争中获得优势。用一个娱乐圈常用的词来解释，公司行为识别就是公司的"人设"。当然了，行为要和公司的实际价值观相符，否则说一套做一套，很快"人设崩塌"。

3. VI（Visual Identity）——视觉识别

视觉识别指公司的包装，类似人的着装，是最直接、最简单的识别体系，一般来说这些包装包含：

①办公用品，包括员工制服、工牌、公司内装等对内设施。

②对外文件，包括公司宣传画册、信封、文件夹、名片、卡券等。

③公司建筑，包括公司所在地的建筑外装、建筑形式、园区布置等。

④产品包装，包括公司产品的包装材质、造型、商标设计等。

⑤公司广告，包括公司在各种媒体渠道投放的广告形式和内容。

公司视觉识别其实不是人力资源的工作，应该属于市场部门的职责范围，但是三个维度要统一，所以人力资源部门要和市场部门进行沟通，否则如果理念、行为和视觉不匹配，公众会觉得公司"人格分裂"。

4.6.2　CIS 的设计原则

为了让公司文化和形象相互配合、相互补充，我们在设计的时候要遵循以下五个原则。

1. 独特性原则

公司的形象设计必须有个性，不能千辛万苦设计出一个毫无特点的"大众脸"。公司形象其实是一个标签化的"人设"，可以通过公司宣传口号、公司吉祥物设计以及广告风格进行传播。所以"人设"最好是一个有记忆点的标签，让公众将这个标签和公司联系起来记忆。

举个例子，顺丰快递，公司的形象就是快速、准确、安全。顺丰从服务到口号也一直在贯彻并强化这种认知；同为快递业的另一家公司德邦快递，形象就是大件货物的物流，公司的宣传也一直在强化这个形象。所以，当公众寄送比较紧急或者珍贵的快递时，第一时间想到的就是顺丰；当有大件物品需要寄送的时候，就会想到德邦。这就是非常好的公司形象经营。

2. 统一性原则

理念、行为和视觉这三个识别维度要统一，不能有割裂感。例如上文提到的顺丰，如果宣传是快速、准确、安全，结果现实中经常超时、丢件、投递错误，那这个形象很快就崩塌了。将形象和服务贯彻统一非常关键，这一点顺丰就做得非常好，客户得到他们的服务之后，对这个快速、准确、安全形象的认知再次加深，这就是良性循环。

3. 长期性原则

"人设"不能总变，要长期经营才能让公众记住和认可。如果经常更换的话，一方面让公众对公司形象的认知出现混乱，另一方面之前所有"人设"的市场宣传成本付之东流，太亏了。

但是"人设"也不是不能变化的，当公司开始转型的时候，"人设"是可以调整的。比如李宁公司，最开始就是做运动装备，后来发现成长受限，2018 年开始转型走潮流设计路线，正好赶上了国内的"国潮"风，成功转型并市值翻倍。

4. 可行性原则

公司形象设计还是要注意落地可行性，否则太过虚幻，容易竹篮打水一场空，仰望星空的同时脚踏实地也很重要。

5. 全员贯彻原则

公司形象不仅是公司层面的事情，每一个员工都要贯彻，从服务到态度都要和公司对外经营的形象相契合，尤其是在一线直接接触客户的前台部门，作为公司的"脸面"更要贯彻到底。否则公司形象只是一个口号，很快会被客户识破，最终"人设"崩塌。

4.6.3 CIS 的建立步骤

1. 构思

尝试形象化公司文化，为公司建立"人设"。

2. 提案

征集各方提案，也可以向咨询公司寻求帮助。

3. 策划

选出所有提案里最好的一个，进行包装和优化，做出初始版本。

4. 调研

将初始版本发放给公司各层次员工，收集反馈意见。

5. 复核

根据反馈意见优化方案。

6. 设计

定稿之后，将方案进行深入设计和全面包装。

7. 试运行

将公司形象里的理念识别体系在内部试运行，如果员工接受度高，公司也觉得形象成立并契合公司文化，再进行全面推广。如果内部运行不顺利，及时叫停，修改方案。因为公司形象宣传的主要成本在外部，内部试运行的成本很低。

内部顺利运行之后，外部宣传也不能大范围推广，先小范围试运行一下，看看公众的接受度，这对经营地域范围比较广的公司，尤其是全球性公司很重要。

8. 全面推广

当试运行效果不错的时候，就可以全面推广了，尽量在短时间内集中曝光，当然这也看公司的宣传预算。推广的事情还是交给市场部门吧，人力资源到此就可以功成身退了，毕竟术业有专攻。

 小贴士

公司的文化输出就是建立自己的"人设"，类似公司的名片，我们要将与公司文化内核最为符合的一面展示给公众。这不仅可以让公司的产品获得曝光，也能靠着独特的气质吸引志同道合的人才。在整个建立的过程中，切记不要出现自己都觉得别扭的地方，强扭的瓜不甜，强扭的公司形象会让大家都"装"得很累，而这种"装"早晚会露馅的。

公司形象经营是所有大型企业的必修课，未来也可能是所有公司的必修课。因为如果公司规模很小，本来品牌吸引力就不够，薪酬预算还可能不充裕，在市场人才竞争中处于劣势，靠独特的公司文化和形象没准能弯道超车。

4.7　你真的了解福利吗?

福利，一个蕴含着非常多含义的词汇，可以是红包，也可以是柴米油盐酱醋茶，更可以是假期，所以公司福利的玩法非常多。

福利的演化值得聊聊。

在 20 世纪 90 年代，一提到公司福利，就是陪着父母去工会领取各种大米、花生油、洗发水。2000 年之后，变成了各种购物卡、旅游福利及保险服务。随着经济发展，福利也变得多样化。到了现在，福利就有了更多的选择。

福利是获取员工好感的方式之一，是员工朋友晒得最多的公司内容，做好了绝对是一张非常亮丽的名片。我们总说要提升雇主品牌价值，其实员工的口碑才是最好的嘉奖。

那我们从福利模式出发，结合我这几年的经验，聊聊公司福利。

4.7.1 福利模式

1. 直接型福利

直接型福利,公司在选择福利项目的时候秉承着"不要你觉得,我要我觉得"的核心思想,直接决定发放什么样的福利。这样的福利形式你可能觉得不太好,但是它有用武之地,特别适合与吃有关系的节日——端午节、中秋节、元宵节。这些节日食物,无论吃不吃,喜欢不喜欢吃,只要存在就能烘托出气氛,但是要顺应潮流,注意低糖低脂。

优点:采购难度低,预算可控。

缺点:个性化需求无法满足。

2. 半可选套餐式福利

有的公司觉得众口难调,用直接型福利有点生硬了,希望员工能有选择余地,但又受限于采购精力,无法让员工随便选,这时候半可选套餐式福利就很实用了。公司可以提供几个福利组合套餐,让员工在此范围内选择,既能满足一定的个性需求,又能控制采购难度。现在市面上很多做礼品卡的公司看准的就是这一块市场。

优点:可以满足一定的个性化需求,采购难度较低。

缺点:相对中庸,在统一和个性上都没有做到极致,很容易两头不讨好。

3. 弹性福利

半可选套餐式福利的尴尬境地很明显,两头都没顾及。有没有一种可以让员工自主选择福利形式还不提高公司的采购难度呢?随着互联网电商的发展,这种本来痴人说梦的想法得到实现。现在出现了很多弹性福利平台,依托电商平台和专业物流,能够把福利的可选择性全面展开,员工就像在电商购物一样可以在平台上任意选择自己喜欢的产品,公司和平台再按照福利费用进行结算。这算是一个比较先进的模式。

但是弹性福利也有缺点。首先,选择福利的下单流程和日常网上购物太像了,所以福利仪式感不足。其次,同事之间选择的产品差异很大,导致福利氛围感不足。最后,最大的缺点就是很容易让员工将福利货币化,这事就麻烦了。福利的本质是非货币化,让员工体会到公司的关怀;一旦货币化,那和补贴有什么区别?久而久之人情味就没了。

优点：员工可选择性极强，公司采购难度极低。

缺点：怎么看这个"浓眉大眼"的都不像福利。

4. 组合型福利

前三种福利形式其实都有各自的优点和缺点，而且都很明显。解决的方式就是组合。但是怎么组合就成了一个大问题。那么我们就从使用场景出发，看看怎么组合最合适。

（1）直接型福利＋半可选套餐式福利

这种组合特别适合员工平均年龄偏大的公司，一方面是大家已经习惯老式的福利了，突然玩点新鲜的容易把人整蒙；另一方面，年龄大了，接受新鲜事物的学习成本很高，弹性福利平台虽然和知名电商平台基本一样，但是操作上还是相对复杂。我曾经亲眼看到一个推行弹性福利平台的化工企业给年龄大一点的员工做培训，接连培训三四次之后，依旧有员工不会操作，最后被迫回到可选套餐的形式。

同时，如果公司的人员规模很小，也适合这个模式，因为在采购的时候可以征求大家意见，基本能照顾到大多数人，还能给员工一种大家庭的感觉。

（2）直接型福利＋弹性福利

如果公司员工的平均年龄比较小，这个组合就太合适了，弹性福利平台满足大家对于个性化的需求，直接型福利满足公司需要的仪式感和氛围营造。

另外，如果公司员工分散，地域跨度大，趁早用弹性福利平台，否则物流费用就够受的了。

（3）直接型福利＋半可选套餐式福利＋弹性福利（任选其二）

如果公司员工的年龄层跨度很大，有老一辈，也有年轻人，那为了满足大家的需求，可以自由组合，虽然相对来说复杂一些，但福利不就是为了让员工感受到温暖嘛。不合适的方式会起反作用，就好像你本来关心别人怕他冷，买了一件羽绒服送给他，结果颜色奇葩，尺寸不对，那还不如不买。

4.7.2　福利到底是什么？

1. 别忘了福利的初衷

温暖，温暖，还是温暖！这就是福利的初衷。所以无论选择怎么样的福利形式和项目，都别忘了初衷。

很多公司在做福利规划的时候很茫然，因为福利种类太多，反而不知道怎么组合了，就好比你推着购物车进了大型超市买食材，却不知道怎么选。其实你差的是一个方向，如果有个主线思维，就容易很多。比如我告诉你今天吃火锅，再让你进超市，是不是买东西的时候就有点谱了？

福利也是一样，我们首先要明确给员工什么，而不是先看福利项目，不能本末倒置。之前遇到过很多客户做福利体系的时候，我问他们需要什么，他们说要最好的福利项目，这就是逻辑错了。

2. 掌握好福利的节奏

福利一方面要避免货币化，另一方面要避免过于频繁。什么事情一旦频繁了，效果就会衰减。一个月给大家准备一次丰富的下午茶带来的满足感和发朋友圈的欲望一定高于每天一次下午茶。

不知道你有没有注意到，很多明星频繁出镜一段时间后就会消失一段时间，这其实就是为了保持新鲜感。掌握好福利的节奏，既能达到好的效果，还能节省成本。

3. 珍惜福利的非货币性

很多公司想将公司氛围打造成"家文化"，专业名词叫作"员工归属感"，但这个目的光靠钱是达不到的。通过福利来收拢人心是最好的方式，利用的就是福利的非货币性，而且福利是所有薪酬项目里唯一一个非货币性项目，更多的就是抚慰员工的内心。

举个例子，员工经常对着电脑一坐就是一天，这时候是发 150 元奖金，还是每周雇一个中医按摩师给大家做做按摩？哪种方式，员工的感受更好？

季度末是给大家每人发 200 元奖金好，还是用这笔钱组织去团建的效果好？

春节期间是给大家多发 500 元年终奖好，还是给家比较远的员工多送一天假期更温暖？

福利让最开始只有金钱关系的员工和公司之间增加了情感，并且这份情感可能让员工感觉更好。

4. 福利可以提高雇主品牌价值

雇主品牌价值，这个最近几年被炒热的新概念，指的是公司在人力资源领域的商誉，也就是公司有多吸引人。要注意一点，这个雇主品牌价值一般与薪酬水平没关系，也就是说，雇主品牌价值高的公司，薪酬不一定高。

那靠什么支持价值？一方面是公司的品牌价值和行业地位，另一方面就是公司员工的工作体验。你是不是经常看到谷歌、苹果、阿里巴巴、腾讯这类顶级公司秀自己的办公楼、办公环境、会议室、食堂、健身房？就是为了让你对这些心生向往，吸引你去应聘嘛。

为什么秀这些呢？一方面，因为薪酬水平没法秀，得保密，就算不保密，也不能发个新闻稿里晒一大沓子钱，这种行为艺术算是公关灾难了吧。另一方面，工作体验越来越受到关注，这是社会经济水平提高的表现，人们开始追求金钱之外的东西。如果 20 年算一代人，自中国改革开放已经是两代人了，家庭财富水平积累到了一定程度，尤其是在一线城市。不知道你注意到没有，现在很多 95 后家庭条件都不错，对他们来说，工作是为了生活更好，而不是为了生存。甚至更好一点的家庭，孩子出来工作完全是为了兴趣，不是为了赚钱，自然追求也不一样，除了金钱的需求，还有精神需求。这个趋势会随着中国经济的不断发展成为主流。但欧美市场的情况不值得我们参考，在家庭财富同等的前提下，中国孩子从家庭中获取的财务支持要几倍于欧美，原因是中国文化中的家庭概念和欧美文化中的家庭概念不一样。所以我们要关注员工的精神追求，福利就是途径之一，也是人力资源薪酬模块里的唯一途径。

5. 福利的优势

福利有花小钱办大事的特性，人均每个月 200 元放进薪酬里，也许瞬间被淹没，但是这笔钱放在福利上能玩得风生水起。茶水间、生日会、团建（季度一次），这些能达到的效果绝对比 200 元薪酬更好。

小贴士

福利——我们未来人才引进和保留的利器，好好筹划，好好落地，一定能让公司氛围焕然一新。福利不可能一蹴而就，因为你不知道员工喜欢什么，所以公司需要一步一步地去经营，一步步地去试探，找到最合适的福利体系，因此要比其他公司更早出发，争取先发优势。

4.8　讲一个很好的员工关怀案例

"我们公司想做员工关怀，但是无从下手啊，能不能给点建议？"

"员工关怀其实没有条条框框，很难总结，我给你讲一个我觉得做得很好的案例。"

2017 年初，我接了一个组织优化的项目，这是一家广告传媒公司，主营业务就是电影播放正片之前的广告。这家公司的薪酬水平处于同行业 20 分位左右（较低水平），离职率很高，公司非常着急，因为薪酬预算是集团公司定的，短期内改变不了。

公司以年轻人为主，年龄分布在 25 ～ 35 岁。除了几个高层，几乎没有 35 岁以上的。办公地点在北京三里屯，在这个年轻人的购物中心、小资聚集区，这样的薪酬竞争力必然很难留住人。

我在这家公司调研了大概一个月，根据我发现的问题，为他们定制了下面几个员工关怀性福利。

4.8.1　根据住所位置，安排上班时间，提高员工可支配收入

北京的早高峰简直是春运的日播版，公司所在地是三里屯，拥堵程度更高。员工平均单程通勤时间为 2 小时，基本上早上到了公司，十分疲惫，工作效率很低。如果想在公司附近租房，价格很高，当年三里屯一居室的租价要 5000 元一个月起，而东五环外的同等房子只要 1500 元一个月。假设一个员工月收入税后为 10000 元，如果住在三里屯，相当于收入为 5000 元；而住在东五环，收入则为 8500 元。这就是我们常说的可支配收入，月收入减去刚性支出。两者差距为总收入的 35%，非常大。但是便宜带来的就是折磨人的早晚高峰通勤。如何平衡？

我们以该公司为基准，每 5 千米为一个半径，画了 4 个圆，一共为 5 个区域，从早上 9 点开始，每隔一个区域，上班时间推后半小时，见表 4-1。

表 4-1　区域、早晨打卡时间与平均租房价格表

区域	早晨打卡时间	平均租房价格（网络平台统计）
0～5 千米	9：00	5580 元
5～10 千米	9：30	4260 元
10～15 千米	10：00	2990 元
15～20 千米	10：30	1820 元
20 千米以上	11：00	1370 元

这时候你肯定会有疑问：如此分散的上班时间，团队配合起来会不会有问题？这完全不需要担心，在政策实施之后 3 个月内，90% 的员工搬到了 15～20 千米这个区间居住。纵观所有区域，这个位置是经济和通勤时间最好的平衡点。而且拥堵的城市有个特点，就是同样的距离，高峰期可能需要的时间是平时的 3 倍，当打卡时间改为 10：30 之后，公司员工的平均单程通勤时间从 2 小时降为 45 分钟。换算为起床时间的话，员工从每天 6：30 起床（原来是统一 9：00 打卡）变成现在的 8：30，男生可能 9：30 起床都可以。6：30 起床后历经 2 个小时早高峰到公司，这和 8：30 起床、收拾、化妆、吃个早饭，45 分钟到公司，对员工精力的消耗简直天差地别。同时，员工平均租房成本从原来的 5580 元降为 1820 元，可支配收入平均增加 3760 元。而公司付出的，只是延后上班 1 个半小时。所以，经常有朋友问我，我们公司要做弹性工作制，但是不知道该如何确定上班时间，我会建议让员工在一个可以灵活选择的范围内自己决定。

4.8.2　紧追热点，关注员工健康

2017 年正是北京雾霾最为严重的时候，老百姓也开始关注雾霾。我小时候没有霾这个概念，只有雾，早上出门看到白皑皑一片还会深呼吸一下，感叹空气的湿润和通透，现在想想也是够了。面对严重的雾霾，给员工发放口罩是必要的，公司特别采购 6 台单价上万的大型空气净化器，全速运转，并在公司各个角落安装空气质量检测表。面对户外雾霾的爆表数值，再看看公司内部个位数的 PM2.5 值，员工安心很多。

同时出现了一个情景，下了班之后，大家都不着急回家了，反而在公司享受免费的空气净化器（家里的空气净化器不如公司的好）、咖啡、零食。我们

做过一个统计，雾霾严重的月份比不严重的月份，员工的平均工作时间多了 40 多小时。而公司老板面对雾霾天气，总是有一种高兴而又不爽快的复杂情绪。

4.8.3 关注员工实际需求

后来，我们发现在雾霾天来公司加班的员工越来越多，甚至带着孩子来的也不少。面对这种情况，我们专门开辟出一个会议室，作为孩子的活动间，找了一个之前某著名培训机构的教师看护孩子，并且采购了非常多的质量特别好的玩具（平时家长一般不会买的那种）。大概一个月之后，员工貌似有点后悔带孩子来公司了，因为每到周末小朋友们都吵着要来。不过仔细一想，公司免费给雇老师，准备玩具，准备咖啡，还有清新的空气，去就去吧。毕竟，带孩子去培训机构花费不低。

到了公司，你的孩子去玩了，你能站着看吗？肯定去工位上工作一会儿。就这样，公司的周末加班就在猝不及防的情况下开始了。虽然没有加班费，但也听不到多少抱怨声，更多的是教育孩子的讨论和欢声笑语。

4.8.4 丰富的生活福利

公司除了安排丰富的咖啡、零食，每个部门每个月还有 3000 元的生日会预算，人均 100 元，生日会办得非常奢华，蛋糕、饮品、小吃都会有。因为生日会比较扰民，所以行政部门会安排在周末举办，一般是上午 11 点开始，一个小时结束，看到老板在一边鼓掌，员工基本不太好意思直接走，而是稍微加会儿班，这样每周末都会有一到两个团队在加班。

综合下来，平摊到每个月，人工成本增加 18 万元，公司一共 300 人，平均每个人每月 600 元，这笔钱如果放进薪酬，很鸡肋。但正是这 18 万元的福利，使得这家公司每个月输出的广告成片从 9 支增加到后来的 16 支，广告片收入平均为 50 万元一支，收入增加 350 万元。更重要的是，公司离职率显著下降。看到这样的成绩，之前一直不同意涨薪的集团总部，批准了涨薪申请，最后的结局皆大欢喜。

小贴士

你会发现福利和员工关怀这两个体系都不太花钱，相较于不断地涨薪，成本会低很多，同时会提高企业的温度和人情味。搭建家文化、激发员工的企业责任感是这两个体系的最大优点。真正运营起来后，员工习惯了这个文化，即使外面的薪酬更高，离职的人也会少很多。

假如你是个高管，公司在你孩子生病而你又非常忙的时候，为你直接安排了高端医院的陪诊服务，医院直接派陪护人员上门，送孩子去医院，安排检查、治疗，全程你都能通过视频看到孩子的情况，陪诊结束之后医院派人送孩子回家。公司除了为你买了高端医疗保险外，还为你的父母、妻子、孩子也购买了高端医疗保险。每到情人节、儿童节、父亲节、母亲节，公司会以公司的名义寄出礼物，感谢他们支持你的工作。你会有什么感受？对于一个年薪几十万或上百万的高管，这些花费可能不到他年薪成本的 1/10，但是对人才保留起到了决定性作用。

让员工感动，就是最好的保留。

假如你是个基层员工，公司为你提供了可口的一日三餐，为了上下班方便，公司在较远地方的某一小区安排班车，或者弹性安排上班时间。每到过年，公司会以公司的名义给你的父母寄出一笔年终奖，向你的父母感谢你这一年对公司的贡献。每到你的入职日，公司会给你发一张感谢的贺卡，并附送一定额度的购物卡（小额度的卡比给钱显得多）。公司会为了你的健康购买多台大功率的空气净化器，并实时监控工作区的空气质量。

我只做了一部分描述，大家可能觉得很麻烦吧，但是你别忘了，你做了这些，比你直接给他涨薪挽留，成本低很多。当公司预算不足的时候，这些事情你就必须去做了。你可以看到现在已经有很多公司开始做了，但都是一些行业的龙头企业，因为他们将规划看得更远，已经意识到了这个问题。往往龙头企业开始做了，过不了几年全行业都会跟进，这在无数的历史案例中都得到了印证。所以，这就是问题关键。

4.9　如何确定一个诱人的培训计划？

员工培训是当前每个公司都想做，但是又非常头疼的事情。

想做是因为公司希望通过培训，让员工的个人能力和工作能力有所提升，提高公司内部的工作效率和工作成果，就像你玩一个网络游戏，不断想把自己手里的角色升级一样。

但头疼的是，员工对培训的态度普遍是抗拒的，因为大部分培训课程枯燥无味，所以培训效果不大。培训课程还会带来格外的成本支出，这笔投资的收益率真的不太高。

如何把培训搞得有声有色，让员工能够真正从中汲取知识、增长能力，就是人力资源部门面对的一大难题。

培训体系的搭建是人力资源管理中非常重要的一步，我基于这些年的项目经验，总结了一套相对比较好用的培训计划搭建套路，能够保证环节不缺失，不出大的纰漏。

4.9.1　搭建培训计划的步骤

1. 确定培训目标

培训目标是非常重要的，如果不能贯彻到位，很容易变成为了培训而培训的"走过场"。不同的职能方向、不同的职级，培训的内容也不一样，需要有一个主线逻辑贯穿才行。

举个例子，假设公司今年的培训目标是提升员工的工作技能水平，那研发部门、销售部门、专员层员工、总监层员工对应的培训内容是不一样的，因为工作技能不一样。

确定公司年度培训目标不能太具体，具体的培训目标叫作主题培训，适用于短时间内的培训项目。而年度培训是为了能够适应不同地域、不同分公司、不同职能部门的人，宽泛一点更合适，让各个群体有自己的灵活调整空间很重要。

2. 确定培训组织者

培训的安排实在是太灵活，换个人就能安排得完全不一样，所以一定要确定一个主要组织者，别找一个选择综合征的人组织就行。这个组织者可以是人力资源部的人，也可以是相应部门内部的人。

3. 确定培训科目

现在的流行趋势是让部门内部自己选择培训方式，是找老师现场授课还是在线培训，完成之后提交发票报销费用就行。人力资源从中协调预算、场地就可以了。

4. 确定培训范围

培训的范围包含培训内容的范围和培训参与者的范围。

5. 确定培训导师

根据实际需求选择外部聘请、内部选择还是网络平台。

6. 制定时间表

内容都定好了，时间表要做好，保证培训流程和工作时间安排好。另外场地也可以提前确定，以免临时安排导致手忙脚乱。人力资源在这个过程中协调各种事务并监督整个过程。

7. 培训费用预算

确定好导师和场地之后，费用就很容易计算了。

8. 评估培训效果

培训效果很难评估。我们主要从四个层面进行评估：员工参与度、员工满意度、培训导师反馈、测试成绩（如果有）。

4.9.2　培训计划的注意事项

1. 培训计划要与公司经营有关系

培训的内容得和提高公司经营能力有关系，比如外贸公司培训英语、广告公司培训艺术、销售公司培训消费者心理学。

2. 培训计划要与员工需求有关系

强扭的瓜不甜，在有限的范围里选择一些员工想要的培训科目，这样效果会好很多。在培训科目没法选择的情况下，可以选择大家喜欢的老师，无论是外聘的还是内部的，效果好就行。如何判断大家喜不喜欢？注意每一次培训的现场效果，喜不喜欢一眼就能看出来。

3. 注意预算

很多公司因为培训预算支出大，所以第一年做了，第二年就取消了。其实培训的效果和减肥一样，很难在短时间内呈现出来，如果一开始预算过高，那培训很容易夭折。所以培训预算最开始要尽量小，当呈现出一些效果后，再逐渐加码，一点点往上加，就非常稳了。

4.9.3 培训项目的制定方式

培训项目的制定方式主要有内部需求调研、管理层拟定和数据分析。

4.9.4 常用的培训项目

我们把常见的几种培训项目列举出来，通过几个维度来分析每一个培训项目的优劣势。

1. 专家授课

- 专业性：非常强。
- 参与度：弱。
- 知识获取密度：非常高。
- 团队融合：没有效果。
- 知识多样性：较弱，毕竟只有一个老师在讲，没有多种角度。
- 适合度：差，老师的风格决定了培训质量，很难调整。
- 实践性：差，基本是理论。
- 组织难度：较低。

2. 案例分析

- 专业性：强。
- 参与度：弱。如果能加上案例讨论，会好很多。
- 知识获取密度：非常高。
- 团队融合：有一点效果。
- 知识多样性：弱。案例内容有局限性。
- 适合度：强。真实案例比较贴近大家的工作。
- 实践性：强。实际案例操作对工作是有指导意义的。
- 组织难度：较低。

3. 圆桌讨论会

- 专业性：一般。讨论就是各抒己见，尽量不要有独当一面的领导在，否则会影响大家发表意见的欲望，也容易带偏意见。

* 参与度：非常高。
* 知识获取密度：较低。讨论相对口语化，加之辩论、探讨内容，密度高不了。
* 团队融合：效果好。大家能够发表自己的想法，让意见融合，非常有利于团队的和谐。
* 知识多样性：较强。
* 适合度：很高。
* 实践性：一般。大家的意见不一样，有很多是无用言论，最后汇总出一个正确的方式。
* 组织难度：较低。

4. 情景演示（模拟）

* 专业性：较强。主要看演示案例主导者的能力。
* 参与度：非常强。大家可以参考大学里的模拟法庭，真正能够让参与者进入角色，体验在日常工作中真正会遇到的问题。
* 知识获取密度：非常高。其实实践比理论的知识密度高很多，因为实践的过程是一个故事链。它能把知识串起来，更有利于记忆。举个例子，我们在做消防疏散培训的时候，听PPT的效果不如直接演习一次。
* 团队融合：效果非常好，大家可以在过程中真实地配合。
* 知识多样性：差。案例相对比较片面。
* 适合度：差。只适合在案例演示中出现的工作岗位参加。
* 实践性：非常高。
* 组织难度：高。

5. 影像展示

* 专业性：非常强，都用影像了，你肯定得找个权威啊。
* 参与度：低，可以加入讨论，但在实践中即使加入讨论，大家也很难说出什么，因为影像教程与真实工作情况有点距离，或者和当前公司遇到的情况差距比较大，不如专家结合实际公司情况到场培训，或者现场答疑。
* 知识获取密度：很高。
* 团队融合：没有效果。

- 知识多样性：很高。
- 适合度：差。
- 实践性：差。
- 组织难度：非常低。

分析了这几种常用培训方式的优劣势，我们就可以在公司需要做培训的时候根据培训目的、培训群体选择合适的方式。

 小贴士

对于公司来说，培训是非常重要的一环，让员工和公司共同成长才能长治久安。现在很多员工因为感觉不到自己在工作中有任何提高而离职。加之这两年，人们的知识焦虑越来越严重，焦虑虽不是个好事情，但是如果焦虑能引发学习提升的欲望，那我觉得对个人来说肯定是有利的。公司可以抓住当前这个潮流，安排有价值、有质量的培训。

4.10 最重要的培训项目——新员工培训

年度培训不一定每个公司都有，但是新员工培训绝对 99.9% 的公司都要做，所以提出来单独讲。

新员工培训的重要程度简直高得不可以用言语来形容，能够让一个新员工在进入陌生工作环境之后快速进入状态，所以，新员工培训对员工和公司来说都是非常重要的事情。

有一个调研，找了 1000 名入职不满 2 个月就主动离职的人员进行访谈，调查离职原因，新公司入职流程不清晰和培训不到位高居榜首。新员工离职，薪酬水平肯定不会有大问题，因为刚刚谈好薪酬，不会这么快就不满。所以，对于新员工的保留，最重要的就是让其尽快适应工作节奏。

4.10.1 新员工面临的问题

既然是新员工培训，我们就要先了解一下新员工入职之后面临的问题，找到培训的入手点：对公司的规章制度不熟悉，对公司的内部环境和团队同伴不熟悉，对新工作的岗位职责不熟悉。

4.10.2　新员工培训的目的

新员工入职之后主要就是上述三方面不熟悉，那我们从中抽离出培训的目的。

1. 加快新员工进入角色速度，降低融入成本

很多人不了解培训干什么，新员工进入公司之后自己在岗位上工作一段时间不也能融入吗？还省了培训的成本。其实新员工进入角色越快，公司的成本就越低。培训是员工融入的催化剂，目前看来催化剂的成本远低于自然融入的成本。

2. 促进团队融合，降低出问题的风险

新员工入职，公司最怕的就是把本来很稳定的团队搞乱，这种风险是存在的，一旦出现就得不偿失。所以我们要通过培训提前观察新员工与团队之间的关系和融合度。如果出现问题就及时调整，这比在正式开展工作之后出问题再调整，成本低了很多。

3. 宣传公司文化、规章制度和价值观

公司文化是整个公司日常工作的基调。举个例子，一个人从一个狼性文化，不讲究上下级可以畅所欲言的公司离职，到一个稳定和谐、一板一眼、员工只需要做好"螺丝钉"工作的新公司入职，他是不是要切换自己的工作风格？如果不让他刚入职就立刻了解公司文化，刚开始工作的那一段时间，他还保持原来公司的工作方式，可能会带来很多麻烦。

规章制度也是同样的道理，有的公司准点打卡，有的公司灵活自由。人家刚来，我们必须解释清楚。

4. 提高新员工满意度，降低短期人才流失率

现在招个人多难，耗费人力资源的人力财力，好不容易一个员工入职了，一定不能因为融入不到位而流失。让新员工感受到公司对他的重视和关怀，能提高他的工作积极性。第一印象很重要，不能含糊。

4.10.3　新员工培训项目

我们分析了新员工不熟悉的方面和新员工培训的目的，从中提炼出来的培训项目主要有企业规章制度、文化，公司和部门的组织构架（领导及同事情况、升职规则），岗位的薪酬制度（发薪方式、补贴及福利制度、绩效制度和激励机制），员工的权利和义务（劳动合同和保密协议、解聘的相关条件、公司内部申诉途径），日常支持的职能部门介绍，工作地点和工作时间、年假及轮休政策，突发情况处理方式，其他的企业特色。

4.10.4　新员工职业发展路径

新员工来到公司，肯定不想一辈子在一个岗位上终老，都有上进心。但上进心如果用错了地方，就会很麻烦，造成不必要的竞争，会破坏团队和谐，也会让他走弯路。所以，在入职的时候就告诉他这个职位晋升的方向和晋升标准，能够让他有的放矢，准确前行。新员工职业发展路径（也就是职位晋升路径）包含的内容有晋升的标准、晋升的路线、下一步晋升的岗位需要具有什么能力、之前晋升的案例。路径不适合可以随时进行转岗。

小贴士

新员工培训是公司管理的必修课，如何让来自五湖四海、专业不同、文化背景迥异的各种人才快速融入公司，尽快进入工作状态，需要人力资源安排好新员工培训。对于培训的流程和原则，千万别教条，根据公司的情况适宜地调整，做一套属于自己公司的新员工培训计划。

第 5 章

人力资源的规划与管理

5.1 人力资源的工作重点是什么？别费力不讨好

"如何才能理解公司和领导对于人力资源的真实目标？"

很多 HR 来问我这个问题，他们表示："问领导，他也不说，我和他也没有那么多时间交流，我该怎么了解领导的真实意图呢？"今天我们就来聊聊领导的真实想法和人力资源对公司的重要性。

我刚进咨询公司时，培训的课程里就有心理学，为什么呢？因为我们大量的工作就是与人交流，所以要先了解对方意图，之后再去做事情。我们来看看在日常工作中，怎么获取领导的真实意图。

5.1.1　看领导最近老问你什么，或者他关注什么

人力资源一般不是公司的业务产出部门，所以领导不会和你玩语言游戏，因为没必要，有什么问题他直接就问你了。比如你发现他最近问你最多的是员工满意度，那他最近肯定是听说了什么，或者遇到了类似的问题。这时候哪怕不去多问一嘴，回到岗位上也要想一想最近有没有员工投诉类似的问题。

5.1.2　人力资源是企业动向的风向标

你想想，一个公司要开展一个新业务，第一件事要做什么？找人啊，搭团队啊。

我们曾经接过一个政府项目，是利用当地的薪酬数据库和招聘数据库看企业的发展方向。我们发现，很多初创期互联网企业的招聘重点从研发人员向市场运营转移，市场营销的人才需求增长特别快，并且薪酬水平的涨幅也高过研发人才。这时候政府部门应该怎么做呢？

我们当时建议政府部门加大补贴力度，因为初创期互联网公司更加重视市场宣传，按说应该是在产品完成度达 70% 左右的时候开始宣传才比较合适，这样做明显提早了，这说明这些互联网企业背后的投资方施压了，要尽量验证产品，加速孵化。于是我们得出结论：问题一定就出在钱上。资金不够，这些互

联网企业紧张了，自然容易赶鸭子上架，所以加大政府扶持，能够使得互联网企业踏下心来好好做产品。这个理念来自硅谷，当年麦肯锡就用这个来判断互联网行业是否存在泡沫。

5.1.3　让你的领导意识到人力资源的重要性

这条真的很重要。领导不是做人力资源的，你不能指望领导在所有领域都是全能的，对不对？据我以往的经验，中国大部分公司的领导是做业务出身的，极少数领导是别的领域出身的，更别提人力资源了，屈指可数。所以不要以为我们能理解的事情，领导一定能理解，我们觉得重要的事情，他就一定觉得重要。你得告诉他，让他知道才行。我做项目的时候，把做薪酬体系和绩效体系的作用讲完之后，领导经常眼冒金光："我才知道这事这么重要。"我一般借着机会让领导知道很重要，虽然我有着做咨询项目的光环，领导会给我时间听我说。抓住时间和机会是很重要的。

俗话讲，会哭的孩子有奶吃，话糙理不糙，对吗？你想让领导重视，给你加预算，你就得先让他理解。

当然了，光靠嘴说也不行。领导稍微重视，稍微给你一点权力和预算，那你就真的要把效果做出来，证明自己说得对，才能把稍微变成源源不断，可持续发展，这才是良性循环。

所以，不要觉得做人力资源对沟通能力就没有要求，沟通能力对于任何岗位都很重要。

现在的环境其实对人力资源很有利，因为成本非常敏感且经常出现在领导面前的数字里，人力成本所占的比重越来越大。这两年做项目明显感觉很多领导对人力资源的重视程度比之前高了很多，毕竟每年要花的钱是实打实的啊。这时候如果通过科学手段帮助公司提高效率或者降低成本，人力资源很容易获得领导支持。

给大家分享一个案例，2019 年我给一家连锁餐饮企业做项目，企业面对过高的人员流动一筹莫展，当时我们配合人力资源一起做了一线员工的股权激励。这是个虚拟股权，将以往的业绩奖金和年终奖组合，再配上当年度的年终奖增幅部分，总额相对于一线员工的薪酬来说相当可观，但是成本除了例行的年终奖增幅，其他几乎没有增加。

发放标准的维度很简单：

- 在职时长。大系数看年度，小系数看月度。
- 考评贡献（就是他们的绩效成绩）。
- 员工编号。因为有很多员工离职后回来，然后再离职，老觉得反正餐厅缺人，就比较任性，但是他每回来一次，员工编号就要重新排。

然后我们把年终奖增幅部分做成了递延奖金，延后三个月发放，相较于去年没有变少，还能够留住员工。增幅部分都放在递延里，慢慢地递延部分占比越来越大，最后就会分期发放了，比如每隔一个月一次、三个月一次，或者半年一次。

从此这个餐厅的员工流动相对减少了 80%。

后来 HR 和我说，老板遇到事情，会和 HR 商量了，不再像以前那样完全听不进去了。我相信，再有几次类似的操作，HR 的地位还能上升。

其实公司大部分的操作根本无须找第三方咨询公司，很多事情自己就能做，包括我刚刚说的这个项目。当时找我们是因为领导不信任 HR；如果领导信任的话，以这个项目的技术含量，完全可以自己解决。

 小贴士

总结一下做人力资源工作的流程：

首先，通过老板的言谈举止，了解他对哪方面比较感兴趣。

其次，知道人力资源的重要性，不要妄自菲薄。

最后，如果老板没关注，那就通过这些重要性去吸引他关注，从而获得支持和资源。

5.2 浅谈人力资源三大支柱

这两年被太多人问及人力资源的三大支柱，让我感叹国内的人力资源环境终于要升级了。

人力资源三大支柱分别是：SSC（Shared Service Center，共享服务中心）、

COE（Center of Expertise，专家中心）和 HRBP（HR Business Partner，HR 业务伙伴）。

5.2.1 SSC（共享服务中心）

这是人力资源的基础运营中心，所有的人力资源实务工作都在此完成，包括发薪、入离职办理、基础培训安排、福利采购等。

未来人力资源岗位会分成两个流派：实务性 HR 和政策性 HR，类似财务岗位的实务会计和管理会计。实务性 HR 未来就会任职在 SSC。其实过去大家眼里人力资源要做的事情仅仅是 SSC 该做的，这就是我觉得当前社会对人力资源的要求要升级的原因。大家对人力资源的要求更多了，随之而来的就是理解也更加全面。

5.2.2 COE（专家中心）

这是未来人力资源岗位中的政策性 HR 任职的地方，主要做的事情是根据公司发展战略和当前的阶段搭建最合适的薪酬体系、绩效体系、福利体系以及公司文化。COE 是公司人力资源体系的设计部门，要求有足够的人力资源管理咨询经验，所以虽然 COE 和 SSC 都是人力资源岗位，但是人才来源和从业履历是完全不一样的。COE 的人才主要是来自当前各大管理咨询公司中的人力资源咨询顾问。

国内当前大部分公司没有设置 COE 类岗位，所以各大咨询公司的业务才会如此红火，因为公司没有，才需要外包。这时候你可能会有疑问：既然我可以外包，为什么还要单独设置这个岗位？

外包咨询公司来做各种体系的好处是模型成熟，速度较快，但缺点也非常明显。

1. 后期体系运营难

咨询公司搭建完，拿着尾款拍拍屁股走人，不带走一丝云彩，但除非你在项目搭建过程中全程认真参与，否则后期体系运营中，总会有你不太明白原理的地方，令你非常头疼。

2. 体系寿命有限，可持续发展性不强

咨询公司给你搭建的体系，是根据你公司未来几年的发展战略做的，但其实大部分公司是计划赶不上变化，和预期不一样。那这个体系就需要根据实际情况及时调整和修改，可这时候咨询公司已经走了。大部分公司只能加钱找咨询公司团队回来修改，或者重新找人做。

3. 咨询团队不够了解公司情况

说破天，外来的人很难在短时间内快速了解一家公司的全部情况，很难摸清所有需求，所以经常看到咨询方案修改 30 多稿的情况。

这些问题，如果公司有自己的 COE，就可以完美解决。在成本方面是否划算，就要根据公司的实际需求来判断了。

5.2.3 HRBP（HR 业务伙伴）

HRBP 就是人力资源和各个业务部门之间的"翻译"。给任何一个业务部门做人力资源服务的时候，无论是人才招聘还是薪酬绩效体系，都需要 HR 对业务部门充分了解，越了解做出来的方案越符合需求。但现实是残酷的，我们不能要求 HR 了解所有业务，也不能要求所有业务了解人力资源，所以经常出现双方交流完全不在一个频道上的"跨服聊天"，各聊各的自然没用。这时候就需要一个对某一块业务比较了解，同时懂人力资源的人，这个人就是 HRBP。作为人力资源和业务部门的沟通桥梁，HRBP 要左右逢源，找到最优方案，让双方可以无阻碍地配合运营。

为什么很久之前的概念会在今天再次成为大家讨论的焦点呢？

公司高管开始关注并建设人力资源部门，最重要的原因就是人力资源成本成为企业的主要成本之一。这些年随着人民收入水平提升，劳动力价格上涨，人力资源成本地位逐步上升。加之国内产业结构改革，从第一、二产业向第三产业过渡，人力资源成本几乎是第三产业最大的成本之一，而且现在已经有不少公司的人力资源成本就是公司最大的成本，没有之一。地位上升了，获得的关注和重视程度肯定不可同日而语。人力资源领域的咨询公司近 5 年业绩增长都保持在 30% 左右，由此可见一斑。

人力资源三大支柱不是强行发明出来的，是在 20 世纪 90 年代被发现的。随着公司越做越大，肯定不满足于总找人力资源咨询公司做体系，成本上也不划算，所以会自己找属于自己的政策性 HR。政策性 HR 在搭建体系的过程中，需要对各个部门充分了解，但是双方发现很难互相了解，这时候公司会招聘 HRBP 来帮助沟通。当人力资源部门内部人数多了，就要细化，就会形成 SSC、COE 和 HRBP。这个过程并不是刻意为之，而是随着公司发展自然而然形成的。

对于未来的发展，我认为 SSC 是非常有可能被机器替代的，毕竟工作内容相对单一化、程序化，而 COE 和 HRBP 是很难被替代的。所以，如果想未来不被机器抢了工作，那就要积极给自己准备转型需要的知识体系。虽然那一天不会很快到来，但是以今天这样的科技发展速度，谁也没法预期未来的情景。准备好，防患于未然。

5.3　"3D"介绍——OD、TD、LD

先说一下这三个分别是什么：

OD（Organization Development）——组织发展。

TD（Talent Development）——人才发展。

LD（Learning Development）——学习发展。

这三个岗位应该是当前最火的人力资源岗位，各大公司争先恐后地设置，所以我也经常被问及很多相关问题。

5.3.1　这三个岗位都是干什么的？有什么区别？

1. OD（组织发展）

这个岗位就是个人力资源设计师根据公司的战略和当前所处的阶段设计一套最合适最高效的组织结构。举个例子，当一个公司处于创业阶段的时候，因为员工人数比较少，同时公司需要各种政策高效落地运转，所以需要一个非常扁平化的组织结构，尽量减少组织层级和职级，加强跨部门沟通效率。但当公司逐渐发展，人员规模变大，扁平化的组织结构会导致沟通混乱，毕竟领导也是人，能够同时关注的人数是有限的，这时候就需要增加汇报层级，分散管理。由于员工人数多了，人与人之间的差异会随之增大。为了给每个人的职业发展留出空间并区分个体差异，要增加公司职级。然后，当公司有了不同事业部的时候，发现有些业务可能做传统行政管理不太合适，需要做项目制，那 OD 就要根据业务需要为其定制项目团队制的组织构架等。这样的描述是不是让你觉得有点像之前说的 COE 中心做的事情？没错，一般 OD 岗位就是 COE 类，它们之间是包含关系。

2. TD（人才发展）

OD 把公司需要的组织构架搭建完了，这时候 TD 闪亮登场，TD 要做的就是为组织设置岗位，并且为公司建立职级标准和岗位任职标准，也就是我们常说的岗位说明书。TD 要评估在当前的公司规模和业务需要的情况下，什么样的人才是最适合公司的。举个例子，初创型公司选择高层管理人员就需要那些善于探索、善于打开市场的激进派人才，而当公司进入稳定发展期，高管要尽量是可以优化组织运作效率、提高稳定性的人才。这就是为什么我们经常看到一家公司有所成就之后开始大面积更换高管。很多媒体会解读为公司不行了，功勋老臣纷纷出走，这明显就是极其不专业且唯恐天下不乱的论调。根据公司情况更换人才，是常规的操作。

为了验证当前员工是否符合公司运作要求，TD 要在固定的时间间隔做胜任力测试。胜任力测试模型很有技术含量，需要根据公司对人才的具体要求而定。

3. LD（学习发展）

TD 将公司的岗位人才都安排好了，但是这个世界上没有完美的事情，总是有员工没法达到公司的预期，别担心，LD 会帮忙解决这个问题。

LD 主要的工作内容就是尽快让新员工达到公司的任职要求，另外随着公司的发展，老员工有可能满足不了岗位要求，LD 要出手安排相应的培训科目，让老员工和公司同步成长，毕竟每一次裁员换人都会对公司的运作造成非常大的影响。

随着时代的推进，员工对于公司的期许已经不仅仅是薪酬了，员工也希望能够在工作中看到自己的成长，这也就是我们常说的精神需求。这一点未来会越来越重要，其实这也和中国的国情有关系，国人对于未来的焦虑较重，总担心被时代和社会淘汰。基于安全感的极度缺失，每隔一段时间让员工认识到自己的成长，对其工作稳定性来说非常重要。

5.3.2 OD、TD、LD 和人力资源三大支柱 SSC、COE、HRBP 之间的关系

OD、TD、LD 三个岗位都属于 COE 中心，因为这三个岗位需要的人才都和传统的人力资源运营岗也就是实务性 HR 差距比较大，至于未来是否会融合一部分进入 SSC，目前各个方面的意见不太统一。不过如何归类这个问题并不重要，重要的是他们能否给公司带来价值。

5.3.3 如果想要转型做 OD、TD、LD，该做什么准备？

这三个岗位的职责加在一起其实就只有一个主题：组织与人才。如果想要转型，就需要对这个主题有深入的了解。从哪些渠道了解呢？现在这些事都是由咨询公司做，你可以找人力资源咨询公司出相关数据，找和组织人才相关的咨询案例进行学习。

不要害怕转型，不要觉得自己比不过咨询公司的顾问，其实组织人才岗位最重要的不是知识，而是基于对公司充分的了解，能够快速定位公司高层的需求，这是非常重要的。公司高层是不懂人力资源的，提出需求的时候也不会按照人力资源术语去表达，所以正确理解公司需求、找到痛点、对症下药的能力是转型必需的。这一点你要在日常工作中训练自己去揣度领导的意图，总有一天你会找到规律。

5.3.4 这三个岗位未来会被机器替代吗？

不会。至少咱们这一代人很难看见。会被机器替代的岗位都是重复性标准化工作，而这种需要审时度势的工作，在可预见的未来，机器无法完成。

最后我想说，随着国内公司对于人力资源越来越重视，人力资源总监也逐渐进入公司高层决策会议。人力资源如何利用自己的专业知识贡献价值就非常关键了，没有价值早晚有一天会被踢出决策团队。保持员工稳定性和工作效率，减少人才流失，从而节省人力资源成本。虽然听起来不难，但其实要达到这个效果，需要的就是稳定的组织构架和正确的人才观，能够完成这事的就是OD、LD、TD 三个岗位。

5.4　领导让你做人力资源战略规划怎么办?

正在看这本书的你，就冲这一份求知，总有一天也会做到人力资源的管理层。到了管理层，你面对的第一件事情就是制定人力资源战略。

总能听到很多人说，战略很虚，没什么意义，这其实大错特错。人力资源战略就好像参加车展的时候各个汽车厂商展出的概念车一样，虽然看着不切实际，但五六年之后，你就会发现该品牌的量产车就是基于概念车的设计而来的。概念车是给厂商内部各个部门看的，包括设计、内装、底盘等，让大家能有一个共同的方向。人力资源战略规划也是这样，也许看起来很虚，但可以给部门内部各个模块的员工一个大致方向，防止队伍走散。

市面上针对战略规划的书籍不少，各种知名大学的各种管理学大师提出过各种理论。我来讲讲我们给客户做人力资源战略的真实步骤。

5.4.1　公司内外部市场环境分析（PEST 分析）

战略一定是基于市场环境的，就好像运动员制订训练计划要根据竞争对手一样。作为战略规划的开端，我们要把公司外部环境首先统计出来，一般用PEST 模型进行统计：政治指标为 P(Politics)，经济指标为 E(Economy)，社会指标为 S(Society)，科技技术指标为 T(Technology)。

1. 外部市场环境包含的指标
- 公司所在地域及业务涉及地域的经济形势和政策规划。
- 公司所在地域及业务涉及地域的劳动力供给情况。
- 公司所在行业的发展前景和当前形势分析。
- 公司所在行业的政府人力资源政策以及可能对公司造成的影响。
- 公司在行业中的地位和未来目标。
- 同行业竞争对手的情况分析。
- 同行业竞争对手的人才战略分析。

2. 内部公司环境包含的指标
- 公司未来发展战略和当前所处的阶段。

- 公司人力资源行业竞争优劣势分析。
- 公司文化搭建和落实情况。
- 公司当前人力资源招聘情况分析。
- 公司当前人力资源薪酬情况分析。
- 公司当前人力资源培训情况分析。
- 公司当前人力资源员工关怀情况分析。

一般来说，从这 14 个指标解析公司所处的内外部环境和规划就够了。如果有特殊需要，可以再加入一些公司特别关注的指标。

5.4.2 分析人力资源优劣势（SWOT）

人力资源战略规划最常用的模型就是 SWOT。SWOT 作为管理学常用模型，其实很简单，S(Strengths) 代表公司的竞争优势，W(Weaknesses) 代表公司的竞争劣势，O(Opprtunities) 代表市场机会，T(Threats) 代表市场威胁。结合之前做的市场环境分析，我们可以按照表 5-1 逻辑进行整理。

表 5-1 SWOT 分析及自身竞争优劣势

SWOT 分析	自身竞争优势（S）	自身竞争劣势（W）
市场机会（O）	SO（重点发展）	WO（优化提升）
市场威胁（T）	ST（时刻警惕）	WT（当断则断）

1. SO（重点发展）

这个维度是自身竞争优势与市场机会的组合，也就是重要战略。

举个例子，假设你是互联网公司，想要进入一个传统行业。传统行业最大的问题在于重视利润，薪酬预算没那么宽裕，但你们优势是薪酬预算足，那说明你们进入这个行业之后，人才吸引可以重点发展。

当然了，这些指标分析的是公司人力资源方面的优势，别整跑题了就行。

2. ST（时刻警惕）

这个维度是我们自身的优势，但是随时面对着威胁。

举个例子，我们公司的人才竞争优势之一是员工福利特别好，在行业内部有口皆碑，对人才吸引起到了非常大的推动作用，但是最近我们发现同行业其他公司也开始做员工关怀和福利了。这样我们就得小心谨慎，时刻警惕了。

3.WO（优化提升）

这个维度是反思，有哪些市场机会因为自己的劣势错过了。

举个例子，最近流行的是移动端的招聘软件非常火，但是我们公司还在用传统招聘渠道，导致招聘乏力，那就必须赶紧优化提升了。

4.WT（当断则断）

这个维度就是需要清理的垃圾桶了，又是自己的劣势，还面临各种市场威胁。

举个例子，作为传统公司，薪酬竞争力本来就不足，还要面对互联网公司的高薪竞争，那就别在薪酬这个模块挣扎了，这不是给自己添堵吗？不如进行差异化竞争实在。所以当断则断，不受其乱。

按照 SWOT 模型总结，可以非常清晰地把公司的优劣势、市场情况汇总展现出来，而且这种学术模型在汇报的时候显得特别有条理，对于让公司高层认同你的观点有着非常好的催化作用，学会这个绝对不亏。

人力资源 SWOT 分析、招聘、薪酬与培训表见表 5-2。

表 5-2　SWOT 指标含义注释表

人力资源 SWOT 分析	招聘	薪酬	培训
SO			
ST			
WO			
WT			

5.4.3　人力资源规划的原则

将 SWOT 里四个维度的情况总结后，人力资源规划就有了基本方向。哪些需要发扬光大，哪些需要改进优化，就是我们进行人力资源规划的依据。

人力资源规划主要遵循五个原则。

1. 实际性原则

虽然说战略要相对大胆一些，但也不能过于天马行空，否则没法根据战略制定具体措施。所以，战略制定要考虑自身实力和发展阶段的实际情况，先定一个小目标，步子迈大了，容易出问题。

2. 均衡性原则

战略制定要全面，别偏科。人力资源规划要考虑招聘、薪酬、培训、员工关系等所有模块。可以有缺失，但缺失的只能是受公司当前发展阶段的限制暂时不涉及的模块，原因不能是遗漏。

3. 精简性原则

战略规划不是长篇小说，简单直接表达出来就可以了，不要弄太多修饰的词藻，没必要。

4. 客观化原则

战略规划里涉及的指标，尽量使用客观的数据指标，这样可靠性更高，说服力也更强。主观判断用于短期规划还能勉强，但长期战略就不合适了。

5. 周期性原则

战略规划也要有周期设定，如短期小目标、中期目标、长期目标、更长期愿景，这几个时间点要分着做规划，千万别混淆，因为内容完全不一样。很多战略规划看起来特别虚的原因就是周期不明确。比如一家初创公司规划自己要成为行业头部群体，看起来就很虚，但如果规划是在十年左右发展成行业头部群体，是不是就靠谱多了？

5.4.4　人力资源战略规划的角度

战略规划要写出来，对于内容的描述，要全面具体，要从多个角度进行解读。

1. 周期性解读

按时间线描述是最基本的，短期、中期、长期三个阶段是必须阐述的。

2. 地域性解读

现在大部分公司都不仅仅是本地化经营。分公司和事业部一旦涉及其他地域，就要分开描述，因为地域特征直接影响人才结构和薪酬水平。

3. 职能解读

不同职能在战略中的地位不一样，所涉及的工作内容也不同，人才战略方向更是迥异，一定是要分开描述的。哪怕不分成单独职能，也要分成前中后台。

4. 业务线解读

有的公司是多产品线的，而且各个产品之间差异非常大，集团公司经常会出现这种情况，比如机械制造、金融、服装贸易、房地产。这时候就必须分开做人力资源战略规划，因为不同行业的人才，薪酬、招聘、培训等内容都有较大差距。

5.4.5 人力资源战略规划的落地

人力资源规划正式通过审核之后，就要落地。这时候要先把短期规划转化成年度工作目标，用于撰写绩效目标。中长期目标作为参考，配合公司的培训体系和公司文化进行宣贯，目的是让大家先知道下一步具体怎么走的同时，明确更长远的方向。

🕊️ 小贴士

总结一下，人力资源战略规划是公司未来人力资源工作的路线图，马虎不得。撰写尽量全面详尽，避免误导后续贯彻执行的员工。

5.5 论一个优秀的人力资源预算之养成

每到年底，人力资源的预算就成为一个非常大的问题。如何才能让预算相对精准，既不会太多导致公司高层不通过，又不会耽误第二年各种事项的推进？

对于稳定发展的公司，预算是很好测算的。如果每一年的变化不大，只需要按照往年的经验，盘算一下第二年可能会遇到的问题和新需求，就可以相对准确地算出一个值来。

但是对于发展中的公司和创业公司，每一年的公司形态和规模变化都比较大，通过什么方法才能测算出准确的预算呢？

每一年我都会遇到跨年度的项目，正好赶上客户做年度预算，客户当然不可避免地寻求我们的意见，所以我操作过的公司预算案很多。我总结了几种我认为比较好的预算测算方法。

我对一个测算方法认可有三方面的原则：

- 相对准确，不会出现重大纰漏。
- 有理有据，能够说服管理层。
- 容易理解，人力资源自己就能操作。

我们要把预算分成以下几个模块：

● 招聘预算：包含新一年度的猎头费用、招聘平台费用以及因招聘引发的其他费用。

● 薪酬预算：包含新一年度的人力资源薪酬成本、绩效成本、福利成本以及补贴成本等。

● 培训预算：包含新一年度培训所引起的专家、课程、场地等成本。

● 管理费用预算：包含员工日常差旅、日常活动所引起的属于人力资源的成本。

● 其他预算。

5.5.1　比例推测法

绝大多数公司新一年的变化都不会是翻天覆地的，而是在上一年度的基础上进行一定比例的调整，那我们就可以根据上一年度的人力资源费用数据，加上预测的调整比例数值进行人力资源预算的测算。也就是说，基数是上一年度的人力资源费用，增长比例参考近几年的结构变化带来的增幅。表 5-3 至表 5-5 是某公司三个部门 2016 ～ 2019 年的人员规模和相应的人力资源费用表。

表 5-3　某公司研发部门 2016 ～ 2019 年的人员规模和人力资源费用表

部门	2016 年	2017 年	2018 年	2019 年
研发部门人员规模	100 人	150 人	250 人	500 人
研发部门人力资源费用	3000 万元	4800 万元	7900 万元	16000 万元

表 5-4　某公司基础职能部门 2016 ～ 2019 年的人员规模和人力资源费用表

部门	2016 年	2017 年	2018 年	2019 年
基础职能部门人员规模	10 人	16 人	22 人	46 人
基础职能部门人力资源费用	150 万元	260 万元	350 万元	740 万元

表 5-5　某公司销售部门 2016 ～ 2019 年的人员规模和人力资源费用表

部门	2016 年	2017 年	2018 年	2019 年
销售部门 人员规模	150 人	230 人	290 人	760 人
销售部门 人力资源费用	3000 万元	4700 万元	6000 万元	17000 万元

我们以表 5-3 至表 5-5 的数据为基础去做 2020 年的人力资源预算。这里存在两种主要的比例关系：同部门人员规模和人力资源预算的比例关系、不同部门之间的人员规模比例关系。

假设 2020 年公司计划将研发部门的人员规模扩大到 800 人，销售部门扩展到 1000 人，做出相应的人力资源预算，见表 5-6。

表 5-6　部门人员规模与人力资源费用推算表

部门预算	研发部门	基础职能部门	销售部门	合计
预计人员规模	800 人	？	1000 人	？
预计人力资源费用	？	？	？	？

从表 5-6 可以看出，我们的已知条件是研发部门和销售部门的人员规模，需要计算的是基础职能部门的预计人员规模和三个部门的预计人力资源费用。

1. 预计人员规模

我们可以根据最近几年基础职能部门与研发、销售两部门的人员配比情况：

2016 年是 1∶25，2017 年是 1∶23.8，2018 年是 1∶24.5，2019 年是 1∶27.4，平均值为 1∶25.2。

另外我们发现，随着公司人数增加，人员配比虽然比较接近，但不是很稳定。为了严谨，我们用近 4 年的平均值和 2019 年再做一次平均，得出 1∶26.3。接着，按照这个比例，若 2020 年研发和销售部门的预计人员规模为 1800 人，对应的基础职能部门的预计人员规模为 69 人。

2. 预计人力资源费用

计算出预计人力资源规模，我们就可以算出预计的人力资源费用，近 4 年基础职能部门的平均人力资源成本：2017 年是 15 万元，2018 年是 16.25 万元，2019 年是 15.9 万元，2020 年是 16.1 万元。

薪酬和人员规模不一样，时效性比较强，所以平均人力资源成本，用近两年的平均值计算。因此基础职能部门的平均人力资源成本为 16 万元，对应预计 2021 年的人员规模 69 人，基础职能部门的 2021 年预计人力资源费用为 1104 万元。

同理，计算出研发部门和销售部门 2021 年预计人力资源费用分别为 25440 万元和 21550 万元。这样我们的预算表格就填写完成了，见表 5-7。

表 5-7　按照比例推测法将表 5-6 填完整

部门预算	研发部门	基础职能部门	销售部门	合计
预计人员规模	800 人	69 人	1000 人	1869 人
预计人力资源费用	25440 万元	1104 万元	21550 万元	48094 万元

这种比例推测法，还可以扩展到招聘预算、培训预算等其他的预算项目里去。

如果想精准，就统计得细致一些，比如按部门统计推测，甚至可以按岗位做测算，这就要看年底的时候精力够不够用了。

5.5.2　工作负荷推测法

同样是推测，已知条件不一样的话，方法自然也有区别。上述的比例推测法是基于预计员工规模做的。当我们不知道预计员工规模的时候，怎么做预算呢？

那就要用到另一种方法：工作负荷推测法。通过历史记录里的人均工作量来进行预测，举例来说明。

表 5-8　某公司研发部门 2016 ～ 2019 年的人均负荷值表

年份	2016 年	2017 年	2018 年	2019 年
公司营业收入	1,000 万	2,000 万	3,500 万	4,500 万
研发部门人员规模	10 人	15 人	25 人	30 人
研发部门人均对应的营业收入	100 万	133 万	140 万	150 万

从表 5-8 我们看到，除了 2016 年，2017 ～ 2019 年公司研发部门人均对应的公司营业收入都是 140 万元左右，非常稳定。这就是研发部门的人均负荷值，在评估的时候也要参考研发部门的平均加班时长和员工反馈，看看是不是还有向上的余量，但是即使向上也不要完全满负荷，对员工消耗过大容易出现内部稳定性问题。找到合理的人均负荷值之后，我们就可以根据公司新一年的营业

收入目标计算新一年需要的研发人员规模，见表 5-9。

表 5-9　某公司研发部门人员规模推算表

年份	2020 年
公司营业收入目标	6000 万
近三年研发部门人均工作负荷	140 万
研发部门预计人员规模	43 人

计算工作负荷还可以使用的指标有公司营业利润、公司订单总量等这些能够在新一年战略会议上确定的目标值。

不同的职能部门可以对应不同的指标，这样会更有相关性，比如我用的研发部门和公司营业收入对比就可能在某些行业不存在关联性，要因地制宜，别教条。

5.5.3　趋势回归推测法

大部分公司在发展过程中都是按照一定趋势增长的，大起大落的是极少数。如果你所在的公司是稳定增长的，就可以用趋势回归推测法。这里要先普及一下线性回归的概念。

在统计学中，线性回归是利用称为线性回归方程的最小平方函数对一个或多个自变量和因变量之间的关系进行建模的一种回归分析。这种函数是一个或多个称为回归系数的模型参数的线性组合。只有一个自变量的情况称为简单回归，大于一个自变量的情况叫作多元回归。

在线性回归中，数据使用线性预测函数来建模，并且未知的模型参数也通过数据来估计，这些模型即线性模型。最常用的线性回归建模是给定 x 值的 y 的条件均值是 x 的仿射函数。特殊的情况，线性回归模型可以是一个中位数或一些其他给定 x 的条件下，y 的条件分布的分位数作为 x 的线性函数。像所有形式的回归分析一样，线性回归也把焦点放在给定 x 值的 y 的条件概率分布，而不是 x 和 y 的联合概率分布（多元分析领域）。

线性回归是回归分析中第一种经过严格研究并广泛使用的类型。这是因为线性依赖于其未知参数的模型比非线性依赖于其位置参数的模型更容易拟合，而且产生的估计的统计特性也更容易确定。

一条趋势线代表时间序列数据的长期走势。它显示一组特定数据（如GDP、石油价格和股票价格）是否在一段时间内增长或下降。虽然我们可以用肉眼观察数据点在坐标系的位置，大体画出趋势线，但更恰当的方法是利用线性回归计算出趋势线的位置和斜率。

概念是不是看着有点蒙？简单来说，就是根据以前的变化趋势，算出以后的大致情况。

线性回归的趋势性让它有了预测性，用到人力资源预算上非常合适。线性回归其实不容易举例子，因为每家公司侧重的指标不一样，会导致结果大相径庭。因素多的可以用多元线性回归，因素单一的就用一元线性回归。

见表 5-10，是一家公司往年营业收入和人力资源费用之间的关系。

表 5-10　营业收入与人力资源费用关系表

营业收入 （单位：万元）	人力资源费用 （单位：万元）
1000	300
1500	400
2000	800
4000	1500

我们将上表的数据直接做成散点图，横向为公司营业收入，竖向为公司人力资源费用，见图 5-1。

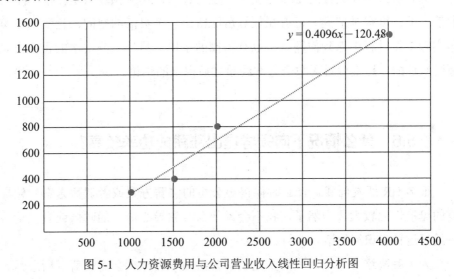

$y = 0.4096x - 120.48$

图 5-1　人力资源费用与公司营业收入线性回归分析图

散点图出来之后，我们就可以利用办公软件的趋势线功能，直接选择线性回归就行了。

有了趋势线之后，就可以得到趋势线的方程式 $y = 0.4096x-120.48$。根据公式，下一步代入第二年的公司营业收入目标，计算预计的人力资源费用。在这个例子里，如果下一年度的公司营业收入目标为 6000 万元，得到的预计人力资源费用 $= 0.4096×6000-120.48 = 2337.12$ 万元。那新的一年的人力资源费用预算就是 2337.12 万元。

线性回归可以多用组数据进行测算，比如我们刚刚算了公司营业收入和公司人力资源费用的关系，还可以加入公司营业成本和人力资源费用的关系等几个组合算下来之后，取一个均值，或者拟合值，参考性会更强。人力资源费用不一样和这些指标都有强相关性关系，所以在选择的时候多选几组，没有相关性的组合去掉就可以了。

什么叫作没有相关性的组合呢？比如年度平均气温和公司的人力资源费用，这对几乎所有公司来说都属于没有相关性。

本小节介绍的三个方法是我觉得目前做预算最为合理的选择，综合了"相对准确，不会出现重大纰漏；有理有据，能够说服管理层；容易理解，让人力资源自己就能操作"这三大原则。

但其实做预算最好还是以月度为单位去计算，年度预算只是得出一个大概的值，准确度很难把握。记得在预算后面留出一个灵活的空间，让我们在第二年实际工作过程中遇到问题时可以有腾挪的余地。另外，分层次的预算方案是更受欢迎的，这是做过无数个方案经验之后得出的结论。

5.6　什么情况下向领导提出涨薪成功率较高？

很多 HR 朋友问我，什么时候提出公司的涨薪方案或者调薪方案，领导批复的可能性比较大。当然了，我不会说什么等领导心情好的时候或者星期五下午最好这种意识流的话。

为了解决这个问题，我们要先了解公司领导为什么会对调薪有所忌惮。这里需要引用我之前项目的访谈记录，除了公司名称，其他原文展现。

我在访谈中经常会问到一个问题，就是："每年公司固定的涨薪环节，您怎么看，或者您觉得之前的涨薪策略有什么缺陷？"

领导 A："每年涨薪无可厚非，毕竟通货膨胀，薪酬标准应该调，但是人力资源成本现在占总成本的比重越来越大，我还是觉得这应该做得精细一些。统一涨，或者极小差别地涨，让我觉得这是对浑水摸鱼的一种纵容，对于努力工作的员工来说是一种侮辱。"

领导 B："我们公司的业务波动性比较大，原来定的策略就是公司业绩好的时候给大家涨一涨，公司业绩不好的时候降一降。当时大家答应得好好的，结果涨的时候，没人说话，皆大欢喜，降的时候有各种不满，导致现在我在业绩好的时候也不敢批这个预算。这不是动态调薪，这是滚雪球啊，上去就下不来，所以还是算了。"

领导 C："我觉得我们之前那个统一调整的方案太差了，我是做业务出身，你说你给业务团队一月涨 300 元工资，能有什么用？业绩好的不在意，在意的都是业绩不好的，但是因为我们公司仅业务就有 1700 多人，这下每个月的人力成本增加 51 万元，一年就是 612 万元，这不是浪费吗？"

好，我们来总结一下这三个领导的访谈：

- 平均主义涨薪，没有奖励效果。
- 动态调薪机制失效，即使有钱我也不敢涨，怕给以后添麻烦。
- 调薪方案里没有针对职能做方案，公司花了大钱，却没有达到效果。

相对来说，这三点是反映最为普遍的，那我们知道了领导是怎么想的，在拟定调薪方案的时候，怎么做才能让领导安心或同意呢？

1. 阶梯式涨薪方案

一般来说，我会定 4 个档位，这和人数多少没有关系，主要是为体现奖惩分明。举个例子，如果公司今年的薪酬预算足够涨 15%，那么按照 1.2、1.15、1.1、1.05 分为 4 个档位，按 4 个档位把员工按比例分成 30%、50%、10%、10% 的权重，加起来正好就是平均涨薪 15%。具体的权重可以自己定，这没有什么规则可言，分成 4 个档位是为了奖惩分明，不做平均主义。怎么把员工分到这 4 个档位里去呢？要记得，绝不是单纯根据绩效去区分，否则就和绩效奖金的功能重合了。建议绩效占比 50%，剩下的 50% 用一点增长性指标作为考核，鼓励员工不断成长，比如一个每年都是销冠的人，在销售业绩上虽然年年第一，但是几乎是按照每年的绩效指标增长而慢慢增长，那我们是不是有理由觉得他还有做更多的能力呢？但是这时候，他的绩效奖金每年都是顶格发，没有什么能激励他怎么办？我们就用涨薪幅度来做这件事，把薪酬涨幅奖励给那些突破自己的人，岂不美哉？

2. 根据职能做出对应调整方案

领导 C 虽然对判断业务部门涨薪方案的优劣有些片面，但是这个问题是真实存在的，需要我们去注意，钱要花在刀刃上。对固定薪酬敏感的部门，多涨固定薪酬；不敏感的，用其他方式去花这个钱比较好。比如，人力、行政、财务这类后台部门，涨固定薪酬比较好；销售支持、风控这类中台部门，应该一部分涨在固定薪酬，另一部分补贴到绩效里去；给销售这类前台部门涨薪，真的不如改改绩效考核，就是把最低档变得稍微没那么苛刻，给大家有保障的感觉，比涨薪要提供的安全感归属感更多。

3. 动态调薪还是要"动"起来

这里有个问题，就像领导说的，说好的动态调薪，现在你们却各种不配合，只能占便宜不能吃亏。这其实可以解决，固定薪酬里有个部分叫作基本月薪，基本月薪涨上去就很难降下来，因为员工的意识里觉得这个东西只能涨不能降。你别管他这么想科学不科学，这么想的人多了，这个事就成了正确的。那既然大家都这么觉得，我们就得想办法，换个思路，对吧？咨询公司一般会选择岗位津贴，然后给它改个名字，比如上年度公司业绩分成。这个名字，信息点一下就出来了，上年度，对吧，这个钱是因为你上年度业绩好分你的，如果今年业绩不好，明年就没有啦！这个薪酬项目是放在固定薪酬里的，毕竟这个数字年初算好之后就不会变了，其实就是原来的涨薪的钱嘛，当然不会变了。但是这个项目一旦提出来，第二年如果下降，我想应该没有什么人会再来找事。大家都想多赚钱，会玩命工作，为公司的业绩做贡献。既调整了薪酬，又可以动态变动，还能顺带激励一下员工，起到同舟共济的效果。

调薪是个技术活，技术的关键在于如何上说服领导，下安抚员工，让双方都满意，还能达到效果。我想传达的理念是什么呢？遇到政策阻碍的时候，我们得看看阻碍是什么，了解清楚后再去寻求解决方案，这样才是效率最高的。

- 调薪的时候别玩全员平均主义，要分档。
- 各个职能要的不一样，所以最好因地制宜。

- 动态调整是可以做的，只是之前放错了地方。
- 遇到阻碍，还是得从源头分析。

 ## 5.7　为什么员工对薪酬改革很抗拒？

很多HR跟我说："我怎么老觉得不管我在公司做什么样的薪酬政策的改革，都有好多人反对，根本推行不下去。但很多政策我觉得很好啊，我们也商量了特别久。这让我感觉我们人力资源做什么事情都是错的。"

我们讲过如何说服领导做调薪的决定，那是对上层的策略，但是仅上层同意不够啊，人力资源是被夹在中间的，员工接纳才是关键。如果员工安抚不好，一投诉，领导是很容易反水的。

员工对待薪酬问题有点像惊弓之鸟，很容易就出现反抗，照例分析一下原因：薪酬这个工作非常敏感。

收入问题是公司与员工最敏感的连接点。毕竟90%，甚至比例更高的人，工作是为了赚钱。所以你想想就会明白，为什么人力资源的薪酬体系和绩效体系是被盯着的焦点。聚光灯下，自然是非多，各色人等冲突自然更大。

任何一种政策都应该有获利的群体，也有受损失的群体。关键问题就是一般来说获利的群体都不说话，受损失的群体开始闹。获利的群体不和你沟通，不去帮你安抚受损失的群体，是因为他们获利，没有立场，帮你会让其他人觉得他们站着说话不腰疼，他们也不好意思开口。这导致的场面可以说就很尴尬了，什么政策一出，都只会有很多人来闹，内因就在于此。

另外，我在做员工访谈的时候发现，员工经常把对公司其他方面的不满积压起来全部释放在薪酬政策上。

举几个例子，以下是访谈记录。

员工 A："你看啊，我们现在效益不好，产品也落后，公司就应该重视研发啊，但你看看我们研发人员这工资，本来就低，这次还和大家调薪水平一样，没法干！"

员工 B："本身公司位置就偏僻，每天大家上班的路很远，工资再不给多涨点，谁来上班啊！"

我在访谈的时候经常一脸黑线，因为这些问题不在薪酬范畴内。但是逐渐听多了，咱们也能明白，收入其实是员工在企业付出的回报，所以员工会默认自己的付出和回报要挂钩，这也没错。不过显而易见，薪酬工作难就难在大家太重视了，就变得太敏感了。

现在我们知道了原因，但是不够，还得有解决方案。这时候人力资源需要做的是转换一下思维，你想想你以前做政策，是不是要考虑惠及哪些人？这些人是不是公司重要的组成部分？我们惠及这群人会给公司带来多少好处？这个薪酬的成本投入值不值？

现在，你要考虑的是，我出一个政策，这个政策会使哪些人利益受损，这群人占公司人数的比例有多大，这些人都是什么级别，对公司重不重要，一旦他们反抗会对公司产生什么伤害，应该怎么平息。这才是相对比较安全的思维模型。

我们来梳理一下步骤。

1. 你要明白你做什么都会有人不爽，这个一定要告诉领导

哪怕你普涨，员工也会比较自己和别人；哪怕你的标准很科学，但是每个人心里都有一个标准，你说不清楚。所以不要妄想做出一套皆大欢喜的方案，除非你很有钱，否则绝不可能。我接过这么多项目，几乎没有遇到过皆大欢喜的方案。所以做好心理准备，也给你的领导打好预防针。

我发现一个非常严重的问题，就是很多人为了让领导通过自己的方案，真的是报喜不报忧，领导一看，这么喜庆祥和的方案，那就通过吧。结果你预料之中的反抗来了，但反抗在领导的意料之外，你说他以后还敢轻易通过你的方案吗？再说，遇到反抗的时候，领导的支持很重要，所以你提前告诉他，就是重中之重了。

2. 分析有利和受害的群体

想得到领导的支持，你首先得让他知道会发生什么，知根知底才行，所以要提前把有可能出现的情况告诉他。

2019 年，我做了个项目，一家互联网公司要做股权激励，之前第一批和与公司老板一起创业的老员工有 9 个人，老板和他们产生了一些矛盾。老板觉得他们有点不听话，这很容易理解，公司做大了都会有这个心理变化，所以老板想让我在做股权激励的时候，少给他们一点，多分给后来进入的优秀员工。接

到这个要求，我的团队马上开始调研，发现这 9 个元老中的 7 个都在非常重要的岗位上，并且其中 3 个人掌控这个公司的供应链，2 个人间接控制经销商，一旦老员工发生反抗，后果自然比较严重。而在公司老板所谓的新进入的优秀员工名单里，只有一个身居高位，和元老平级，剩下的都是各位元老的手下。咱先别说股权激励细节怎么做啊，就这个名单和比例一旦公示，那场面可想而知。我赶紧劝老板收手，我说："纵然你觉得你培养的人能够顶替这些元老，那你也要在顶替之后再去做这个股权激励。现在做，下面的人会不会反对先不说，只要上面的人出现短期反抗，上下游供应链很容易出问题。"后来老板没听我的，执意这么做，最后的结果没有我说得那么严重，但是 9 个人里有 5 个人反抗，并且扬言如果继续承受这种不公平待遇，就拉着自己的资源和团队单独再创业。老板慌了，赶紧叫停并修改方案，但是破镜还能重圆吗？

所以提前预知谁会反抗很重要。

3. 尽量做好解释说明

在做企业内部访谈的时候，我还有一个特别深的感触，有的时候本来公司领导和人力资源做了一个对大家好的政策，但是员工经常出现负面的解读，而且负面的解读流传甚广，传播力极强。比如公司做个股权激励，让大家认购股份，而且认购费用极低，明摆着马上融资或者上市，让员工能大赚一笔，结果员工解读成公司压榨员工。这其实就是政策的宣贯没做好，我记得之前看过一篇文章，说猫狗大战的本因是双方的语言不互通，猫向你伸伸爪子、挠你一下是友好的意思，但是狗不能理解："你想干什么？宣战吧。"反过来，狗竖起尾巴摇一摇是示好，但是对猫来说，竖尾巴是示威，所以双方经常起摩擦。在企业里也是一样，员工不懂人力资源，也不知道你这么做图什么，因此你得向他们解释清楚，耐心一点。

总结一下重点：

- 你做什么样的薪酬改革都有人利益受损，会反抗。
- 员工会把收入和自己在公司的任何付出画等号，所以薪酬很敏感。
- 我们在做决策的时候，要把可能遇到的反抗提前告诉领导。
- 解释是打消误会的最好方式。